치문경훈주 하권
緇門警訓註 卷下

| 동국대학교 불교기록문화유산아카이브사업단(ABC)
본서는 문화체육관광부 지원으로 동국대학교 불교학술원에서 간행하였습니다.

한글본 한국불교전서 조선 71
치문경훈주 하권

2021년 4월 20일 초판 1쇄 인쇄
2021년 4월 30일 초판 1쇄 발행

지은이 백암 성총
옮긴이 선암(이선화)
발행인 성우
발행처 학교법인 동국대학교 출판문화원

출판등록 제2020-000110호(2020.7.9)
주소 04626 서울시 중구 퇴계로36길2 신관1층 105호
전화 02-2264-4714
팩스 02-2268-7851
Homepage http://dgpress.dongguk.edu
E-mail abook@jeongjincorp.com

편집디자인 다름
인쇄처 네오프린텍(주)

ⓒ 2021, 동국대학교(불교학술원)

ISBN 979-11-91670-02-8 93220

값 20,000원

이 책의 무단 전재나 복제 행위는 저작권법 제98조에 따라 처벌받게 됩니다.

한글본 한국불교전서 조선 71

치문경훈주 하권
緇門警訓註 卷下

백암 성총栢庵性聰
선암 옮김

동국대학교 불교학술원

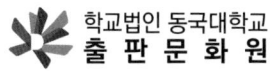
학교법인 동국대학교
출판문화원

차례

치문경훈주 하권 緇門警訓註 卷下

설두산 명각 선사가 벽 속에 남겨 놓은 글 雪竇明覺禪師壁間遺文 11
범촉공이 원오선사의 행각을 전송하다 范蜀公送圓悟禪師行脚 16
보령 인용 선사가 간경할 것을 보이다 保寧勇禪師示看經 21
대지 원조 율사가 원조 종본 선사에게 의발과 함께 보낸 글 大智照律師送衣鉢與圓照本
　禪師書 23
석문에서 십과에 오르는 기문에 대한 서문 釋門登科記序 29
안 시랑이 운행인에게 답한 글 顏侍郎答雲行人書 35
진 제형 귀겸이 진 시랑 덕수에게 답한 글 陳提刑貴謙答眞侍郎德秀書 41
자수 선사가 어린 행자에게 훈계하다 慈受禪師訓童行 49
승려에게 간병을 권면하다 勉僧看病 57
대혜선사의 관음예찬문 大慧禪師禮觀音文 58
천태 지자대사의 관심송경법 天台智者大師觀心誦經法 62
마음을 살피는 식당작법 觀心食法 66
대지 율사의 삼의부 大智律師三衣賦 70
철발부 鐵鉢賦 74
좌구부 坐具賦 79
녹낭부 漉囊賦 81
석장부 錫杖賦 83
밀가루 씻기를 경계한 종색 선사의 글 蹟禪師誡洗麵文 86
변재 원정 법사의 심사명 辯才淨法師心師銘 102
당나라 선월 대사의 좌우명【서문을 병기함】 唐禪月大士座右銘【并序】 104
길주 용제산 우운 종무 화상의 사예설 吉州龍濟山友雲鰲和尚蛇穢說 112
불감 혜근 화상이 불과 극근 화상에게 보낸 글 佛鑑懃和尚與佛果勤和尚書 115
투자 대통 화상에게 답한 글 答投子通和尚書 119
수나라 고조 문황제의 칙문 隋高祖文皇帝勅文 124
진왕이 보살계를 받을 때 쓴 글 晋王受菩薩戒疏 126

무주 좌계산 현랑 선사가 영가 대사에게 산에 살기를 권유한 글 婺州左溪山朗禪師召永
　　嘉大師山居書 133
영가 대사의 답서 永嘉答書 135
천태 지원 법사의 참회문 天台圓師懺悔文 142
발원문 發願文 147
형계 대사의 송경회향문 荊溪大師誦經普回向文 150
파초 곡천 선사가 대중에게 법어를 보이다 芭蕉泉禪師示衆 153
불안선사의 열 가지 행실에 대한 열 가지 게송 【서문을 병기함】 佛眼禪師十可行十頌【幷序】
　　......... 155
선승에게 심요를 보이다 示禪人心要 162
화두 묻는 것을 경계하다 誡問話 163
대수사 신조 법진 선사의 상당법어 大隋神照眞禪師上堂 166
상당법어 上堂 172
운봉 문열 화상이 방안에서 고인의 말을 거론하다 雲峯悅和尙室中擧古 173
금릉 보령 인용 선사가 대중에게 법어를 보이다 金陵保寧勇禪師示衆 174
고덕의 갈열행 古德渴熱行 175
각범 덕홍 선사가 걸식하러 가는 승려를 보내며 쓴 서문 覺範洪禪師送僧乞食序 178
승려가 되어 십과에 참여하지 않으면 부처님을 섬겨도 한갓 일생을 허비할 뿐이다 爲
　　僧不預於十科事佛徒消於百載 183
혹암 사체 선사의 상당법문 或庵體禪師上堂 189
대중에게 법어를 보이다 示衆 190
소참법문 小參 197
결좌 結座 199
진정 극문 선사의 게송 眞淨文禪師頌 200
영지 원조 율사의 게송 靈芝照律師頌 201
고덕이 가르침을 내리다 古德垂誡 202
간경을 권면하다 勉看經 203
인연에 감응하기를 권면하다 勉應緣 204
머물러 지킬 것을 권면하다 勉住持 205
동산 화상이 스스로에게 훈계하다 洞山和尙自誡 207
설봉 의존 선사가 민 지역에 들어가다 雪峯存禪師入閩 208

굉지 선사가 대중에게 법어를 보이다 宏智禪師示衆 210
병든 승려를 보살피다 省病僧 212
대혜 화상이 문도에게 법어를 보이다 大慧和尙示徒 214
방거사의 게송 龐居士頌 215
스스로를 보전하는 잠언 自保銘 216
상축사 불광 법조 법사가 소사 정오에게 보이다 上竺佛光照法師示小師正吾 218
규봉 선사가 학도에게 자세하게 보이다 圭峯禪師示學徒委曲 220
측간에 갈 때의 법도 登廁規式 222
대지 율사가 측간에 출입할 때의 가르침을 내리다 大智律師入廁垂訓 230

발문跋文 / 233

치문경훈 속집緇門警訓 續集

부처님을 찬탄하고 법을 전하는 게송 讚佛傳法偈 237
선림묘기의 앞에 쓴 서문 禪林妙記前序 239
한나라 현종이 불법의 교화를 개시한 『법본내전』 漢顯宗開佛化法本內傳 253
상나라 태재가 공자에게 성인에 대해 묻다 商太宰問孔子聖人 262
종산 철우 종인 선사가 어린 행자 법회에게 보이다 鐘山鐵牛印禪師示童行法晦 264
무주 영안선원의 새로 건립한 법당 기문 撫州永安禪院新建法堂記 270
송 문제가 조정의 대신을 모아 불교를 논의하다 宋文帝集朝宰論佛敎 277
『후한서』 「교사지」 後漢書郊祀志 283
항주 정자사 수일 법진 선사의 소지회향문 杭州淨慈寺守一法眞禪師掃地回向文 286
수주 대홍산 영봉사 시방선원의 기문 隋州大洪山靈峯寺十方禪院記 287
당나라 수아 법사가 『법화경』 독송을 듣고 읊은 노래 唐脩雅法師聽誦法華經歌 296
양나라 황제가 도교를 버리고 불교를 섬기도록 내린 조칙 梁皇捨道事佛詔 304

간기刊記 / 308

찾아보기 / 309

일러두기

1 '한글본 한국불교전서'는 문화체육관광부의 지원을 받아 동국대학교 불교학술원에서 수행하고 있는 '불교기록문화유산아카이브(ABC)사업'의 결과물을 출간한 것이다.
2 이 책은 『한국불교전서』(동국대학교출판부 간행) 제8책에 수록된 『치문경훈주緇門警訓註』를 저본으로 번역하였다.
3 번역문에 이어 원문을 병기하고 상세한 표점 부호를 삽입하였다.
4 『치문경훈』 본문에 대한 성총의 주註는 번역문 하단에 각주로 처리하였고, 성총의 주에 대한 출전을 밝히거나 보충 설명이 필요한 경우 해당 각주 아래에 *, ** 등으로 표시한 뒤 역자의 주석을 기술하였다. 이 밖에 역자의 주석이 필요한 곳은 원문의 뒤에 i, ii, iii…… 형식의 미주로 처리하였다.
5 원문의 교감 사항은 번역문의 각주와 별도로 원문 아래 부분에 제시하였다.
   ㉚은 『한국불교전서』 편찬자가 교감한 내용이다.
   ㉙은 번역자가 교감한 내용이다.
6 약물은 다음과 같다.
   『 』 : 서명
   「 」 : 편명, 산문 작품
   〈 〉 : 시 작품
   T : 『대정신수대장경』
   X : 『만속장경』
   ZW : 『장외불교문헌』

치문경훈주 하권
| 緇門警訓*註** 卷下 |

해동 승려 성총이 주해를 달다
海東 釋性聰 註

---

* ㉚ 제목과 찬자撰者의 이름이 없는 곳도 있다.
** ㉚ '주註'는 원문에는 없으나 편집자가 보입補入하였다.

설두산 명각 선사가 벽 속에 남겨 놓은 글[1]

대저 조사의 심등(祖燈)을 전수받아 지니고(傳持)[2] 부처님의 혜명慧命을 잇는 것은 작은 임무가 아니다. 마땅히 앞선 수행자를 공경하고 위의를 엄숙히 하며 바라보는 눈빛을 존귀하게 해서[3] 성냄과 욕심을 막고 기운을 다스려 마음을 수양해야 한다.

명예와 이익으로 마음을 움직이지 말고 이득과 손실을 염두에 두지 말며, 세간의 위아래를 따르지 말고 사람들의 시비를 좇지 말며, 흑백黑白을 가슴속에 묻어 두고 희노喜怒를 얼굴에 드러내지 말라. 남의 즐거움을 즐거워하기를 마치 자신의 즐거움처럼 하고, 남의 근심을 근심하기를 마치 자신의 근심처럼 하라.

대중을 포용하고 현인을 존중하며, 자신을 극복하여 예禮로 돌아가며,[4] 조그마한 틈으로 인하여 평소에 절친했던 사람을 잃지 말며, 대중의 뜻을 등지면서까지 평소에 소원疏遠했던 사람을 저버리지 말라. 능력을 자랑하지 말고 권세를 믿지 말며, 자신의 단점을 보호하지 말고 남의 장점을 가리지 말며, 덕망 있는 자를 보면 자기 자신을 잊지 말고, 귀한 곳에 있으면 빈천했던 시절을 잊지 말라.

무릇 배움이란 성품을 닦는 것을 근본으로 하니, 어찌 남이 알아주지

---

1 설두산雪竇山 중현重顯 선사는 수주遂州 이씨李氏의 자손으로서 북탑北塔의 법을 이었다.
2 대대로 잇는 것을 전傳이라 하고 부지런히 지키는 것을 지持라 한다. 조등祖燈은 조사의 심등心燈이다.
3 『冠禮』에서는 "의관을 단정히 하고 쳐다보는 눈빛을 존귀하게 하면 엄숙하여 사람들이 바라보며 두려워한다."라고 하였다.
4 『論語』에서는 "안회가 인仁을 묻자 공자가 '자신(己)을 극복하고(克) 예를 회복하면(復) 인을 행하는 것이다.'라고 하였다."라고 하였다. 극克은 이기는 것이고 기己는 자신의 사사로운 욕심이며, 복復은 돌이키는 것이고 예禮는 천리天理의 등급(節文)이니, 인을 행하는 자가 사사로운 욕심을 이기고 천리의 등급으로 돌아감을 말한 것이다.

않는다고 화를 내겠는가? 도는 삶을 온전히 함을 귀하게 여기니 세상에 쓰이기를 바라지 말라. 사람들이 혹 의리를 흠모하면 이치상 마땅히 다른 이를 추천해야 하며 반드시 마음과 정성을 돈독히 하고 규범(規矩)으로써 가르치며ⁱ 여러 서적들을 널리 인용하여 현묘한 종지를 깊이 보여 주어야 한다.

자비의 방(慈室)과 인욕의 옷(忍衣)은 잠시라도 떠나서는 안 되며,[5] 크고 방정한 보배가 있는 곳(열반의 세계)에는 급박한 때라도 반드시 이르고자 해야 할 것이다. 움직이고 쉼에 일정함이 있고 의심스러운 것은 반드시 삼가야 한다. 남을 업신여겨서도 안 되고 하늘을 속여서도 안 된다.

사물이 가고 옴에 쫓지도 말고 거부하지도 말며,[6] 사람들이 헐뜯고 칭찬함에 성내지도 말고 탐내지도 말라. 안으로는 부끄러운 바가 없게 하고 밖으로는 동정 받는 바가 없게 하라. 만일 화려한 명성이 지나치게 미화되고 이양利養이 풍부하더라도 사취四趣ⁱⁱ의 인과를 두려워하고 삼보의 물건을 바꾸어 쓰는 것을 삼가라. 생사를 벗어나지 못하면 업의 고통을 피하기 어려우니 바야흐로 뜻을 얻었으면 이롭고 바르게 되기를 빨리 생각하라.

몸뚱이는 돌아다니는 측간과 같고 이양은 부드러운 도적과 같으며, 백년이라도 오랜 세월이 아니며 삼계도 편안하지 않으니 한순간을 아껴서 해탈을 구해야 한다. 예전의 조사들은 모두 훌륭한 모범을 보였으니 장석

---

5 『法華經』에서는 "여래의 방에 들어간다는 것은 일체중생에 대한 큰 자비심이고, 여래의 옷을 입는다는 것은 온화하고 인욕하는 마음이다."라고 하였다. 사람에게 집이 있는 것과 같이 자비는 잠시도 떠날 수 없으며, 사람에게 의복이 있는 것과 같이 부드러움과 인욕은 잠시도 버릴 수 없음을 말한 것이다.

　＊여래의~마음이다 : 『妙法蓮華經』 권4(T9, 31c25~26)에는 다음과 같이 나온다. "如來室者, 一切衆生中大慈悲心是; 如來衣者, 柔和忍辱心是."

6 『四行論』에서는 "사물이 만약 오고자 하면 머물게 하고 거스르지 말며, 사물이 가고자 하면 놓아 주고 뒤쫓지 말라."라고 하였다.

杖錫은 한결같이 나무뿌리만 먹었고, 단하丹霞는 단지 한 벌의 베옷뿐이었으며, 조주趙州는 푸른 먼지가 머리에 가득하였고, 현랑玄朗은 풀을 엮어 자리를 삼았으며, 어떤 이는 심오한 선정을 오랫동안 닦았고, 어떤 이는 임금의 부름에도 나아가지 않았다.

대개(大都)[7] 검약하면 잃는 것이 적고 사치하면 비방을 초래하며, 겸손하면 광명이 있고 물러서면 시기함이 없다. 부처님과의 거리가 더욱 멀어져 도를 수행함에 어려움이 있으니, 나아가고 머물 때를 잘 관찰하여 스스로 욕됨이 없게 하라.

雪竇明覺禪師壁間遺文[1]【雪竇山重顯禪師, 遂州李氏子, 嗣北塔.】
夫傳持祖燈,【代代相承曰傳, 眷眷執守曰持. 祖燈, 祖師心燈也.】嗣續佛壽, 此非小任, 宜景前修, 肅爾威儀, 尊其瞻視,【『冠禮』曰: "整其衣冠, 尊其瞻視, 儼然人望而畏之."】懲忿窒慾, 治氣養心. 無以名利動於情, 無以得失介於意, 無隨世之上下, 無逐人之是非, 黑白置之于胷, 喜怒不形於色. 樂人之樂, 猶己之樂; 憂人之憂, 若己之憂. 容衆尊賢, 克己復禮,【『論語』: "顏回問仁. 子曰: '克己復禮爲仁.'" 克, 勝也. 己, 身之私欲也. 復, 反也. 禮, 天理之節文也. 言爲仁者, 勝私欲而反乎理之節文也.】無因小隙, 失素所善; 無背公議, 棄素所踈. 能不可矜, 勢不可恃; 無護己短, 無掩人長; 見德不可忘身, 在貴不可忘賤. 且夫學本修性, 豈慍人之不知? 道貴全生, 無蘄世之爲用. 人或慕義, 理固推餘, 必也篤爾心誠, 誨以規矩, 博援群籍, 深示妙宗. 慈室忍衣, 不可須臾而離,【『法華』云: "入如來室者, 於一切衆生, 大慈悲心是也; 着如來衣者, 柔和忍辱心是也." 今謂慈悲, 如人之有堂室, 不可須臾而離也; 柔忍, 如人之有衣服, 不可斯須而棄也.】大方寶所, 欲其造次必是. 動息有常, 嫌疑必愼. 人不可侮, 天不可欺. 衆之去來, 無追無拒.【『四行論』云: "物若欲來, 住之莫逆, 物之欲去, 放去

---

7 『畫記』 주석에서는 "대도大都는 대략大略이라 말하는 것과 같다."라고 하였다.

勿追."】人之毀譽, 無恚無貪. 內無所慙, 外無所恤. 或若聲華溢美, 利養豊多, 畏四趣之果因, 愼三寶之交互. 死生未脫, 業苦難逃, 方其得志, 亟思利正. 身如行廁, 利稱軟賊, 百年非久, 三界無安, 可惜寸陰, 當求解脫. 古先諸祖, 擧有懿範. 杖錫一味喫土, 丹霞只箇布裘, 趙州靑灰滿首, 朗師編草爲氈, 或深禪久修, 或優詔不就. 大都【『畫記』註云: "大都猶云大畧也."】約則尠失, 奢則招譏,[2) 謙則有光, 退則無忌. 去佛逾遠, 行道有艱, 觀時進止, 無自辱也.

---

1) ㉖ '文' 아래에 '石刻'이 있는 곳도 있다. 2) ㉖ '譏'는 '機'로 되어 있는 곳도 있다.

│주

i 규범(規矩)으로써 가르치며 : 『孟子』「告子」편에서는 "도목수가 사람을 가르칠 때는 반드시 규구規矩로 하였다. 목수 일을 배우는 자 역시 반드시 규구로 했다.(大匠誨人, 必以規矩. 學者亦必以規矩.)"라고 하였다. 규規는 그림쇠이고 구矩는 곱자이다.

ii 사취四趣 : 지옥·아귀·축생·아수라이다.

범촉공이 원오선사의 행각을 전송하다[1]

물을 볼 때에는 오염된 연못 물을 보지 말라.
오염된 연못 물에는 고기와 자라가 잘다.
산을 오를 때에는 완만히 이어진(迤邐) 산을 오르지 말라.[2]
완만히 이어진 산은 풀과 나무가 성글다.
물을 보려면 넓은 바다를 보아야 하고
산을 오르려면 태산의 정상에 올라야 하니
얻는 것이 얕지 않고 보는 것이 드높아서
힘을 다해 공부한다 해도 헛된 수고 아니니라.
남방에 다행히 부처 뽑는 도량이 있으니
그곳에서 오묘한 뜻을 궁구할지어다.
훗날에 그릇 이뤄 무너진 기강을 바로잡으면
남아로서 출가한 뜻을 저버리지 않으리라.
대장부는 이리저리 헤아리지 않으니
어찌 헛된 명성 위해 몸을 망치려 하겠는가?
한평생 역량껏 따르더라도 세월이 짧음을 느낄 테니
시간이 남몰래 햇수를 더하게 두지 말라.
성도成都 땅은 더군다나 번화한 도읍이니

---

1 범진范鎭은 자가 경인景仁으로 화양華陽 사람이다. 진사로서 과거에 급제하여 관직이 한림학사에 이르렀으며 촉국공蜀國公에 책봉되었다가 호부시랑戶部侍郎의 직위로 관직에서 물러났다. ○극근克勤 선사는 자가 무착無着으로 팽주彭州 낙씨駱氏의 자손이다. 구족계를 받은 후에 성도成都를 유람하다가 민행대사敏行大師를 좇아 경론을 배우게 되어 촉국공이 시를 써서 전송하였다. 후에 휘종徽宗이 '원오圓悟'라는 호를 하사하였다.
2 『뭊계중서吳季重書』에서는 "동산에 오른 후에야 뭇 산들이 완만히 이어져 있음을 안다."라고 하였는데, 주석에서는 "작으면서도 서로 잇달아 이어진 것을 이리迤邐라 한다."라고 하였다.

주색에 유혹받지 말라.
우리 스님 다행히도 출가 사문이니
소인배(齷齪)³를 따라 함께 매몰되겠는가?
우리 스님 다행히도 무지개 뜻 품었으니⁴
무슨 일로 주저하다가 진흙탕에 빠지겠나?
어찌 보지 못했는가?
배 삼키는 고기는 얕은 물에 숨지 않고
아름드리 큰 나무는 민둥산에서 자라지 않네.
큰 붕새는 한 번 날갯짓에 구만 리를 날아가니
어찌 봄 강변의 갈매기와 같으리오?
어찌 급히 천리마를 모는 것만 하랴?
뱁새가 나뭇가지 하나에 연연해 하는 것을⁵ 배우지 말라.
비록 천경만론을 강설할 수 있다 해도
선가에서는 두 번째 기틀(第二機)에 떨어지리라.
길게 뻗은 흰구름은 높은 누대를 연모하며
아침저녁으로 감싸 안고 잠시도 풀지 않다가
장맛비 갈망하는 중생들을 위로하려
넌지시 예전처럼 산에서 나오네.
또 보지 못했는가?

---

3 급히 재촉하고 협소한 모양.
4 『一切經音義』에서는 "두 가지로 나와서 색이 선명한 것 중에 치성한 것은 웅雄이고 어두운 것은 자雌이다."*라고 하였고, 주자가 "햇살과 빗방울이 교류하여 갑자기 형질을 이룬 것이다. 교류하지 않아야 하는데 교류한 것이니 천지의 음기淫氣다. 양기가 내려옴에 음기가 응하면 구름이 되어 비를 뿌리고, 음기가 일어남에 양기가 응하지 않으면 무지개가 된다."라고 하였다.
  *두 가지로~자雌이다 : 『一切經音義』 권17(T54, 416a10).
5 『莊子』에서는 "뱁새나 굴뚝새가 깊은 숲속에 둥지를 튼다 해도 나뭇가지 하나에 불과하다."라고 하였다.

형산에 경요瓊瑤라는 옥이 있는데
좋은 장인을 못 만나서 쑥 더미에 묻혔더니
그때 만약 형초荊楚 땅을 벗어나지 못했다면
어찌 연성連城ⁱ보다 높은 가치를 얻었으리오?

范蜀公送圓悟禪師行脚【范鎭, 字景仁, 華陽人. 擧進士第, 官至翰林學士, 封蜀國公, 以戶部侍郞致仕. ○克勤禪師, 字無着, 彭州駱氏子, 受具後, 遊城都, 從敏行大師, 學經論. 蜀公作詩以送. 後徽宗賜號圓悟.】

觀水莫觀汚池水, 汚池之水魚鼈卑.

登山莫登迤邐山,【『吳季重書』曰: "登東山, 然後知衆山之迤邐." 注: "小而相連曰迤邐."】迤邐之山草木稀.

觀水須觀滄溟廣, 登山須登泰山上.

所得不淺所見高, 工夫用盡非徒勞.

南方幸有選佛地, 好向其中窮妙旨.

他年成器整頹網, 不負男兒出家志.

大丈夫休擬議, 豈爲虛名滅身計?

百年隨分覺無多, 莫被光陰暗添歲.

成都況是繁華國, 打住只因花酒惑.

吾師幸是出家兒, 肯隨齷齪【急促局狹貌】同埋沒?

吾師幸有虹蜺志,【『音義』云: "雙出色鮮, 盛者爲雄, 闇者爲雌." 朱子曰: "日與雨交, 焂然成質, 乃不當交而交, 天地之淫氣也. 陽氣下而陰氣應則爲雲而雨, 陰氣起而陽不應則爲虹也."】何事躊躇¹⁾溺泥水?

豈不見?

呑舟之魚不隱卑流, 合抱之木不生丹丘.

大鵬一展九萬里, 豈同春岸飛沙鷗?

何如急駕千里驥? 莫學鷦鷯戀一枝.【『莊子』: "鷦鷯巢於深林, 不過一枝."】

直饒講得千經論, 也落禪家第二機.
白雲長是戀高臺, 暮罩朝籠不暫開.
爲慰蒼生霖雨望, 等閑依舊出山來.
又不見?
荊山有玉名瓊瑤, 良工未遇居蓬蒿.
當時若不離荊楚, 爭得連城價倍高?

―――――
1) ㉑ '躇'는 '蹐'로 되어 있는 곳도 있다.

주

i   연성連城 : 연성벽連城璧. 전국시대 진秦나라 소왕昭王이 15개의 성城과 바꾸자고 청했던, 조趙나라 혜문왕惠文王이 소유했던 화씨벽和氏璧을 말한다.

보령 인용 선사가 간경할 것을 보이다[1]

무릇 후학들은 간경하는 법을 반드시 알아야 하니 삼업三業을 청정히 해야 한다. 만약 삼업에 어그러짐이 없으면 온갖 복이 모두 모일 것이다. '삼업'이란 몸과 입과 뜻이다.

첫째, 몸을 단정히 하고 바르게 앉아 마치 존귀한 얼굴을 대하듯 하면 신업身業이 청정해질 것이다.

둘째, 입으로 잡된 말을 하지 않고 농지거리를 끊으면 구업口業이 청정해질 것이다.

셋째, 뜻을 산란하지 않게 하고 온갖 인연을 물리치면 의업意業이 청정해질 것이다.

안으로 마음이 이미 고요하고 밖으로 일체의 경계를 모두 버리면 비로소 참된 근원에 계합하여 깨달을 것이며 불법의 이치를 궁구하게 될 것이니, "물이 맑아 구슬이 빛나고 구름이 흩어져 닭이 밝다."라고 할 수 있을 것이다. 바다같이 드넓은 이치가 가슴에서 용솟음치고 큰 산처럼 높은 지혜가 귀와 눈에 모이면 행여 쉽게 여기지 말라! 참으로 작은 인연이 아니다. 마음과 대상경계를 모두 잊으면 나와 남이 함께 이로울 것이니, 이와 같이 할 수 있다면 참으로 부처님의 은혜에 보답하는 것이다.

保寧勇禪師示看經【王荊公安石, 爲亡子雱, 奏施金陵舊第爲寺, 賜額曰保寧, 請仁勇禪師居之. 師四明竺氏子, 嗣楊歧.】

夫看經之法, 後學須知, 當淨三業. 若三業無虧, 則百福俱集. 三業者, 身口意也. 一端身正坐, 如對尊顏, 則身業淨也. 二口無雜言, 斷諸嬉笑, 則口業

---

[1] 왕형공王荊公 안석安石이 죽은 아들 방雱을 위해 금릉金陵의 옛집을 보시하여 절로 삼을 것을 주청하니 '보령保寧'이라는 편액을 내리고 인용仁勇 선사를 청하여 그곳에 거처하게 하였다. 선사는 사명四明 축씨竺氏의 아들로서 양기楊歧의 법을 이었다.

淨也. 三意不散亂, 屛息萬緣, 則意業淨也. 內心旣寂, 外境俱損, 方契悟於 眞源, 庶研窮於法理, 可謂水澄珠瑩, 雲散月明.[1] 義海湧於胷襟, 智嶽凝 於耳目, 輒莫容易! 實非小緣. 心法雙忘, 自他俱利, 若能如是, 眞報佛恩.

---

1) ㉑ '眀'은 '明'으로 되어 있는 곳도 있다. 아래에도 같다.

대지 원조 율사가 원조 종본 선사에게 의발과 함께 보낸 글[1]

모년 모월일에 비구 원조元照는 삼가 편지를 써서 정자 원조淨慈圓照 선사께 드립니다. 저는 일찍이 율장을 배워 부처님께서 제정하신 법도를 알고 있으니 비구는 반드시 세 가지 옷과 하나의 발우와 앉는 도구와 거름망(漉囊)을 갖추어야 하는데, 이를 육물六物이라 합니다. 상중하의 근기에 따라 제정하여 그것을 준수해서 받들도록 한 까닭에 불문佛門에 들어온 자는 잠시라도 어겨서는 안 됩니다. 이를 어기면 높은 가르침을 거역하는 것이니 이른바 스승과 제자의 도리가 아닙니다.

세 가지 옷이란 무엇이겠습니까? 첫 번째는 승가리僧伽梨이니 이를 '대의大衣'라 하는데, 마을에 들어가 공양을 받거나 법좌에 올라 설법할 때 착용합니다. 두 번째는 울다라승鬱多羅僧이니 이를 '중의中衣'라 하는데, 대중을 따라 예불하거나 독송할 때 또는 식당에 들어가 음식을 받을 때 착용합니다. 세 번째는 안타회安陀會이니 이를 '하의下衣'라 하는데, 길을 왕래하거나 절 안에서 운력할 때 착용합니다.

이 세 가지 옷은 반드시 거칠고 성근 삼베로 그 바탕을 삼고 푸른색과 검은색 및 목란색으로 염색하여[2] 3주肘와 5주肘로 그 크기를 삼습니다.[3] 자르고 쪼개었다가 다시 바느질함은 탐내는 마음을 쉬려는 것이며, 가닥

---

1 종본宗本 선사는 상주常州 무석無錫의 관씨管氏 자손으로서 천의 의회天衣義懷 선사의 법을 이었다.
2 『四分律』에서는 "세 가지 괴색壞色이 있으니 푸른색과 검은색과 목란색이다."라고 하였다. 푸른색은 구릿빛의 푸른색을 말하며 검은색은 잡다한 진흙색이다. 목란은 나무껍질색인데, 그 껍질로 염색하여 붉은색을 만든다.
  *세 가지~목란색이다 : 『四分律』 권58(T22, 998c7).
3 살바다율의 내용에 근거하면 세 가지 가사는 길이가 5주이고 너비가 3주이며, 1주는 1척 8촌이다. 희씨姬氏 성의 주周나라 척도에 근거하면 길이가 9척이고 너비가 5척 4촌이다.

과 잎을 분명하게 하는 것은 복밭임을 표시하려는 것입니다.[4]

그 모습을 말하자면 삼승三乘의 성현이 형식을 같이하고, 그 이름을 논하자면 96종의 외도에게서도 들어 보지 못했던 것이며, 그 공덕을 서술하자면 사람이 얻으면 재앙과 위험의 근심을 면하고 용이 입으면 금시조金翅鳥[i]의 난을 피할 수 있으니,[5] 이러한 내용들은 대장경에 많이 있어서 이루 다 열거할 수 없습니다.

하나의 발우라는 것은 갖추어 말하면 '발다라鉢多羅'이고, 한역하면 '응기應器'입니다. 쇠와 기와의 두 가지 재질로 만들었는데 그 몸체가 법답고, 연기에 그을려 푸른 비취빛을 띠게 하였으니 그 색채가 법답고, 삼두三斗와 한두 반(斗半)이니 그 양이 법답다고 할 것입니다. 대개 이는 모든 부처님의 표식이지 묘당의 기물은 아닙니다. 옛적에 가섭여래께서 본사이신 석가여래께 건네주셨으니 『대지도론』에서 말한 '거친 베로 된 13조의 승가리'가 그것입니다.

---

4 『章服儀』에서는 "가닥이 진 모습을 밭두둑같이 만들어 놓은 것은, 마치 두둑을 쌓고 물을 저장하여 좋은 벼를 기르는 논처럼 이 옷을 입으면 공덕이 생겨남을 비유한 것이다. 부처님께서 이것을 본받게 하신 것은 그 뜻이 헛되지 않다."*라고 했으며, 『五分律』에서는 "옷 아래쪽이 자주 떨어지면 마땅히 거꾸로 입으라."**라고 하였다.
　*가닥이~않다 : 『釋門章服儀』(T45, 837c11~12).
　**옷 아래쪽이~입으라 : 『釋門章服儀』(T45, 837c27).

5 『海龍王經』에서는 "용왕이 부처님께 아뢰기를, '이 바닷속에 무수한 종류의 용을 네 마리의 금시조가 항상 와서 먹으니, 원컨대 부처님께서 옹호하시어 편안하게 해 주십시오.'라고 하였다. 이에 부처님께서 몸에 걸친 검은 옷을 벗고서 용왕에게 고하기를, '너는 이 옷을 가져가서 여러 용들에게 빠짐없이 나누어 주거라. 그 가운데 한 올만이라도 갖게 되면 금시조가 닿지 못할 것이다.'라고 하였다."*라고 하였다.
　*용왕이~하였다 : 『佛說海龍王經』 권4(T15, 151a6~16)에는 다음과 같이 나온다. "爾時有龍王, 一名噏氣, 二名大噏氣, 三名熊羆, 四名無量色, 而白世尊曰: '於此海中無數種龍, 若干種行·因緣之報來生於是, 或有大種, 或有小種, 或有羸劣, 獨見輕侮. 有四種金翅鳥, 常食斯龍及龍妻子, 恐怖海中諸龍種類. 願佛擁護, 令海諸龍常得安隱, 不懷恐怖.' 於是世尊脫身皂衣, 告海龍王: '汝當取是如來皂衣. 分與諸龍王皆令周遍. 所以者何? 其在大海中有值一縷者, 金翅鳥王不能犯觸. 所以者何? 持禁戒者所願必得.'"

(석가여래는) 입멸할 때가 되자 음광존자(가섭)를 보내어 그것을 가지고 계족산에서 미륵을 기다리게 하였으니, 부처님과 부처님이 존숭한 것임을 나타냈으며,[6] 조사께서 서역에서 중국에 이른 뒤로 6대가 이어져 의발을 부촉한 것은 법을 이어감에 근원이 있음을 나타낸 것이니, 이는 또한 조사와 조사들도 존숭한 것입니다.

지금 강단에 있는 승려 재원在原이 부처님이 제정하신 물건을 받들어 지닌 지 수년째 되었습니다. 근자에 병으로 세상을 떠났는데, 손발을 열어 보이려 할 때에[7] 가사와 발우와 좌구를 선사께 드릴 것을 부탁하였으니 실로 자애로운 음덕에 힘입어 저승길에 도움을 받고자 했기 때문입니다.

삼가 생각건대 선사의 도력은 앞선 수행자들보다 뛰어나고 덕행은 만물에게 귀의를 받아 승려와 속인들이 개미떼처럼 쫓아오며[8] 멀고 가까이에서 구름처럼 몰려오니 천하의 총림에 이같이 번성한 곳은 없었습니다.

삼가 말씀드리건대 일은 시간을 따라 거행되고 도는 사람을 의지하여 넓혀지는 것입니다. 고명하신 선사의 뜻을 잠시 굽히시고 아랫사람의 뜻

---

6 『祖庭事苑』에서는 "가섭이 왕사성에 들어가 마지막으로 걸식하여 식사를 끝내고 잠시 있다가 계족산에 올랐는데, 산에 있는 세 개의 봉우리가 마치 하늘을 향하고 있는 닭의 발 같았다. 가섭이 중간 봉우리로 들어가 결가부좌를 하고는 진실된 말로 '원하옵건대 나의 이 몸과 가사와 발우 등이 허물어지지 않고 오래도록 머물러 57구지俱胝 6백만 년이 지나 자씨여래께서 이 세상에 출현하여 불사를 베풀 때까지 이어지게 해 주십시오.'라고 맹세를 한 후에 곧바로 열반에 드셨다. 이때 저 나머지 두 개의 봉우리가 합쳐져서 하나로 되었다."*라고 하였다.
  * 가섭이 왕사성에~되었다. : 『祖庭事苑』 권5(X64, 378a3~8).
7 증자曾子가 병이 들자 문하의 제자들을 불러 말하기를, "이불을 들춰서 내 손과 발을 보아라. 지금 이후에야 내가 (훼손됨을) 면하였음을 알았도다. 소자들아!"라고 하였다. 증자가 평소에 신체를 감히 훼손시키지 않았기 때문에 이때 제자들로 하여금 이불을 들춰서 자기 몸을 보게 하여 온전히 보전된 것을 문하인들에게 확인시켜 주면서 "장차 죽게 됨에 이른 뒤에야 훼손을 면하였음을 알았다."라고 한 것이다. 소자는 문하인이다.
8 승려와 속인들이 몰려가는 것이 마치 개미가 비리고 누린내 나는 곳에 모여드는 것과 같음을 말한 것이다.

을 따르셔서 이를 허용하여 특별히 받들어 주시길 바랍니다. 이렇게 해 주신다면 큰 성인의 엄한 법제가 행해질 수 있으며 모든 조사들이 남겨 준 교화의 바람이 실추되지 않을 것입니다. 삼가 승려를 보내며 가사와 발우를 갖추고 다섯 가지 일과 함께 글을 써서 그 뜻을 말씀드리니 승낙 여부를 선사께서는 헤아려 주십시오. 이만 줄입니다.

大智照律師送衣鉢與圓照本禪師書【宗本禪師, 常州無錫管氏子, 嗣天衣義懷禪師.】

某年月日, 比丘元照謹裁書, 獻于[1] 淨慈圓照禪師. 元照早嘗學律, 知佛制: 比丘必備三衣·一鉢·坐具[2]·漉囊, 是爲六物. 上中下根, 制令遵奉, 故從其門者, 不可輒違, 違之則抵逆上訓, 非所謂師資之道也. 三衣者何? 一曰僧伽梨, 謂之大衣, 入聚應供, 登座說法則着之. 二曰鬱多羅僧, 謂之中衣, 隨衆禮誦, 入堂受食則着之. 三曰安陁會, 謂之下衣, 道路往來, 寺中作務則着之. 是三種衣必以麤疎麻苧爲其體, 靑黑木蘭染其色,【『四分』: "有三壞色, 靑·黑·木蘭." 靑謂銅靑色也. 黑謂雜泥色也. 木蘭, 樹皮色也, 其皮染作赤色也.】三肘五肘爲其量.【准薩婆多中: 三衣長五肘·廣三肘, 每肘一尺八寸. 准姬周尺, 長九尺·廣五尺四寸.】裂碎還縫, 所以息貪情也; 條葉分明, 所以示福田也.【『章服儀』: "條堤之相, 事等田疇, 如畦貯水而養嘉苗, 譬服此衣而生功德也. 佛令象此, 義不徒然."『五分』云: "衣下數破, 當倒披之."】言其相, 則三乘聖賢而同式; 論其名, 則九十六道所未聞; 叙其功, 則人得免凶危之憂, 龍被逃金翅之難,【『海龍王經』云: "龍王白佛: '如此海中, 無數種龍, 有四金翅鳥, 常來食之, 願佛擁護, 令得安穩.' 於是, 佛脫身皂衣, 告龍王言: '汝取是衣, 分與諸龍, 皆令周徧. 於中有値一縷者, 鳥不能觸犯.'"】備存諸大藏, 未可以卒擧也. 一鉢者, 具云鉢多羅, 此云應器. 鐵瓦二物, 體如法也; 煙薰靑翠, 色如法也; 三斗斗半, 量如法也. 盖是諸佛之標幟, 而非廊廟之器用矣. 昔者, 迦葉如來授我釋迦本師, 『智論』所謂十三條麤布僧伽梨是也. 洎至垂滅, 遣飮光尊者, 持之於雞足山,以待彌靳, 有以見佛佛之所尊也.【『祖庭』云: "迦葉入王舍城, 最後乞食, 食已未久, 登雞足山. 山有三峯, 如仰雞足. 迦葉入中, 結跏趺座, 作誠實言: '願我此身幷衲鉢等, 久住不壞, 乃至經於五十七俱胝六十百千歲, 慈氏如來出現世時, 施作佛事.' 作此誓已, 尋般涅槃. 時彼二峯, 便合成一."】祖師西至, 六代相付, 表嗣法之有自, 此又祖祖之所尙也. 今有講下僧在原, 奉持制物, 有年數矣. 近以病卒, 將啓手足【曾子有疾, 召門弟子曰: "啓予手足! 而今而後, 吾知免夫. 小子!" 曾子平日, 以身體不敢毀傷故, 於此使弟子, 開衾而視之, 以其所保之全, 示門人曰: "至於將死而後, 知其得免於毀傷也." 小子, 門人也.】囑令以衣鉢·坐具, 奉于¹⁾禪師, 實以賴其²⁾慈蔭, 資其冥路故也. 恭惟禪師道邁前修, 德歸庶物, 黑白蟻慕【言緇素嚮往, 如蟻集腥膻.】遐邇雲奔, 天下叢林莫如斯盛. 竊謂事因時擧, 道假人弘, 果蒙暫³⁾屈高明,* 俯從下意, 許容納受, 特爲奉持, 如是則大聖之嚴制可行, 諸祖之餘風未隳. 謹遣僧齎衣鉢共五事, 修書以道其意, 可否間, 惟禪師裁之. 不宣.

1) ㉑ '于'는 '干'으로 되어 있는 곳도 있다. 2) ㉑ '其'는 '俱'로 되어 있는 곳도 있다.
3) ㉑ '暫'은 '蹔'으로 되어 있는 곳도 있다.

주

i 금시조金翅鳥 : 범어 garuda의 음사로 '가루라(迦樓羅·加留羅)'라 음역한다. 불경에 나오는 상상의 새로 금빛 날개를 달고 있으며 양 날개를 펴면 336만 리나 되고 입에서 불을 내뿜고 용을 잡아먹는다고 한다. 대승경전에서는 천룡팔부 중의 하나이고, 밀교에서는 범천과 대자재천이 중생을 구하기 위해 이 새의 모습을 빌려 나타난다고 한다.

석문에서 십과에 오르는 기문에 대한 서문

세 왕조[1]의 승사僧史(고승의 행장을 기록한 책)는 십과十科[i]로 나누어 인물을 분류하였는데[2] 독송 부문의 공업을 특히 중시하였다. 조정의 황제께서 명령을 내려 제왕의 탄신일에 널리 천하의 승려들을 득도시킴으로써 성왕의 복록을 늘어나게 하였으니,[3] 우리 불교를 존중하고 숭상하여 참된 불법을 널리 펴는 것은 예로부터 모두 그러하였고 지금엔 더욱 성하다.

바야흐로 오늘날 주와 현에 청정한 승려가 참으로 많아서[4] 해마다 사람을 선발할 때 반드시 경업經業으로 재량하였으니,[5] 과거장을 열어 시험을 치게 하고 정통한 이가 합격하면 공고하는 방榜에 별처럼 나열하여 평소에 부지런히 애쓴 것을 칭찬하고 천자의 은혜를 이슬처럼 내려서[6] 평생

---

1 양나라·송나라·당나라.
2 양梁나라 혜교慧皎는 『高僧傳』을 지었으며, 당唐나라 도선율사道宣律師는 『續高僧傳』을 지었으며, 송宋나라 통혜대사通慧大師는 『大宋高僧傳』을 지었는데 모두 십과로 나누어 고승을 분류하였으니, 이것이 승사僧史이다.
3 주나라의 군주가 불교 사찰 3만 3백 곳을 파괴하였는데, 진주鎭州의 관음대비상을 헐어 동전을 주조할 때에는 세종이 직접 도끼를 잡고 그 가슴을 뚫어 부수었더니 4년이 채 되지 않아 가슴에 종기가 나서 문드러졌다. 송나라 태조가 그 일을 목격했던 까닭에 즉위한 첫해에 널리 불교 사찰을 건립하고 해마다 승려 8천 명을 득도시켰으며 또 (천자의) 탄신일에는 온 천하의 승려들에게 명하여 법좌에 올라 천자의 장수를 축원하는 것으로 법도를 삼았으니, 성왕을 축원하는 것이 여기에서 비롯되었다.
4 무릇 삭발하고 물들인 옷을 입어 승려가 된 자를 통칭 '정시淨侍'라 일컫는다. 『西域記』에서는 "1부를 강설하면 지사知事(소임)를 면제하고, 2부를 강설하면 방사와 생활 도구를 더해 주며, 3부를 강설하면 시자를 보내어 공경히 받들게 하고, 4부를 강설하면 정인淨人을 보내 주며, 5부를 강설하면 가마 타는 것을 허락하였다."*라고 하였으니, 승려가 되면 청정하게 시봉을 받기 때문에 정시淨侍라 하였다.
 *1부를~허락하였다 : 『大唐西域記』 권2(T51, 877a18~21).
5 건륭 3년(962)에 조서를 내려 매년 어린 행자들에게 시험을 치르게 했는데, 『法華經』 7축軸을 능통하게 외우면 사부祠部에서 도첩을 주고 승려가 되게 하였다. 태종 태평흥국 원년(976)에 조서를 내려 천하의 승니들에게 다시 경과經科에 응시하게 하였다.
6 『禮記』에서는 "왕의 말은 실처럼 가늘지만 한 번 나온 말은 인끈(綸)처럼 커진다."라고 하였는데, 주석에서는 "인끈은 꼬아서 만든 줄과 같다."라고 하였다. 경업에 정통한지를

토록 편안하고 한가히 지내도록 허락하였다.

승려들은 겉으로는 복전의(가사)를 입고 안으로는 계율의 보배를 품고서 법왕의 아들이 되고 인천人天의 스승이 되어 밭 갈거나 누에를 치지 않고 신도의 시주를 단정히 받으며 출세간에 마음을 깃들이고 인간 세상에 나그네처럼 머무르니(泊)[7] 부처님 제자로서의 영화가 어찌 이보다 더하겠는가?

근세에 세속을 벗어난 이는 대부분 정인正因이 없을 뿐 아니라 도리어 다른 것을 영위하고자 하여 본업을 숭상하지 않고 오로지 윗사람에게 바치는 일만을 도모하여 불법의 무리에 외람되이 참여해서는 혹은 종친을 의지하고 혹은 스승을 다그치기도 한다. 심지어 거리를 돌아다니며 화주를 하고, 소매 속에 권선문을 넣어 다니며 거듭 간청하고, 선물을 보내고 모시고 다니며, 뻔뻔한 얼굴로 종종걸음으로 배알하며, 험담과 욕설을 자주 당하고 어려움과 고생을 두루 겪는다. 그런데 그들이 하는 짓은 수백 수천이지만 정작 이루는 것은 수십이 되지 못하니, (불법에) 몸을 영화롭게 하는 좋은 방책과 안락한 법문이 있음을 어찌 믿겠는가?

이것은 애초에 출가의 마음이 미혹했거나 아니면 그 사람에게 장부의 뜻이 없었기 때문이다. 하물며 오묘한 『법화경』은 영취산에서의 지극한 말씀으로서 일대사인연一大事因緣으로 부처님의 지견知見을 열어 보인 것이니, 이는 부처님께서 중생계에 내려오신(降靈) 근본 지취이며 진실로 중생이 깨우쳐 들어가는 나룻길이다. 수많은 나라에서는 『법화경』의 이름도 모르거늘 다행히 듣고 보았으니 어찌 독송하고 수지하지 않겠는가? 어찌

시험하여 선발이 되면 왕의 은택이 몸에 미치는 것이 마치 이슬이 내려 초목을 적시는 것과 같다는 말이다.

7 나그네가 객점에 잠시 머무는 것과 같으니 어찌 오래도록 기거할 수 있겠는가? 머문다(泊)는 것은 배가 운항하다가 밤에 닻을 내린 것과 같으니 날이 밝으면 다시 떠날 것이다. 환寰은 사람이 사는 세상(人寰)이며 환중寰中은 인간人間이라 말하는 것과 같으니, 인간 세상에 매임이 없는 것을 말한다.

다만 부처님의 은혜를 저버릴 뿐이겠는가? 진실로 출가한 근본을 잊어버리고 마는 것이다.

받들어 힘쓸지니 아직 득도하지 못한 자는 마땅히 정성과 지극함을 더하여 일찍이 변통하기를 바라며, 이미 다다른 자는 복습하기를 그만두지 않아서 마침내 도업을 이룬다면 백금에 해당하는 시줏물이라도 실로 녹여낼 수 있을 것이고, 사부대중이 우러러 의지하더라도 참으로 부끄러운 덕이 없을 것이다.

허깨비(幻) 같은 몸은 다함이 있으나 진실한 행업은 없어지지 않으니, 그러므로 혀의 모양이 고운 것이[8] 마치 붉은 연꽃 같은 경우가 있었고,[9] 몸의 뼈가 부서져서 마치 구슬처럼 된 경우도 있었다.[10]

전해 오는 기록에 모두 쓰여 있으니 식자들은 상세히 들었을 것이다. 하물며 『반야경』에는 귀를 스치는 인연이 있고 『법화경』에는 따르고 기뻐하는 복록이 있음에랴?[11]

---

8 곱고도 좋은 모양이다. 짐승이 세 마리이면 무리(群)가 되고, 사람이 세 명이면 대중(衆)이 되며, 여자가 세 명이면 찬粲(세 사람의 미녀)이 된다.
9 임소臨沂의 왕범행王梵行은 젊어서 소경이 되었는데, 그 어머니가 자애로운 마음으로 『法華經』을 읊어 주었더니, 베옷을 입고 나물밥을 먹고 참선하며 독송하는 데 틀린 곳이 없었으며, 외운 경전이 모두 1만 7천 부나 되었다. 후에 가부좌를 틀고 임종하였으며, 시신을 들녘에 내놓으라고 유언하였다. 오래 지나서 가죽과 살점은 다 없어졌고 오직 혀만 그대로 남았는데, 색깔이 연꽃과도 같았다. 또 당나라 승려 유속遺俗이 『法華經』을 1천 번 독송하였는데 질병으로 (임종을 맞아) 벗에게 이르기를, "내가 평소에 경전을 독송하며 영험이 있기를 바랐었는데, 만약 좋은 곳에 태어났다면 혀가 손상되지 않을 것이니 매장하고 10년 후에 발굴해 보면 알 것이다."라고 하고는 입적하였다. 그 뒤 10년 만에 열어 보니 과연 혀가 손상되지 않았다. 『法華經』을 외워 혀가 손상되지 않은 자는 전후로 매우 많다.
10 당나라 승려 신오神悟가 어려서 악질에 걸렸는데, 손가락을 사르며 참회하였더니 그 병고가 순식간에 나았고 그로 인하여 출가하였다. 매번 법화도량에 들어가면 90일 동안 예배 칭념하였는데, 죽은 후에 다비하여 사리를 얻음에 알알이 찬란하여 헤아릴 수 있었다. 이와 같은 사례가 고금에 무수하다.
11 다른 이들이 착한 인연을 닦아 익히는 것을 따르고 다른 이들이 착한 과보를 이루는 것을 기뻐함이다.

부디 성스러운 가르침에 의지하여 시간을 허비하지 말고 가까이는 삭발하여 승려가 되기를 바라며, 멀리는 마군을 격파하여 부처가 되기를 바라노라. 만약 이와 같을 수 있다면 다시 무엇을 말하겠는가? 승려가 되어 십과에 상응하지도 못하고 부처님을 섬기느라 헛되이 일생을 허비할까 근심이 되니, 옛 성현의 깊은 가르침에 어찌 마음이 움직이지 않겠는가?

釋門登科記序

三代【梁·宋·唐】僧史, 十科取人,【梁慧皎作『高僧傳』, 唐宣律師作『續高僧傳』, 宋通慧大師作『大宋高僧傳』, 咸分十科, 以取高僧, 是僧史也.】讀誦一門, 功業尤重. 皇朝著令, 帝王誕辰, 天下度僧, 用延聖祚【周主廢佛寺三萬三百所, 毀鎭州大悲像鑄錢, 世宗親秉鉞, 洞其膺, 不四年, 痕潰于膺. 宋祖目擊其事, 故即位元年, 廣建佛寺, 歲度僧八千, 又誕聖節, 於天下命僧陞座, 祝天筭爲準, 祝聖始此.】尊崇吾敎, 宣布眞風, 自古皆然, 於玆尤盛. 方今州縣, 淨侍寔繁,【凡削染爲僧者, 通謂'淨侍.'『西域記』云: "講一部則免知事, 講二部則加土房資具, 講三部則差侍者祇承, 講四部則給淨人, 講五部則乘輿", 謂爲僧者爲淸淨給侍, 故云淨侍.】每歲選人, 必量經業,【建隆三年, 詔每年試童行, 通『蓮經』七軸者, 給祠部牒披剃. 太宗太平興國元年, 詔天下僧尼, 復試經科.】開場考試, 合格精通, 公牓星羅, 獎平生之勤苦; 綸恩露隆,【『禮記』"王言如絲, 其出如綸." 注: "綸如宛轉繩也." 試以科經精通而應選, 則王澤之及身, 如露下而霑草木也.】許畢世以安閑. 外被田衣, 內懷戒寶, 爲法王子, 作人天師, 不事耕桑, 端受信施, 棲心物外, 旅泊寰中,【旅如客店暫住, 豈可久居? 泊如舟行夜纜, 天曉復放. 寰, 人寰也, 寰中猶言人間也. 言無滯累於人間也.】釋子之榮, 豈復過此? 近世出俗, 多無正因, 反欲他營, 不崇本業, 唯圖進納, 濫預法流, 或倚恃宗親, 或督迫師長. 至有巡街打化, 袖疏千[1]求, 送惠追陪, 强顔趨謁, 頻遭毀辱, 備歷艱辛, 爲者百千, 成無數十, 豈信有榮身良策, 安樂法門? 斯由當本昧出家心, 抑亦爲人無丈夫志. 況『蓮華』妙典, 鷲嶺極談, 大事因緣, 開佛知見, 是諸佛降靈本致, 實群生悟入津途, 無量國中, 不知名字, 幸而聞見, 那不誦持? 豈獨孤恩? 誠爲忘本. 奉勉未度者, 宜加精至, 早冀變通; 已達者, 莫廢溫尋, 終爲道業, 百金供施, 實亦能消, 四輩瞻依, 諒無慙德. 幻軀有盡, 實行不亡, 故有舌相粲【鮮好皃. 獸三爲群, 人三爲衆, 女三爲粲.】若紅蕖,²⁾【臨沂王梵行, 少瞽, 其母慈念, 口授『法華』, 布衣蔬食, 禪誦無缺, 計誦經一萬七千部. 後跏趺而逝, 遺言露屍林野. 久之, 皮肉旣盡, 惟舌不壞, 色如蓮華. 又唐僧遺俗, 誦『法華』千遍, 因疾告友曰: "某平生誦經, 意希有驗, 若生善道, 舌根不壞, 可埋十年發視." 言訖而寂. 後十年啓視, 舌果不壞. 誦『法華』而舌根不壞者, 前後甚衆.】身骨碎如珠顆【唐僧神悟, 幼嬰惡疾, 蒸指懺悔, 所苦頓愈, 因出家. 每入法華道場, 九旬禮念, 逝後闍維得舍利, 纍纍粲然可數. 如是者, 古今無數也.】具書傳錄, 識者備聞. 況『般若』有經耳之緣, 『法華』校隨喜之福?【隨他修習善因, 喜他得成善果.】幸依聖訓, 勿棄時陰, 近期於削髮爲僧, 遠冀於破魔成佛. 若能如此, 夫復何言? 所患爲僧不應於十科, 事佛徒消於百載, 古賢深誡, 寧不動心哉?

---

1) ㉘ '千'은 성화본『緇門警訓』에는 '干'으로 되어 있다. 2) ㉘ '蕖'는 '渠'로 되어 있는 곳도 있다.

주

i 십과十科 : 역경譯經·의해義解·습선習禪·명률明律·호법護法·감통感通·유신遺身·독송讀誦·흥복興福·잡과雜科이다.

안 시랑이 운행인에게 답한 글

근자에 가르침의 편지를 보내 주시고 게다가 선禪과 교敎의 말씀으로써 가르침을 주시니, 그것을 읽고 나서 제 마음이 깊이 위안이 되었습니다. 또한 지난번에도 가르침을 주신 적이 있었으나 마침 여러 일로 스님께 회신하지(周旋)[1] 못하였는데 지금 다시 말씀이 있으시니, 만약 저를 사랑해 주심이 깊지 않다면 어찌 이렇게 경책해 주시겠습니까?

돌아보건대 제가 우매하여 어찌 그것을 충분히 알겠습니까마는 스님께서 말씀하신 내용을 가만히 판단해 보건대, 여래의 방편의 도에 대하여 한쪽에만 집착하시면서 오히려 인견人見·아견我見의 견해를 두어 자신을 옳다 하고 남을 그르다 하시니, 부처님 법에서는 이것이 큰 병폐입니다. 인견과 아견을 떨치지 못하고 망령되이 우열을 논한다면 그저 희론이 될 뿐이니, 다툼을 그치지 않아 마침내 정법을 헐뜯게 되어 묘과妙果를 얻지 못할 뿐만 아니라 악한 과보를 앞서 초래할 것이므로 삼가지 않을 수 없습니다. 단지 앞선 부처님의 한 가지 방편문으로 수행정진하여 덕행과 공덕이 원만해지면 자연스럽게 초탈할 것이니, 자신만이 옳고 그 나머지는 그르다는 생각에 집착할 필요가 없습니다.

왕생정토를 수행하는 것은 부처님과 보살들이 모두 칭탄한 바이며 재가자나 출가자 중에 왕생정토한 이가 한둘이 아닙니다. 하물며 지금과 같은 말법시대에 이 정토문을 수행하는 것은 첩경이라 할 수 있습니다. 그러나 여기에서도 반드시 육근과 육진을 씻어 버리고 아만을 꺾어야 하며, 그 밖에 갖가지 법문法門에 대해 비록 바른 수행의 길은 아니더라도 역량과 분수에 따라 더욱 공경하고 믿어야 하니, 어찌 망령되이 우열을 논하며 스스로 높고 낮다 여기겠습니까?

---

1 주선周旋은 깃발을 흔들어 지휘하는 것이다. 또는 돌아오는 것이며 도는 것이다.

달마가 서역에서 오셔서 문자를 세우지 않고 곧바로 심인心印을 전하여 한 송이 꽃에 다섯 잎을 피웠습니다.[i] 조계曹溪(6조 혜능) 이래로 이 법을 깨달은 자가 마치 벼·삼·대나무·갈대처럼 많아서 이씨李氏의 당나라 때는 대대로 군주들이 존경하고 숭앙하기를 마치 스승을 섬기듯 하였으며 지금까지 스승의 전수가 끊이지 않았으니 특별히 우열로써 논의할 수는 없습니다.

만일 반드시 교가敎家의 이치와 조목을 인용하여 그 증득에 나아가는 일을 확정하여 "이와 같이 수행하는 자라야 비로소 어떤 경지에 들어간다."라고 하거나 "이와 같이 수행하는 자라야 비로소 어떤 계위에 오른다."라고 한다면, 이는 참으로 허공을 묘사하여 그리는 것과 같으니 다만 스스로 수고로울 뿐이라 할 것입니다. 그러므로 경전에 "마치 어떤 사람이 다른 이의 보물만 헤아리고 자신에게는 반 푼어치도 없는 것과 같이 법에 있어서도 수행하지 않는다면 많이 들었어도 이와 같을 뿐이다."[ii]라고 하였으니, 바라건대 스님께서는 알음알이를 물리쳐서 남의 것은 의논하지 말고 전심으로 왕생정토하는 업을 스스로 닦으십시오.

제가 스님과 얘기를 나눌 때마다 스님에게 불립문자의 이야기를 여러 번 배척받았는데, 만일 이 말이 옳지 않다면 필시 달마가 서쪽에서 오지 않았을 것이며, 2조(혜가 대사)도 틀림없이 팔을 끊어 그것을 구하려 하지 않았을 것입니다.

지금 선가禪家의 문자가 만천하에 두루하니, 이는 말법의 흐름이 자연히 여기에 이른 것인데, 어찌 괴이하다고 여기겠습니까? 사바세계 중생의 지견이 갖가지로 차별되니 하나의 법으로써 해탈할 수 없습니다. 그러므로 부처님이 방편으로써 갖가지 법문을 베풀어 동서남북과 대소종횡의 사람들로 하여금 모두 수행할 수 있게 하였고 모두 증득할 수 있게 하신 것입니다.

화엄회상에서 문수사리보살이 일찍이 각수보살에게 묻기를, "마음과 성품은 하나인데 어째서 견해에는 갖가지 차별이 있습니까?"라고 하였고, 덕수보살에게 묻기를, "여래가 깨달은 것은 오직 한 가지 법인데 어째서 한량없는 많은 법을 말씀하셨습니까?"라고 하였으며, 지수보살에게 묻기를, "부처님 법 중에 지혜를 가장 으뜸으로 여기는데, 여래는 어떤 까닭으로 혹은 보시를 찬탄하거나 혹은 지계를 찬탄하며, 혹은 인내를 찬탄하거나 혹은 다시 자비희사慈悲喜捨를 찬탄하기까지 끝내 하나의 법으로써 벗어나게 하지 않습니까?"라고 하였습니다. 여기에는 모두 게송으로 답한 것이 있으니, 이는 스님께서 아침저녁으로 독송하는 것이라 그 이치에 틀림없이 매우 밝을 것입니다.

무릇 얻은 병이 이미 다르면 처방도 다른 법입니다. 지금 손발의 질환에 어떤 약을 복용하고 쾌유하였다고 해서 다른 사람의 병이 뱃속에 있는데도 손발의 치료약을 쓰지 않는다고 탓하며 뱃속 병의 치료약을 그른 것이라 한다면 옳겠습니까?

능엄회상의 25가지 원통법문圓通法門에서는 유독 관음보살만을 추대하였는데, 이것이 어찌 관음보살만이 우수하고 다른 모든 보살은 열등하다는 것이겠습니까? 신선이나 외도들은 우리 불법에서는 모두 삿된 지견이지만 화엄회상의 선지식은 혹은 외도에 있기도 하고, 혹은 임금이 되기도 하며, 혹은 음녀가 되기도 하여 중생들을 인도하였습니다. 만약 바르게 수행하는 자만 옳다고 여긴다면 선재가 참방한 승열바라문과 파수밀녀와 무염족왕 등은 모두 그르다고 지적해야 할 것입니다.[2]

수많은 경론들이 단지 중생들의 병을 제거해 주려는 것이므로 병이 제거되면 약도 없애야 하거늘, 어찌 병이 없는데도 스스로 뜸을 뜰 필요가

---

2 승열바라문은 어리석은 행위를 드러내 보여서 선재로 하여금 반야해탈문般若解脫門을 얻게 하였으며, 파수밀녀는 탐욕의 행위를 드러내 보여서 선재로 하여금 이욕해탈문離欲解脫門을 얻게 하였으며, 무염족왕은 성내는 행위를 드러내 보여서 선재로 하여금 여의해탈문如意解脫門을 얻게 하였다.

있겠습니까? 이 마음의 때가 심하기 때문에 청정한 인연을 닦는 것이니 깨끗함과 때가 만약 없어졌다면 어찌 다시 수행하고 증득할 필요가 있겠습니까? 삼계三界에 머묾이 없는데 어디에서 마음을 구할 것이며, 사대四大가 본래 공적한데 부처님이 무엇을 의지하여 머물겠습니까? 옷 속의 보배는 단지 옷에 싸여 있을 뿐이니 옷이 만약 해지면 구슬은 저절로 드러날 것입니다.

저의 비천한 견해를 애오라지 서술하여 보내 주신 가르침에 답하옵니다. 혹여 달리 가르쳐 주실 것이 있어서 다시 한 말씀 내려 주신다면 매우 다행이겠습니다만 지리만연하게 희론을 이루는 일이라면 삼가 주시기 바랍니다.

요즘에 사대가 편안하신지요? 소화가 되지 않아 고생하시던 것은 이제 차도가 있으신지요? 저는 인연을 따라 날을 보내며 단지 무사하기만을 바랄 뿐입니다. 찾아뵙지 못하는 사이에 부디 몸조심하시기 바랍니다.

顔侍郎答雲行人書

近辱書誨, 且以禪敎之說見敎, 讀之深有開慰. 而向來亦嘗有所開示, 適以多事, 不能與師周旋【周旋, 旋旗指摩也. 又回也, 斡也.】, 今復有言, 自非見愛之深, 孰能以此相警? 顧我愚昧, 何足知之? 然師所言者, 予[1]竊疑焉. 於如來方便之道, 似執一偏, 猶有人我之見, 以我爲是, 以人爲非, 於佛法中, 是爲大病. 人我不除, 妄談優劣, 只爲戲論, 爭之不已, 遂成謗法, 未獲妙果, 先招惡報, 不可不愼. 但能於先佛一方便門, 精進修行, 行滿功圓, 自然超脫, 不必執我者爲是, 以餘爲非也. 修行淨土, 佛及菩薩, 皆所稱歎, 在家出家, 徃生非一, 況今末法之中, 修此門者, 可謂捷經. 然於是中間, 亦須洗去根塵, 摧折我慢, 於其他[2]種種法門, 雖非正修行路, 隨力隨分, 亦加欽信, 豈可妄論優劣, 自爲高下? 達磨西來, 不立文字, 直傳心印, 一花五葉, 自曹溪來, 悟此法者, 如稻麻竹葦. 在李唐時, 世主尊崇, 如事師長, 以至于今, 師授不絕, 特未可以優劣議也. 若必欲引敎家義日, 定其造證, 謂如是修者, 方入某地, 如是行者, 方登某位, 眞所謂描畵虛空, 徒自勞耳. 故經云: "如人數他寶, 自無半錢分, 於法不修行, 多聞亦如是." 願師屛去知見, 勿論其他, 專心自修於淨業也. 某每與師談, 見師多斥不立文字之說, 使此說非善, 則達摩[3]必不西來, 二祖必不肯斷臂求之也. 今禪家文字, 徧滿天下, 此乃末流, 自然至此, 何足恠耶? 娑婆世界衆生知見, 種種差別, 非可以一法而得離出, 故佛以方便設種種法門, 使其東西南北縱橫小大, 皆可修行, 皆可證入. 華嚴會上, 文殊師利, 蓋嘗問於覺首言: "心性是一, 云何見有種種差別?" 問於德首言: "如來所悟, 惟是一法, 云何乃說無量諸法?" 問於智首言: "於佛法中, 智爲上首, 如來何故, 或讚布施, 或讚持戒, 或讚堪忍, 以至或復讚歎慈悲喜捨, 終無有以一法而得出離者?" 咸有頌答, 是師之朝夕所謂者也, 斯理必深明*之. 夫受病旣殊, 處方亦異. 今以手足之疾, 服某藥而愈, 他人病在腹心, 而責其不進手足之藥, 迺以治腹心之劑, 爲非可乎? 楞嚴會中二十五行, 獨推觀音, 豈可便優觀音, 而劣諸菩薩? 神仙·外道, 於我法中, 皆爲邪見. 然華嚴知識, 或在外道, 或爲人王, 或爲婬女, 引導衆生. 若以正修行者爲是, 則善財所叅勝熱·婆須密女·無厭足王等, 皆可指爲非也.【勝熱示行痴行, 使善財得般若解脫門; 婆須密女示行貪行, 使善財得離欲解脫門; 無厭足王示行嗔行, 使善財得如意解脫門.】千經萬論, 止爲衆生除病, 病去藥除, 何須無病而自灸? 此心垢重, 故修淨因. 淨垢若亡, 復何修證? 三[4]界無住, 何處求心? 四大本空, 佛依何住? 衣中之寶, 只爲衣纒. 衣若壞亡, 珠當自現. 聊叙鄙見, 以復來誨. 或別有可敎者, 更垂一言幸甚, 愼勿支離蔓衍, 以成戲論也. 邇來四大輕安否? 所苦不下食, 今復差退否? 某隨緣過日, 只求無事耳. 未間, 千萬珍重!

---

1) 갑 '予'는 '子'로 되어 있는 곳도 있다. 2) 갑 '他'는 '也'로 되어 있는 곳도 있다. 3) 갑 '摩'는 '磨'로 되어 있는 곳도 있다. 아래에도 같다. 4) 갑 '三'은 '二'로 되어 있는 곳도 있다.

▌주

i 한 송이~잎을 피웠습니다 : 달마가 인도로부터 중국에 전한 선법禪法이 육조 혜능의 법계에 위앙종·임제종·조동종·운문종·법안종의 오가 종파가 일어난 것을 말한다.
ii 마치 어떤~같을 뿐이다 :『大方廣佛華嚴經』권13(T10, 68a25~26).

진 제형 귀겸이 진 시랑 덕수에게 답한 글[1]

선문禪門의 일을 물으신 편지를 받아 보고, 그대가 마음을 비우고 선도善道를 좋아하는 뜻을 알았습니다. 돌아보건대 저의 비천하고 얕은 소견으로 어찌 이에 답할 수 있겠습니까마는 감히 제 소견을 아뢰겠습니다. 이른바 화두를 참구하는 것이 마땅한지는 제가 살펴보건대 애초에 정해진 설이 없습니다. 만약 한 생각도 내지 않는다면 전체가 다 부처인데 어느 곳에 따로 화두가 있겠습니까? 그저 다생 동안의 습기 때문에 깨달음을 등지고 티끌 번뇌에 합쳐져서 찰나간에 생각들이 일어나고 소멸함이 마치 원숭이가 밤을 줍는 것과 같을 뿐입니다.

부처님과 조사들이 부득이하게 방편을 시설해서 하나의 무미건조한 화두를 맛보게 하여 의식이 가지 않는 곳이 있게 하였으니, 단 과일을 가지고 쓴 조롱박과 바꾸는 격이라 그대의 업식을 가려내려 한들 도무지 실다운 뜻이 없습니다. 이는 또한 나라의 무기를 부득이하여 쓰는 것과 같습니다.[2]

오늘날의 배우는 자들은 도리어 화두에 억지로 천착하여 혹은 해설을 따라서 그 일에 맞추니 (깨달음과는) 멀고도 멀 뿐입니다! 혜릉 도인[3]은

---

1 진덕수眞德秀는 자가 경원景元이고 건안建安 사람이며 호는 서산선생西山先生이다. ○귀겸貴謙은 일찍이 월림 철편月林鐵鞭 같은 여러 노승들에게 참문하였다.*
   *일찍이~참문하였다 : 이 주는 성화본 『緇門警訓』에 그대로 나온다.
2 옛날에 치우蚩尤*가 쇠로 병기를 만들었으니, 병기는 흉기이다. 적이 있고 나서야 썼으니 부득이하여 쓰는 것이다. 조사들이 화두 방편을 시설하는 것도 이와 같다.
   *치우蚩尤 : 치우는 황제黃帝 때의 제후 이름으로 탁록涿鹿의 벌판에서 황제와 싸움을 벌일 때, 치우가 풍백風伯과 우사雨師를 동원하여 크게 풍우風雨를 일으켜 병사들이 길을 잃게 되자 황제가 지남거指南車를 만들어 격파하였다는 고사가 있다. 『史記』 권1 「五帝本紀」.
3 복주福州 장경 혜릉長慶惠稜 선사는 항주抗州 염관鹽官 손씨孫氏의 자손이며 설봉雪峯의 법을 이었다.

20년간 앉아서 7개의 포단이 떨어지도록 그저 '나귀의 일이 끝나기 전에 말의 일이 닥쳐왔다'라는 화두만을 참구하다가 주렴을 걷어 올릴 때에 크게 깨쳤으니,[4] 이른바 8만 4천 가지 문빗장을 그저 하나의 열쇠로 연 것에 불과하니 어찌 많은 말이 필요하겠습니까?

　보내온 편지에 "부처님의 말씀을 독송하고 부처님의 마음을 보존하고 부처님의 행동을 실천해서 오래도록 하면 반드시 증득할 곳이 있을 것이다."라고 하셨는데, 이러한 행실은 진실로 한 시대의 현자가 됨을 잃지 않는 것입니다. 그러나 선문에서의 일착자는 반드시 자기의 본지풍광을 보아야 비로소 궁극이 됩니다. 이 일은 비록 사람마다 본래 갖추어져 있으나 다만 객진번뇌의 망상[5]에 뒤덮여 있을 뿐이라서 만약 통렬하게 단련을 더하지 않으면 끝내 밝고 청정해질 길이 없습니다. 『원각경』에서는 "비유하자면 금광석을 녹이는 것과 같지만 금은 금광석을 녹여서 비로소 생겨난 것이 아니다. 비록 본래부터 금이지만 금광석을 녹여 제련하여야 금이 완성되는 것이다."라고 하였으니, 이를 말한 것입니다.

　보내온 편지에서 또 "도가 만약 언어 문자에 있지 않다면 모든 부처와 조사들이 어째서 그 많은 경론을 세상에 남겼습니까?"라고 하셨는데, 경은 부처님의 말씀이고 선은 부처님의 마음이라 처음부터 서로 어긋남이 없었는데, 다만 세상 사람들이 언구만을 좇아 교법의 그물에 빠져서 자기의 한 가닥 빛나는 일대사가 있는 줄 알지 못할 뿐입니다. 그러므로 달마 대사가 서쪽에서 와서 문자를 세우지 않고 곧바로 인심人心을 가리켜 자성을 보아 성불하게 한 것입니다. 이를 일러 교외별전이라 한 것이지 교

4　어떤 승려가 영운靈雲에게 "무엇이 불법의 대의입니까?"라고 묻자 "나귀의 일이 끝나기 전에 말의 일이 닥쳐왔다."라고 대답하였다.
5　『集解』에서는 "바깥 경계를 객客이라 하고 안의 허물을 진塵이라 한다."라고 하였으며, 진사眞師는 "분별 번뇌가 거칠게 움직이는 것을 객客이라 하고 구생俱生 번뇌가 미세한 것을 진塵이라 한다."라고 하였다.

밖에 따로 어떤 도리가 있는 것이 아닙니다. 그저 이 마음을 분명히 알고자 한다면 교상敎相ⁿ에 집착해서는 안 됩니다.

지금 만약 부처님의 말씀을 독송하기만 하고 자기에게로 돌릴 줄 모른다면 마치 타인의 보배는 헤아리면서 자기에게는 반 푼어치도 없는 것과 같습니다. 또 찢어진 삼베로 진주를 싸서 문을 나서자마자 도로 흘리는 것과 같으니 비록 여기에서 작은 재미를 얻는다 하더라도 오히려 법에 애착하는 견해일 뿐, 본분사에 있어서는 이른바 "금가루가 비록 귀하나 눈에 떨어지면 눈병이 된다."라는 것입니다. 곧바로 반드시 타파해서 일체가 깨끗해져야 비로소 조금이나마 상응할 것입니다.⁶

제가 지금까지 비록 대장경을 다 보지는 못했으나 『화엄경』・『능엄경』・『원각경』・『유마경』 등은 독송하여 조금은 익혔으며, 그 외에 『전등록』이나 여러 노사의 어록들과 연수 선사의 『종경록』을 십수 년간 방안에 두고 모두 완미하느라 도리어 경전과 논서는 볼 여유가 없었습니다. 『능가경』은 비록 달마의 심종心宗이나 구두句讀⁷로는 능통하기 어려워 깊이 궁구

---

6 이상은 교상敎相에 집착하지 않음을 말한 것이다. 『正宗記』에서는 "이른바 교외별전敎外別傳은 누런 종이와 붉은 책갑(즉, 불경)에 말소리와 글자의 색이 어지럽게 있는 것을 말한 게 아니라 다만 실상實相・무상無相과 동일한 것이다. 또한 부처님의 가르침과 다른 것이 아니라 바로 가르침의 자취가 이르지 못하는 곳이다."*라고 하였다. 경전에서 "처음에 녹야원鹿野苑에서부터 마지막에 발제하跋提河에 이르기까지 중간에 50년간 일찍이 한 글자도 말하지 않았다."라고 하였으니, 이는 진실로 교외별전의 게송이다. 송제宋帝의 시에 말하였다. "초조대사가 소림굴에 앉아 참선할 때 경전의 가르침을 전하지 않고 오직 마음만을 전하였네. 후학들이 진여의 성품을 깨닫는다면 은밀히 전한 심인心印이 본래 묘한 이치가 깊은 줄 알리라."

* 이른바~곳이다 : 『傳法正宗論』권하(T51, 782a22~29)에는 다음과 같이 나온다. "古所謂敎證一者, 蓋以文字之性亦有空分與正理貫耳, 非謂黃卷赤軸間言聲字色摐然之有狀者, 直與實相無相一也. 若夫十二部之敎, 乃大聖人權巧應機垂跡, 而張本且假世名字語言發理, 以待人悟耳. 然理妙無所敎, 雖說及而語終不極, 其所謂敎外別傳者, 非果別於佛敎也, 正其敎迹所不到者也."

7 말이 끊어지는 곳이 구句이고 구의 중심이 두讀이다. 『奇字指迷』에서는 "구에 점을 찍어 음독한다."라고 했는데, 두讀 자는 음이 두豆이다.

하지 못했습니다. 이 모두가 저의 진실한 마음이니, 저 세속에서 자신을 속여 이야깃거리나 도우려는 것이 아님을 알아주시기 바랍니다.

우선 일상의 쓰임으로 증험해 보겠습니다. 비록 혼탁한 악행과 거친 허물은 짓지 않았으나 과연 일체의 선악과 역순 경계를 밝게 알아서 그것에 의해 옮겨가는 바가 되지는 않았는가? 밤에 자면서 꿈꿀 때와 깼을 때가 한결같았는가? 두려워하고 전도되지는 않았는가? 병이 났을 때 제대로 주재할 수 있었는가?

만약 눈앞에 여전히 경계가 있다면 꿈꿀 때에 전도됨을 면치 못할 것이고, 꿈꿀 때에 이미 전도되었다면 병이 났을 때에 전혀 주재하지 못할 것입니다. 병이 났을 때에 이미 주재하지 못한다면 생사의 언덕에서도 전혀 자유롭지 못할 것이니, 이른바 "사람이 물을 마실 때에 차고 따뜻함을 스스로 안다."라고 하는 것입니다.

대제사인待制舍人은 명성이 한창일 때에 청정하게 수행하고 욕심을 적게 하여 정신을 이 도에 두셨으니 '불꽃 속의 연꽃'이라 할 만합니다. 고인이 말하기를, "이 대장부의 일은 장수나 재상들이 할 수 있는 바가 아니다."라고 하였고, 또 "다만 높고 높은 산봉우리에 서고 깊고 깊은 바닷속을 가고자 해야 한다."라고 하였으니, 다시 깊이 궁구하고 멀리 이르고자 한다면 의심하지 않는 경지에 바로 도달해야 합니다.

보내온 편지에 "손 쓸 곳이 없다."라고 하셨는데, 다만 이 손 쓸 수 없는 곳이 바로 힘을 얻은 곳이니, 예전의 편지에서 말씀 드린 것처럼 고요한 곳과 시끄러운 곳에 모두 일척안一隻眼을 붙여야 합니다. '이 무슨 도리인가?' 하고 살펴서 오래도록 익으면 고요하고 시끄러움의 차이가 저절로 없어질 것입니다. 혹 어지럽게 흩날리며 일어나고 소멸함이 멈추지 않는다면 도리어 한 칙則의 공안을 들어서[8] 그것과 겨루면 일어나고 소멸하는

---

[8] 『祖庭事苑』에서는 "종문宗門의 인연은 한 구절, 한 단락으로 말하지 못한다."라고 하

마음이 저절로 몰록 쉬어져서 비추는 것과 비추는 자가 동시에 적멸해질 것이니, 이때가 바로 궁극에 이른 것입니다.

저 역시 공부하는 중일 뿐 아직 도달하지 못하였기에 우선 이렇게 토로하였으니 다른 사람에게 보이실 필요는 없습니다. 아마도 유가와 불가가 같지 않은 점이 있어서 반드시 크게 괴이하게 여기실지도 모릅니다. 대제사인께서 훗날 심안이 밝게 열리시면 반드시 크게 웃으며 저를 꾸짖으실 것입니다.

陳提刑貴謙答眞侍郞德秀書【眞德秀, 字景元, 建安人, 號西山先生.○貴謙嘗叅月林鐵鞭諸大老.】

承下問禪門事, 仰見虛懷樂善之意. 顧淺陋, 何足以辱此? 然敢不以管見陳白. 所謂話頭合看與否, 以某觀之, 初無定說. 若能一念無生, 全體是佛, 何處別有話頭? 只緣多生習氣, 背覺合塵, 刹那之間, 念念起滅, 如猴猻拾栗相似. 佛祖不得已權設方便, 令咬嚼一箇無滋味話頭, 意識有所不行, 將蜜果換苦葫蘆, 淘汰業識, 都無實義. 亦如國家兵器, 不得已而用之.【古者, 蚩尤以金作兵, 兵者凶器也, 有敵而後行, 不得已而用也. 祖師施設話頭方便, 亦復如是也.】今時學者, 却於話頭上, 强生穿鑿, 或至逐箇解說, 以當事業, 遠之遠矣! 稜道者【福州長慶惠稜禪師, 抗州鹽官孫氏子, 嗣雪峯.】二十年, 坐破七箇蒲團, 只管看'驢事未去, 馬事到來', 因捲簾大悟,【僧問靈雲曰: 如何是佛法大意? 曰: 驢事未去, 馬事到來.】所謂八萬四千關淚子, 只消一箇鎖匙開, 豈在多言也? 來敎謂: "誦佛之言, 存佛之心, 行佛之行, 久久須有得處." 如此

였는데, 한 칙이라 말한 것은 (칙則 자가) 글자를 만들 때에 패貝 자와 도刀 자를 따랐으니, 조개(貝)는 사람이 보배로 여기는 것이고 칼(刀)은 사람이 날카롭게 여기는 것이다. 내뱉는 말이 마치 칼이 사물을 다룰 때 법칙이 있는 것과 같다. 그러므로 사람들이 모두 이를 보배로 여겨 종신토록 이로운 것으로 여겼으니, 한 칙이라 한 것에 깊은 뜻이 있음을 알 수 있다.
*종문종門의~못한다 : 『祖庭事苑』 권7(X64, 412b8).

行履, 固不失爲一世之賢者. 然禪門一着, 又須見徹自己本地風光, 方爲究竟. 此事雖人人本有, 但爲客塵妄想『集解』云: "外境名客, 內垢名塵." 眞師云: "分別煩惱, 鎣動如客; 俱生煩惱, 微細如塵."』所覆, 若不痛加煅煉, 終不明*淨.『圓覺經』云: "譬如銷金鑛, 金非銷故[1]有, 雖復本來金, 終以銷成就." 盖謂此也. 來敎又謂: "道若不在言語文字上, 諸佛諸祖, 何謂留許多經論在世?" 經是佛言, 禪是佛心, 初無違背, 但世人尋言逐句, 沒溺敎網, 不知有自己一段光明*大事. 故達摩*西來, 不立文字, 直指人心, 見性成佛, 謂之敎外別傳, 非是敎外別是一箇道理. 只要明*了此心, 不着敎相. 今若只誦佛語, 而不會歸自己, 如人數他珍寶, 自無半錢分. 又如破布裹眞珠, 出門還漏却, 縱使於中, 得小滋味, 猶是法愛之見, 本分上事, 所謂'金屑雖貴, 落眼成翳'. 直須打倂, 一切淨盡, 方有少分相應也.【上謂不着敎相.『正宗記』曰: "所謂敎外別傳, 非謂黃卷·赤軸間, 言聲字色撰然有狀, 直與實相無相一也. 亦非果別於佛敎也, 正是敎迹不到者也." 經曰: "始從鹿野苑, 終至跋提河, 中間五十年, 未曾說一字." 此固敎外之偈也. 宋帝詩曰: "初祖安禪坐少林, 不傳經敎但傳心. 後人若悟眞如性, 密印由來妙理深."】某向來, 雖不閱大藏經, 然『華嚴』·『楞嚴』·『圓覺』·『維摩』等經, 誦之亦稍熟矣. 其他如『傳燈』·諸老語錄, 壽禪師『宗鏡錄』皆玩味, 數十年間, 方在屋裏着到, 却無暇看經論也.『楞伽』雖是達磨心宗, 亦以句讀【語絶爲句, 句心爲讀.『奇字指迷』云: "點句音讀", 讀字音豆.】難通, 不曾深究, 要知吾人皆是誠心, 非彼世俗自瞞, 以資談柄而已. 姑以日用驗之, 雖無濁惡愆過, 然於一切善惡逆順境界上, 果能照破, 不爲他所移換否? 夜睡中, 夢覺一如否? 恐怖顚倒否? 疾病而能作得主否? 若目前猶有境在, 則夢寐未免顚倒. 夢寐既顚倒, 疾病必不能作得主宰. 疾病既作主宰不得, 則生死岸頭, 必不自在, 所謂'如人飮水, 冷暖自知'. 待制舍人, 於功名鼎盛之時, 淸修寡慾, 留神此道, 可謂火中蓮華矣. 古人有言: "此大丈夫事, 非將相之所能爲也." 又云: "直欲高高峰頂立, 深深海底行." 更欲深窮遠到, 直到不疑之地. 來敎謂: "無下手處", 只此無下手處, 正是得力處, 如前書所言: "靜處鬧處, 皆着一隻眼." 看是什麽道理, 久久純熟, 自無靜鬧之異. 其或雜亂紛飛, 起滅不停, 却擧一則公案【『祖庭』云: "宗門因緣, 不言一節一段." 而言一則者, 盖製字從貝從刀, 貝人所寶也, 刀人所利也. 所發之語, 若刀之制物以有則也. 故人皆寶之, 以爲終身之利焉, 是知謂一則者, 不無深意也.】與之廝捱, 則起滅之心, 自然頓息, 照與照者, 同時寂滅, 即是到家也. 某亦學焉而未至也, 姑盡吐露如此, 不必他示, 恐有儒釋不侔者, 必大怪之. 待制舍人, 他日心眼開明, 亦必大笑而罵之.

---

1) ㉮ '故'는 '固'로 되어 있는 곳도 있다.

주

i 비유하자면 금광석을~완성되는 것이다 : 『大方廣圓覺修多羅了義經』(T17, 916a8~10).

ii 교상敎相 : 석가모니가 일생 동안 가르친 내용과 형식을 말한다.

자수 선사가 어린 행자에게 훈계하다

세제(世諦)[1]가 어수선하여 마칠 기약이 없으니
불가(空門)로 들어오는 것이 마땅하다.
다만 밤낮으로 늘 정진해야 하니
그저 쓸데없이 시간을 헛되이 보내지 말라.
향 사르고 예배할 때는 바쁘게 하지 말고
부처님 모습을 마주할 때는 눈으로 보고 마음에 두어라.
다생토록 지은 허물과 죄업을 참회하고
법의 물 받아서 마음 씻기를 바라노라.[2]
원숭이 같은 마음(제6식)은 날뛰기 쉬운데 어찌 풀어 두는가?
야생마 같은 뜻(제8식)은 조절하기 어려우나 조절해야 한다.
늙음에 이르도록 망정과 번뇌를 다 쓸어버리지 못한다면
출가한 자의 네 가지 은혜[1]는 아마도 녹이기 어려우리라.
글도 배워야 하고 경전도 염송해야 하니
출가한 마음을 분명히 해야 한다.
훗날 삭발하고 가사 걸치는 날에
일마다 시절에 맞게 모두 이루어질 것이다.
한 번 출가하여 불제자가 되었으면
어버이를 섬기듯이 스승을 섬겨야 한다.
향 올리고 청수 가는 일을 부지런히 하고 삼갈지니
용과 천신이 본래 있어 너희들을 살필 것이다.
승복과 짚신은 가지런히 정돈해야 하고

---

1 이치에 맞아 어긋남이 없는 것을 제(諦)라 하니 세간의 선악인과가 모두 털끝만큼의 어긋남도 없기 때문에 세제라 하였다.
2 법의 물(法水)이란 물로써 옷의 때를 씻듯이 법으로써 마음의 더러움을 씻는 것이다.

방부 들일 때에는 수건과 한 벌 옷이 있어야 한다.
몸의 네 가지 위의를 늘 갖추어야 하고[3]
어리석은 무리를 따라 거친 것을 배워서는 안 된다.
행랑에서 스님을 뵈면 반드시 안부를 여쭙고
문 앞에서 객을 만나면 인사해야 한다.
출가승의 태도는 반드시 겸양해야 하니
어리석은 이의 무례한 행동을 배우지 말라.
출가하여 훈채와 술을 끊지 못하면
가람 위를 걷는 걸음이 헛되리라.
늙음에 이르도록 마음밭을 깨끗이 못한다면
보리종자도 생겨나기가 어려우리라.
다른 이의 장단점은 말하지 말라.
말이 오고가면 저절로 재앙을 초래한다.
만약 입 다물고 혀를 깊이 숨길 수 있다면
몸을 편안하게 하는 제일의 방책이리라.[4]
어리석은 사람이 공에서 벗어났다고 말하는 것을 배우지 말라.
공을 벗어났다고 말하는 것에 무슨 궁구할 것이 있겠는가?
어둠 속에서 사람들이 볼 수 없다고 말하지 말라.
아마도 마상공馬相公을 속이기는 어려울 것이다.[5]
색신이 건강할 때 수면을 탐하지 말라.

---

3 한 몸의 네 가지 위의에 8만 가지 세세한 행동과 3천 가지 위의를 갖춘다.
4 『方便經』에서는 "사람이 세상에 살면서 재앙이 입으로부터 나오는 것이 맹렬한 불길보다도 심하니 몸을 없애는 불길을 삼가지 않을 수 있겠는가?"*라고 하였다.
　*사람이~있겠는가 : 『釋迦如來行蹟頌』 권하(X75, 50a19~22)에는 다음과 같이 나온다.
　"又『大方便經』云: 人生世間, 禍從口出, 甚於猛火. 猛火止燒世間之財, 惡口熾然燒七聖財. 口中之舌, 鑿身之斧, 滅身之火, 可不慎哉？"
5 사마두타司馬頭陀에게는 사람을 알아보는 감식안이 있었다.

일이 힘들어도 더욱 고생하며 앞장서서 나아가라.

방아 찧는[6] 노행자를 보지 못했는가?

조사의 의발이 그에게 전해진 것을.

두 번의 운력에[7] 반드시 먼저 도착해야 하니

대중들의 손으로 제대로 하면 일이 어긋나지 않는다.

불경 한 권을 독송하는 것이

쓸데없는 수다(吧吧)[8]보다 훨씬 낫다.

공양간(香積廚)에서는 마음을 잘 써야 하니

오호五湖[9]의 용상 대덕들이 총림에 있다.

별을 보고 달을 보며 늦게까지 고생스러워도

인因이 깊어야 과果도 깊다는 것을 믿어야 한다.

상주물은 털끝만큼도 훔쳐서는 안 되니[10]

---

6 환담桓譚이 "복희씨가 절구공이와 절구를 만들었는데, 후세에는 더욱 공교함을 더하여 몸을 이용해서 방아를 밟게 하였으니, 그 이로움이 열 배이다."라고 하였다.

7 땔감을 나르고 나물을 캐는 것.

8 크게 떠드는 모습이며 또는 시끄럽게 떠들며 아이들이 다투는 모습이다.

9 장발張敎이 "오호五湖는 태호太湖의 다른 이름이니 주위가 5백 리이므로 오호라 하였다."라고 하였고, 『史正義』에서는 "교호菱湖·유호游湖·한호漢湖·공호貢湖·집호胥湖가 모두 태호의 동안오만東岸五灣으로 오호가 된다."라고 하였으며, 우반虞翻이 "태호에 오도가 있으니 동쪽으로는 상주常州의 송강松江에 통하고, 남쪽으로는 안길安吉의 삽계霅溪에 통하며, 서쪽으로는 의흥宜興의 형계荊溪에 통하고, 북쪽으로는 진릉晋陵의 격호滆湖에 통하며, 서남쪽으로는 가흥嘉興의 구계韭溪에 통한다."라고 하였다.

10 율장에는 "상주물을 훔쳐서는 안 되니 상주물은 독약과 같다. 독약은 오히려 치료할 수 있지만 상주물을 도적질한 죄는 구제할 길이 없다. 상주常住라는 것은 체體는 시방에 통하지만 (사용에 있어서는) 그 장소에만 국한될 뿐 나누어 쓸 수 없다."라고 하였고, 『善生經』에서는 "병든 자가 상주물을 빌려 쓰더라도 열 배로 갚아야 하니 병들지 않은 다른 사람들은 (간절하여도) 쓰면 안 된다."라고 하였으며, 『大集經』에서는 "대중 승려들이 먹을 음식물은 일체의 속인들에게 조금도 주어서는 안 되니 만약 사사로이 스스로 허비하면 그 죄는 무간지옥의 과보보다 무겁다."*라고 하였다.

*대중~무겁다 : 『大方等大集經』 권44(T13, 292c9~15)에는 다음과 같이 나온다. "佛告龍言: 此業大重次五無間. 何以故? 若有四方常住僧物, 或現前僧物, 篤信檀越重心施物, 或華或果或樹或園, 飮食資生床褥敷具疾病湯藥一切所須, 私自費用或

날마다 만 배 늘어 아마도 갚기 어려우리라.
돼지 머리 나귀 다리로 분명하게 나타나서
절 마당을 지금까지 쓸며 쉬지 못하리라.[11]
절집 일을 할 땐 좋든 나쁘든 물건을 아껴야 하니
사용할 때마다 잘 살펴보아야 한다.
방자하게 함부로 던지지 말라.
쓰는 자는 만든 자의 어려움을 반드시 알아야 한다.
모든 요사채의 스님을 시봉함에 정미하고 부지런히 하라.
마당 쓸고 차 끓이는 일을 빈번하다고 싫어하지 말라.
대중 섬기기를 늘 삼가고 절실히 하면
몸과 마음이 비로소 출가한 사람이다.
어느 때에 재능 닿아 거리에 나가면
위산의 물소(水牯牛)를 살펴보라.[12]
문 밖에 풀이 무성하면 항상 마음에 둘지니

持出外, 乞與知識親里白衣, 此罪重於阿鼻地獄所受果報."

11 당 개원唐開元 연간(713~741)에 모뢰毛牢의 처가 아들을 낳았는데 돼지 머리에 코끼리 코이고, 물고기 뺨에 나귀 다리이며, 얼굴에는 세 줄의 글자가 쓰여 있었으니, "전생에 개원사開元寺에서 돈 3천 푼과 베 한 단을 빌리고서 갚지 않았기 때문에 이 과보를 받았다."라고 되어 있었다. 자사가 이를 아뢰자 칙명으로 '모채毛債'라 내리고 개원사에서 땅을 쓸게 하였다. 또 여러 절의 벽화에 그 형상을 그려 후세 사람들에게 경계하도록 하였다. 어떤 사람의 시에 "안타깝구나, 모채가 보통 사람과 다름이여! 승가의 돈을 빌려 쓰고 업보로 갚는구나. 물고기의 두 뺨과 코끼리 코, 나귀 다리 한 쌍과 돼지 머리로구나. 전생에 스스로 알지 못하여 죄를 짓고 절 마당을 지금까지 쓸며 쉬지 못하도다. 훗날 물건을 탐하는 자를 위해 알리노니, 승가의 돈을 빌려 쓰지 말지니 예로부터 추징한다 하였네."라고 하였다.

12 위산潙山이 대중에게 "노승은 죽은 뒤에 이 산 아래에서 한 마리 물소로 태어나리라."라고 하였다.*

*위산潙山이~하였다 :『禪門拈頌』 375칙에는 다음과 같이 나온다. 위산이 대중들에게 말하기를, "내가 죽은 뒤에 산 밑 마을에 가서 한 마리 검은 암소가 되어 왼쪽 겨드랑이 밑에 '위산의 중 아무개'라고 쓰겠다. 이때 '위산승潙山僧'이라고 불러야 하겠는가? '수고우'라고 불러야 하겠는가? 어떻게 불러야 하겠는가?"라고 하였다.

등한히 하여 때를 잃으면 거두기 어려우리라.
주먹이 오고 가는 일을 해서는 안 되니
거칠고 난폭함은 출가인의 행동이 아니다.
남이 내 얼굴에 침을 뱉어도 닦아 내야 하니
철저히 남을 요익케 함이지 어리석은 일이 아니다.
삼통三通의 북소리를 듣고 목욕탕에 들어가면[13]
더럽고 깨끗한 옷을 반드시 구분하여 상·하의를 따로 두어야 한다.[ii]
웃고 큰소리 내는 것은 모두 안 되니
거친 행동으로 위의를 깨트리지 말라.
출가자는 말과 행동이 상응해야 하니
얇은 얼음 밟듯 늘 조심해야 한다.
비록 수염과 머리털을 깎지 않았더라도
행동거지를 다만 승려답게 해야 한다.

慈受禪師訓童行

世諦【當理無差曰諦, 以世間善惡因果, 皆毫髮無差, 故曰世諦.】紛紛沒了期, 空門得入是便宜.

直須日夜常精進, 莫只勞勞空過時.

燒香禮拜莫匆匆, 目覩心存對聖容.

懺悔多生塵垢罪, 願承法水洗心胷.【法水者, 以水洗衣塵垢, 以法除心穢濁也.】

心猿易縱安敎縱? 意馬難調亦要調.

到老情塵掃不盡, 出家四事恐難消.

---

13 『事文』에서는 "금고禁鼓는 1,230소리가 일통一通이 되고 3,690소리가 삼통三通이 된다. 밖에 걸린 북은 330번 치는 것이 일통이 되고 990번 치는 것이 삼통이 된다. 총림에서 초통 때에는 노덕이, 이통 때에는 중덕이, 삼통 때에는 사미가 차례대로 목욕한다."라고 하였다.

也要學書也念經, 出家心地要分明.*

他年圓頂方袍日, 事事臨時總現成.

一等出家爲弟子, 事師如事在堂親.

添香換水須勤謹, 自有龍天鑑照人.

衣衫鞋襪須齊整, 掛搭巾單不可無.

身四威儀常具足,【一身四威儀中, 具足八萬細行·三千威儀也.】莫隨愚輩學麤疎.

廊下逢僧須問訊, 門前遇客要相呼.

出家體態宜謙讓, 莫學愚人禮數無.

出家不斷葷和酒, 枉在伽藍地上行.

到老心田如未淨, 菩提種子亦難生.

莫說他人短與長, 說來說去自招殃.

若能閉口深藏舌, 便是安身第一方.『方便經』云: "人生世間, 禍從口生, 甚於猛火, 滅身之火, 可不愼歟?"】

莫學愚人說脫空, 脫空說得有何窮?

暗中莫道無人見, 只恐難瞞馬相公.【司馬頭陀有知人之鑑.】

色身康健莫貪眠, 作務辛勤要向前.

不見碓坊【桓譚云: "宓犧制杵臼之利, 後世加巧, 借身踐碓, 其利十倍."】盧行者?
祖師衣鉢是渠傳.

二時普請【拈柴·擇菜】宜先到, 衆手能爲事不差.

諷誦如來經一卷, 勝如閑話口吧吧【大口貌, 又吧呀小兒忿爭貌.】.

香積厨中好用心, 五湖【張敎云: "五湖者, 太湖之別名, 以其周行五百里, 故以五湖名."『史正義』云: "荽湖·游湖·漢湖·貢湖·昻湖, 皆太湖東岸五灣爲五湖."虞翻云: "太湖有五道, 東通常州松江, 南通安吉霅溪, 西通宜興荊溪, 北通晋陵滆湖, 西南通嘉興韭溪."】龍象在叢林.

瞻星望月雖辛苦, 須信因深果亦深.

常住分毫不可偷,【律云:"不得盜常住財物,常住如毒藥,毒藥猶可療,盜常住物,無能救濟.常住者,體通十方,惟局本處,不可分用.』『善生經』云:"病人常住物貸用,而十倍還之,餘不病人不開也."』『大集經』云:"但衆僧所食之物,不得輒與一切俗人.若私自費用,此罪重於無間獄報也."】日生萬倍恐難酬.

猪頭驢脚分明*見,佛地今生掃未休.【唐開元中,毛牢妻生子,猪頭·象鼻·魚腮·驢脚,面有三行字云:"前生於開元寺,借錢三千文·布一端不還,獲此報."刺史以聞,勅名毛債,於開元寺掃地.又令諸寺門壁,畫形懲後.有人詩曰:"堪嗟毛債異人類!費用僧錢業報酬.兩片魚腮兼象鼻,一雙驢脚戴猪頭.前生自作無知罪,佛地如今掃未休.爲報後來貪物者,僧錢不用古來追."】

家事精麤宜愛惜,使時須把眼睛看.

莫將恣意胡拋擲,用者須知成者難.

諸寮供過要精勤,掃地煎茶莫厭頻.

事衆若能常謹切,身心方是出家人.

有時緣幹出街頭,照顧潙山水牯牛.【潙山示衆云:"老僧百年後,向山下,作一頭水牯牛."】

門外草深常管帶,等閑失却恐難收.

拳手相交不可爲,麤豪非是出家兒.

遭人唾面須揩却,到底饒人不是癡.

三通浴鼓入堂時,【『事文』:"禁鼓,一千二百三十聲爲一通,三千六百九十聲爲三通.在外鼓,三百三十撾爲一通,九百九十撾爲三通.叢林中,初通老德,二通中德,三通沙彌,次第洗浴焉."】濁淨須分上下衣.

語笑高聲皆不可,莫將麤行破威儀.

出家言行要相應,戰戰常如履薄氷.

雖是未除鬚與髮,直教去就便如僧.

주

i 네 가지 은혜 : 국왕·부모·스승·시주자(또는 붕우)의 은혜를 말한다.
ii 더럽고 깨끗한~두어야 한다 : 『教誡新學比丘行護律儀』에서는 "욕실에 들어가서는 깨끗한 옷은 벗어서 깨끗한 장대 위에 걸고 더러운 옷은 벗어서 더러운 장대 위에 걸어 둔다.(入浴室內, 脫淨衣安淨竿上. 脫觸衣, 安觸竿上.)"라고 하였다.

승려에게 간병을 권면하다[1]

사해에 집도 없는 병든 비구여!
외로운 등불만 낡은 침상을 홀로 비추네.
적막하고 쓸쓸한 마음엔 신음소리 처량한데
죽과 약을 먹으려 해도 도반에게 의지하네.
병든 자는 번뇌가 생겨나기 쉽고
건강한 자는 측은한 마음 오래 품는구나.
피차가 모두 꿈같은 몸이라 어찌 오래 보전하랴.
노승이 게송을 써서 총림에 보이노라.
습성이나 풍병은 오히려 고칠 수 있지만
도대체 선병禪病은 어떻게 고쳐야 하나?
납승이 다시 처방약을 논의하려 한다면
주먹 쥐고 쏜살같이 주둥이를 치리라.

勉僧看病【靈巖石刻】
四海無家病比丘, 孤燈獨照破牀頭.
寂寥心在呻吟裏, 粥藥須人仗道流.
病人易得生煩惱, 健者長懷惻隱心.
彼此夢身安可保? 老僧書偈示叢林.
氣習[1)]風勞猶可療, 不知禪病若爲醫?
衲僧更擬論方藥, 便把拳頭驀口搥.
―――――――
1) ㉮ '習'은 '濕'으로 되어 있는 곳도 있다.

―――――――
1 영암사에 있는 돌에 새겨져 있다.*
  * 영암사에~있다 : 이 주는 성화본 『緇門警訓』에 그대로 나온다.

대혜선사의 관음예찬문

삼업을 청정히 하고 일심으로 오체투지하여 시방의 자비로운 어버이이신 광대하고 영통한 관세음보살님께 귀의하옵니다.

제가 듣자옵건대, 보살님은 문사수聞思修에서 삼마지三摩地에 드시어 이수순二隨順과 사부사의四不思議와 십사무외력十四無畏力과 십구설법十九說法과 칠난이구七難二求와 삼십이응신三十二應身을 증득하시어 공덕이 무량하시며, 대위력을 일으키고 대서원을 발하시어 구계九界[i]의 동류同流들과 사생육도四生六道[ii]의 나고 죽는 무리에서 백천만억 무량한 항하사 겁 수만큼의 선행 방편을 일으키시어 일체중생들을 구제하시기를 그치지 않는다고 하셨습니다. 제가 지금 간절히 구하노니 반드시 가피를 내려 주소서.

엎드려 생각하옵나니, 제가 숙세의 경사스러운 일로 태어나 몸은 비록 출가하였으나 마음은 도에 물들지 않아 어리석고 삿된 소견으로 육근이 혼미하여 내외 경서들을 비록 익히고 배웠지만 장구章句의 묘한 이치는 통달한 바가 없습니다. 또 복덕이 얕고 수명은 길지 않아 한갓 불도에 들어왔지만 헛되이 살다가 죽을까 염려스럽습니다. 제가 지금 마음을 씻고 피눈물을 흘리며[1] 이마를 조아려 정성을 드리오니, 밤낮이 다하도록 성스러운 용모를 생각하고[2] 성스러운 명호를 받아 지니고[3] 성스러운 보살상에 예배하옵니다.[4]

오직 원하옵건대 천이통으로 소리를 들으시는 관세음보살님께서는 자

---

1 사람의 눈물은 반드시 소리에 응하여 나오는 법이니 만약 피가 나온다면 소리 때문이 아니다. 지금은 소리 없이 눈물이 나왔으니 마치 피가 나오는 것과 같으므로 피눈물을 흘린다고 하였다.
2 의업意業.
3 구업口業.
4 신업身業.

비하신 마음으로 고통에서 구제해 주시고 애민히 여기시어 가피를 내려 주시고,[5] 큰 신통광명을 놓아서 저의 몸과 마음을 비춰 주시고, 대감로수를 기울여서[6] 저의 이마에 부어 주소서.

그리하여 누대토록 쌓인 원한과 허물을 씻어 주시고 오랜 생의 죄업을 씻어 주셔서 몸과 마음이 청정해지고 마장이 소멸되도록 해 주소서. 밤낮으로 앉을 때에나 누울 때에나 관음보살님께서 큰 신통광명을 놓아 저의 지혜의 성품을 열어 주셔서 저로 하여금 곧바로 신통력이 환해져서 지혜가 총명해지고, 일체의 경서를 저절로 기억하며, 일체의 의리를 저절로 꿰뚫으며, 대변재大辯才를 얻고 대지혜를 얻으며, 대수명을 얻고 대안락을 얻도록 해 주소서.

참선하며 도를 배워 모든 마장들을 없애서 무생인無生忍을 깨달아[7] 세세생생토록 보살도를 행하며, 사은四恩에 모두 보답하고 삼유三有의 중생들을 다 구제하여 법계의 중생들이 다 함께 종지種智를 원만하게 이루어지이다.

大慧禪師禮觀音文

淸淨三業, 一心五體投地, 歸依南無十方慈父廣大靈感觀世音菩薩. 我聞:
菩薩從聞思修, 入三摩地, 得二隨順·四不思議·十四無畏·十九說法·七難

---

[5] 천이통으로 소리를 들음은 성스러운 명호를 지님에 응대하는 것이고, 자비하신 마음으로 고통에서 구제함은 성스러운 용모를 생각함에 응대하는 것이고, 가엾게 여겨 가피를 내림은 성스러운 보살상에 예배함에 응대하는 것이다.

[6] 『梵網經』에서는 "감로수를 마시면 사람들로 하여금 무병장수하고 건강하게 하니 주린 자들은 배부르게 하고, 목마른 자들은 갈증을 해소하게 하며, 병든 자들은 낫게 하여 궁핍한 중생들을 구제하기 때문에 고통을 뽑아내고 즐거움을 주는 모든 부처님의 법약임을 나타낸다."라고 하였다.

[7] 『五門禪經』에서는 "일체중생들에게 인욕하고 화내지 않는 것을 중생인衆生忍이라 한다. 이를 얻은 자는 법인法忍을 쉽게 증득한다. 법인을 얻는다는 것은 이른바 '제법이 나지도 않고 멸하지도 않아 필경에 공空한 상相'이라는 것이다. 이 법인을 능히 믿고 받아들이는 것을 무생법인無生法忍이라 한다."라고 하였다.

二求·三十二應, 無量功德, 興大威力, 發大誓願, 同流九界, 六道四生, 生死趣中, 興百千萬億無量恒河沙劫數善行方便, 救度拔濟一切衆生, 無有休息. 我今哀求, 必賜加被. 伏念, 某甲宿生慶幸, 生遇佛法, 身雖出家, 心不染道, 愚痴邪見, 諸根昏塞, 內外經書, 雖於習學, 章句妙理, 無所通曉. 又恐福力淺薄, 壽命不長, 徒入空門, 虛生浪死. 我今洗心泣血,【人之涙, 必因應聲而出, 若血出則不由聲也. 今無聲而涙出, 如血之出, 故曰泣血也.】稽顙投誠, 終日竟夜, 安想聖容【意業】, 受持聖號【口業】, 禮拜聖像【身業】. 惟願菩薩天耳聞聲, 悲心救苦, 怜憫加被【天耳聞聲, 應持聖號; 悲心救苦, 應想聖容; 怜憫加被, 應拜聖像】. 放大神光, 照我身心, 傾大甘露,【『梵網經』云: "甘露服之, 令人無病長壽肥健, 當飢充飽, 當飲解渴, 當病療疾, 救生濟乏, 故表諸佛拔苦與樂之法藥也."】灌我頂門, 蕩滌累世寃愆, 洗潔千生罪業, 身心清淨, 魔障消除. 晝夜之間, 坐臥之中, 觀見¹⁾菩薩放大神光, 開我慧性, 使某卽時, 神通朗發, 智慧聰明, 一切經書, 自然記憶, 一切義理, 自然通曉, 得大辯才, 得大智慧, 得大壽命, 得大安樂. 叅禪學道, 無諸魔障, 悟無生忍,【『五門禪經』云: "於一切衆生, 忍辱不嗔, 是名衆生忍. 得此忍者, 易得法忍. 得法忍者, 所謂'諸法不生不滅, 畢竟空相.' 能信受是法忍者, 是名無生法忍."】世世生生, 行菩薩道, 四恩總報, 三有齊資, 法界衆生, 同圓種智.

---

1) ㉠ '見'은 '音'의 오기인 듯하다.

주

i 구계九界 : 십법계十法界 중의 구계이니 즉 지옥·아귀·축생·아수라·인간·천상·성문·연각·보살을 가리킨다.
ii 사생육도四生六道 : 사생은 태생·난생·습생·화생이고, 육도는 지옥·아귀·축생·아수라·인간·천상이다.

천태 지자대사의 관심송경법

경전을 염송해서 죄를 소멸하려면 다음과 같이 하여야 한다.

첫 번째, 세수와 양치질을 하고 위의를 가지런히 하고서 따로 마련한 자리에 가부좌를 하고 앉아야 한다.

두 번째, 앉을 자리가 높고 넓고 단정한지 살펴보고 다음으로 자리 아래가 천·용·팔부·사부대중들이 모두 둘러 앉아 법을 들을 만한지 살펴보아야 한다. 그다음에 마음을 운용하여 관觀하되, "내가 능히 법사가 되어 부처님의 바른 가르침을 전하며, 사부대중들에게 설법함에 내가 말하는 소리가 비단 이 자리에 참석한 대중들뿐만 아니라 시방세계에 이르기까지 모두가 이를 듣고 받아 지닌다."라고 관해야 하니, 이를 가관假觀이라 한다.

다음으로 설법하는 주체인 사람과 염송하는 대상인 경전을 관해야 한다. 무엇이 경전인가? 경책이 그것인가? 종이와 먹이 그것인가? 표지와 두루마리가 그것인가? 염송한다는 것은 마음으로 생각하는 것이 그것인가? 입으로 읊는 것이 그것인가? 이와 잇몸이 화합해서 나오는 것인가? 유아有我의 몸이 하는 것인가? 무아無我의 몸이 하는 것인가? 누가 염송하는 자인가? 이 사부대중이 실제로 있는 것인가? 생각에서 나온 것인가? 사부대중은 있는 것이 아닌가? 염송하는 주체인 나라는 것이 결국에는 없다는 것을 미루어 궁구해 보는 것을 공관空觀이라 한다.

비록 염송하는 대상인 경전이 없을지라도 경권과 종이와 먹과 문자가 있으며, 비록 염송하는 주체인 사람이 없을지라도 나의 몸이 있어 사부대중을 위하여 염송하며, 비록 안과 밖이 아니지만 안과 밖을 벗어나지도 않으며, 비록 경권이 아니지만 경권을 떠나지도 않으며, 비록 마음과 입이 아니지만 마음과 입을 벗어나지도 않으니 시작부터 끝까지 반드시 틀림이 없는 것을 불가사의不可思議라 한다. 능히 이렇게 알고 이러한 관을 짓는 것을 삼관이라 하니, 한 순간에 앞도 아니며 뒤도 아님을 증득하면 삼관이 완연하다.

비록 보시하는 것이 없을지라도 법시法施가 있으며, 비록 받는 자가 없을지라도 사부대중이 완연하게 있으며, 비록 법좌가 없을지라도 자리에 올라 연설하니 일·이·삼이 아니면서도 일·이·삼인 것을 법시단바라밀法施檀波羅蜜이라 한다. 마음을 오롯이 해서 경전을 지님에 모든 걸림이 없는 것을 지계持戒바라밀이라 한다. 나쁜 감각을 인내하고 명성과 재화에 모두 흔들리지 않는 것을 인忍바라밀이라 한다. 일심을 그치지 않아 처음부터 끝까지 부끄러움이 없는 것을 정진精進바라밀이라 한다. 이 경전에 전념하여도 애착함이 없는 것을 선禪바라밀이라 한다. 분별함에 틀림이 없고 서분·정종분·유통분을 자세히 알지 못함이 없으며 글자와 구절을 분명하게 아는 것을 반야般若바라밀이라 하니, 이것을 육바라밀을 구족했다고 한다.

이 법을 스스로 행하는 것을 실實이라 하고 타인에게 전해 주는 것을 권權이라 한다. 만약 태어나서부터 늙을 때까지 일생에 이미 끝마쳐서 이로써 비롯함이 없는 마음에서 공덕을 이룬다면 정인종자正因種子라 하며, 만약 심관心觀이 있다면 이를 요인了因종자라 하며, 높은 법좌에서 사부대중에게 설법해 주는 인연을 연인緣因종자라 하니, 삼인三因이 갖추어졌다. 만약 관법이 밝지 못하면 다만 성덕性德을 그치지 않고 연마해서 관심觀心과 상응하면 이를 성태聖胎에 의탁한다고 한다. 성태의 업이 성취되는 것을 수덕修德이라 한다. 중간의 42계위를 또한 성수性修라 하며 지극한 과위에 이르는 것을 종지種智라 한다.

이자伊字의 세 점(∴)이 종縱도 아니고 횡橫도 아닌 것을 대열반이라 하고 도피안이라 하며 제일의공평등대혜第一義空平等大慧라 하니, 이것을 경전을 염송하는 정관正觀이라 한다. 삼세의 모든 부처가 여기에서 나지 않은 분이 없으니, 믿는 자에게 베풀어 줄 것이고 묻지 않으면 말해 주지 말라.

세 번째, 유통流通이다. 만약 자기만을 건진다면 자慈라 할 수 없고, 남의 고통을 보고도 구제하지 않는다면 비悲라 할 수 없다. 이미 정관을 닦아서 앞에 나타났다면 다시 법계를 장엄해야 한다. 경을 염송하는 것을 마치고 관에서 나온 뒤에는 이 도관道觀의 공덕으로 이미 정관에 오른 자는 중생을 제도하기를 서원하고, 계위에 들어간 자는 모두 상지上地(보살지)에 오르며 아직 계위에 들어가지 못한 자는 자慈·비悲 두 법을 운용하여 미래세에 등정각을 이루게 할 것을 서원해야 한다.

天台[1]智者大師觀心誦經法

夫欲念經滅罪, 第一先須盥漱整威儀, 別座[2]跏趺而坐. 第二入觀所坐之座, 高廣嚴好. 次觀座下, 皆有天龍八部四衆, 圍繞聽法. 次須運心作觀, 觀我能爲法師, 傳佛正教, 爲四衆說, 想所出聲, 非但此一席衆, 乃至十方, 皆得聽受, 名爲假觀. 次觀能說之人·所念之經. 何者是經? 爲經卷是? 爲紙墨[3]是? 爲標軸是? 誦者, 爲當心念是? 口念是? 爲齦齶和合而出? 爲有我身? 爲無我身? 誰是念者? 觀此四衆, 爲是實有? 爲從想生? 四衆非有? 推尋畢竟無有我能念者, 是名空觀. 雖無所念之經, 而有經卷紙墨*文字; 雖無能念之人, 而有我身, 爲四衆宣念; 雖非內外, 不離內外; 雖非經卷, 不離經卷; 雖非心口, 不出心口, 從始至終, 必無差謬, 名不可思議. 能作此解, 能作此觀, 名爲三觀, 於一念得不前不後, 三觀宛然. 雖無施者, 而有法施; 雖無受者, 四衆宛然; 雖無法座, 登座宣說, 非一二三, 而一二三, 名爲法施檀波羅蜜. 專心執持, 無諸遮礙, 名爲持戒. 忍耐惡覺, 名聞財利, 皆不能惱, 名之爲忍. 一心不息, 從始至終, 無有慚愧, 名爲精進. 專念此經, 無有愛味, 名之爲禪. 分別無謬, 序正流通, 無不諦了, 字句分明,* 名爲般若, 是名六波羅蜜具足. 自行此法, 名之爲實; 傳授外人, 名之爲權. 若從生至老, 一生已辦, 以此成功德於無始心, 名爲正因種子; 若有心觀, 名爲了因; 高座四衆, 說授因緣, 名爲緣因, 三因具足. 若觀未明,* 但是性德, 研之不已, 觀心相應, 名托聖胎. 以胎業成就, 名爲修德. 中間四十二位, 亦名性修. 至於極果, 名爲種智. 伊字三點, 不縱不橫, 名大涅槃, 名到彼岸, 名第一義空平等大慧, 是名念經正觀. 三世諸佛無不從此而生, 信者可施, 無問莫說. 第三流通者, 若自調自度, 不名爲慈. 見苦不救, 不名爲悲. 旣修正觀現前, 復應莊嚴法界. 所念經竟, 出觀之後, 以此道觀功德, 已登正觀之者, 願度衆生; 入位之人, 悉登上地; 未入位者, 卽運慈悲二法, 願未來世成等正覺也.

---

1) ㉄ '台'는 '怠'로 되어 있는 곳도 있다. 2) ㉄ '座'는 '坐'로 되어 있는 곳도 있다.
3) ㉄ '墨'은 '黑'으로 되어 있는 곳도 있다. 아래에도 같다.

마음을 살피는 식당작법

자리를 깔고 앉았다면 유나가 치는 진지進止의 경쇠 소리를 들은 후에 손을 모으고 일체삼보와 온 시방에 지은 불사佛事에 공양 올린다. 다음으로 생반生飯[i]을 내는데 이를 육도에 보시한다고 하니 곧 육바라밀을 나타내는 것이다. 그런 후에 이 음식을 받는다.

대저 먹는다는 것은 중생의 외형인 목숨을 부지하기 위해서이니, 만약 관법에 들어가지 못하면 생사를 거듭할 것이고,[1] 관법에 들어갈 줄 안다면 생사의 경계가 있고 없음을 분별할 것이니, 걸식(分衛)[2]과 청정한 대중의 청정한 음식을 따지지 않고 모두 관법을 지어야 한다.

관觀한다는 것은 이 몸으로 받은 예전의 음식은 모두 무명번뇌로서 생사를 거듭 받게 될까 스스로 염려했지만, 지금 먹는 것은 모두 반야이니 예전의 음식들이 모공을 통해 차례대로 나와서 음식이 다 나오고 나면 마음의 길이 열리고, 지금의 새로운 음식을 먹는 것은 모든 어두운 것을 비추어 소멸시켜 반야를 이룬다고 생각하는 것이다. 그러므로 『정명경』에서는 "음식에 평등한 자는 법에서도 평등하다."라고 하였으니,[3] 이것이 명백한 증거이다.

이렇기 때문에 반야의 음식을 이루어 법신을 기를 수 있고 법신을 세우면 해탈을 얻을 수 있으니, 이것이 삼덕三德이다. 이러한 공양을 비추

---

1 『善見論』에서는 "보시를 받을 때에 반드시 관법을 지어야 하니, 관법을 짓지 않으면 죄를 얻어 신도의 시줏물을 저버리는 것이다."라고 하였다.
2 분위分衛는 걸식이니 대중 승려들에게 나누어 보시해서 도력道力을 지키게 한다.
3 『維摩經』에서는 말하였다. "수보리가 말하였다. '내가 예전에 그 집에 들어가서 걸식할 때에 유마힐이 내 발우를 가져다가 밥을 가득 채우면서 나에게 말하기를, 「수보리여! 만약 음식에 평등할 수 있다면 모든 법에도 평등할 것이고, 모든 법에 평등하다면 음식에도 평등할 것이니, 이와 같이 걸식하여야 음식을 받을 수 있습니다.」라고 하였다.'"*
＊수보리가~하였다 : 『維摩詰經』 권상(T14, 54b20~23).

어 보건대, 새것도 아니고 옛것도 아니지만 옛 음식의 낡은 것이 있고 새 음식의 새로운 것이 있으니, 이것을 '가假'라 한다. 옛것을 구할 수도 없고 새것을 구할 수도 없어서 필경에 공적하니, 이것을 '공空'이라 한다. '음식이라는 것은 어떤 음식이 새것인가? 이미 새 음식이 없는데 어떤 것을 먹을 수 있는가?'라고 관하여 옛 음식을 떠나지 않고서 몸을 기르고, 새 음식이 더욱 이익이 되어 인연이 화합하여 앞뒤로 분별할 수 없음을 '중中'이라 한다. 단지 중中이 가假·공空이며, 단지 공空이 중中·가假이며, 단지 가假가 공空·중中이어서 사의할 수 없는 것을 중도中道라 한다. 그러므로 『정명경』에서는 "번뇌가 있는 것도 아니지만 번뇌를 떠난 것도 아니며 선정의 뜻에 들어간 것도 아니지만 선정의 뜻을 일으킨 것도 아니다."라고 했으니, 이것을 식당작법이라 한다.

觀心食法

旣敷座坐已, 聽維那進止鳴磬, 後歛手供養一體三寶, 徧十方施作佛事. 次出生飯, 稱施六道, 卽表六波羅蜜,¹⁾ 然後受此食. 夫食者, 衆生之外命. 若不入觀, 卽潤生死;【『善見論』云: "受施之時, 必須作觀, 不作則得罪, 負人信施也."】若能知入觀, 分別生死有邊無邊, 不問分衛【分衛者, 乞食也, 分施衆僧, 衛護道力.】與淸衆淨食, 皆須作觀. 觀之者, 自恐此身內舊食, 皆是無明煩惱, 潤益生死, 今之所食, 皆是般若, 想於舊食從毛孔, 次第而出, 食旣出已, 心路卽開, 食今新食, 照諸闇滅, 成於般若, 故『淨名』云: "於食等者, 於法亦等",【『維摩經』: "須菩提言: '我昔入其舍, 從乞食時, 維摩詰取我鉢, 盛滿飯謂我言: 唯須菩提! 若能於食等者, 諸法亦等; 諸法等者, 於食亦等. 如是行乞, 乃可取食.'"】是爲明*證. 以此食故, 成般若食, 能養法身, 法身得立, 卽得解脫, 是爲三德. 照此食者, 非新非故, 而有舊食之故, 而有新食之新, 是名爲假. 求故不得, 求新不得, 畢竟空寂, 名之爲空. 觀食者, 自那可食爲新, 旣無新食, 那可得食者, 而不離舊食養身, 而新食重益, 因緣和合, 不可前後分別,名之爲中. 只中卽假空, 只空卽中假, 只假卽空中, 不可思議, 名爲中道. 又 『淨名』云: "非有煩惱, 非離煩惱; 非入之意, 非起定意", 是名食法也.

---

1) ㉑ '蜜'은 '密'로 되어 있는 곳도 있다.

| 주

i 생반生飯 : 선종에서 밥 먹을 때에 밥에서 조금 떼어 발쇄鉢刷(생반대) 위에 두어 배고 픈 귀신들에게 주는 밥이다.
ii 번뇌가 있는~것도 아니다 : 『維摩詰經』 권상(T14, 54b8~9).

대지 율사의 삼의부

나에게 세 가지 옷이 있는데 옛 성인의 참된 규범이다. 거칠고 성근 삼베로 그 바탕을 삼으니, 짐승의 털이나 누에의 고치는 생명을 해치고 자비를 손상시킨다. 청·흑·목란색으로 그 색을 무너뜨리니, 다섯 가지 정색正色과 다섯 가지 간색間色은 세속과 관련되어 비난을 초래한다. 그 옷을 받들어 지니는 것은 새의 양 날개와 같고, 공경히 보호하는 것은 몸의 얇은 피부와 같다. 진실로 항하의 모래알만큼 많은 모든 부처님의 표식이며 성현과 사문들의 궤범이다. 이 옷은 96종의 외도들이 믿음을 일으키는 으뜸이고 25유有[i]에서 복을 심는 기틀이다.

그러므로 견고한 서원을 가진 맹수의 왕이 죽음을 무릅씀에 가릉빈가가 칭찬하였고, 연화색蓮花色 여인이 광대짓을 하였으나 탐욕과 어리석음을 모두 끊었으니,[1] 큰 서원은 매우 중하며 지극한 덕은 헤아리기 어렵다. 용이 이 옷을 입음에 금시조의 화를 면하게 되었고, 사람이 이를 얻음에 전쟁의 위험을 그칠 수 있었다.

그러나 말세의 부류들은 경박하고 바른 가르침은 쇠퇴하고 더디기만 하니, 붉은색을 어지럽히는(亂朱) 의복[2]을 다투어 사고 남취濫吹[ii]의 비웃음[3]을 좇아 만난다. 그리하여 아만심을 높이 키우고 대덕과 노승을 업신여기니, 습관이 풍속을 이루지만 어리석어 그릇된 줄 알지 못한다.

---

1 연수延壽 선사의 「戒序儀文」에서는 "옛날에 연화색 비구니가 일찍이 광대였는데, 가사를 입고 광대짓을 하였다. 정성스러운 마음이 없이 법의를 받았는데도 가사 입은 공덕으로 오히려 석가모니불을 만나서 출가하여 불과를 증득하였다."라고 하였다.
2 『孟子』에서는 "자색紫色을 싫어함은 붉은색을 어지럽힐까 두려워서이다."라고 하였으니, 자색은 흑색과 적색의 간색間色이다.
3 제 선왕齊宣王이 사람들에게 '우竽'를 불게 하였는데 반드시 3백 명이 한꺼번에 불도록 하였다. 남곽南郭 처사가 왕을 위해 우를 불겠다고 요청하였고, 왕이 기뻐하여 수백 명 분의 녹봉을 주었다. 선왕이 죽고 민왕湣王이 즉위하였는데, 그가 한 사람씩 부는 연주를 듣는 것을 좋아하자 처사는 (자기 차례가 되자) 빠져나와 도망갔다.

그대들은 일상의 규범(彛範)4을 공경히 존중하고 은혜와 자비를 우러러 짊어져서 언제나 스스로 다행이라 여기고 어디서나 이를 떠나지 말라. 정신은 안락국에 깃들어 수의銖衣ⅲ를 스스로 걸치되 몸은 사바세계에 깃들어 보신의 옷이 항상 따르도록 하라. 겁석劫石은 녹일 수 있지만5 생각건대 이 말은 없어지지 않으며, 허공은 다함이 있지만 헤아려 보건대 이 뜻은 바뀌지 않을 것이다.

大智律師三衣賦

吾有三衣, 古聖眞規. 蠶踈麻苧, 爲其體, 獸毛蠶口, 害命傷慈. 靑黑木蘭, 壞其色, 五正五間, 涉俗生譏. 其奉持也, 如鳥兩翼; 其敬護也, 如身薄皮. 信是恒沙諸佛之標幟, 賢聖沙門之軌儀. 九十六道, 起信之首; 二十五有, 植福之基. 是以堅誓獸王, 忍死而頻加稱歎; 蓮花色女, 作戲而盡斷貪癡.【壽禪師「戒序儀文」云: "昔蓮花色比丘尼, 曾爲戲人, 以披袈裟作戲, 承此功德, 無有誠心, 而受法衣, 尙値釋迦佛, 出家證果."】弘誓甚重, 至德難思. 龍被1)免金翅之禍, 人得息戰敵之危. 末流浮薄, 正教衰遲, 競賀亂朱之服【『孟子』: "惡紫恐其亂朱也." 紫黑赤間色也.】, 率遭濫吹之嗤【齊宣王使人吹竽, 必三百. 南郭處士請爲王吹竽. 王悅之, 廩食以數百人. 宣王死, 湣王立, 好一一聽之, 處士抽身而逃.】, 壯大於貢高我慢, 欺壓於碩德耆眉, 習以成俗, 愚不知非. 汝當敬遵彛範【彛, 常也. 三衣比丘常所被着, 是彛範也.】, 仰荷恩慈, 時時自慶, 步步勿離. 潛神樂國兮, 銖衣自被; 垂形忍界兮, 報服常隨. 劫石可消,【『統紀』云: "兜率銖衣拂靑石." 注: "石廣二由旬, 厚半由旬. 兜率天人過百年, 以六銖一拂, 至

---

4 이彛는 일상이다. 삼의三衣는 비구가 늘 입는 것이니, 이것이 일상의 규범이다.
5 『佛祖統紀』에서는 "도솔천의 수의銖衣로 푸른 돌을 스친다."라고 하였는데, 주석에서는 "돌의 너비는 2유순由旬이고 두께는 반 유순이다. 도솔천인이 백 년마다 육수六銖로 한 번 스쳐 돌이 다 닳아질 때까지를 대겁大劫이라 하니 녹로轆轤(회전 원반)의 소겁이 아니다."라고 하였다.

石消盡, 乃爲大劫, 非轆轤小劫也."】想斯言而不泯; 太空有盡, 諒此志以難移.

---
1) ㉄ '被'는 '披'로 되어 있는 곳도 있다.

주

i 25유有 : '삼계 25유'라고 해서 중생이 나고 죽어서 변모할 때마다 그들의 존재 위치와 정도가 달라지는 것을 25종으로 나눈다. 먼저 욕계欲界에는 사악취四惡趣(지옥·아귀·축생·아수라), 사주四州(동승신주·남섬부주·서우화주·북구로주), 육욕천六慾天(사왕천·야마천·도리천·도솔천·화락천·타화자재천)의 14유가 있고, 색계色界에는 초선천初禪天·대범천大梵天·제이선천第二禪天·제삼선천第三禪天·제사선천第四禪天·무상천無想天·오정거천五淨居天의 7유가 있으며, 무색계無色界에는 공무변처천空無邊處天·식무변처천識無邊處天·무소유처천無所有處天·비상비비상처천非想非非想處天의 4유가 있으니, 이 모두를 합하여 25유라 한다.

ii 남취람취濫吹 : 학문과 기예에 전문적인 지식이 없이 함부로 날뛰는 것을 말한다. 춘추시대 제 선왕齊宣王이 '우竽'라는 악기 소리를 좋아하여 매번 연주할 때마다 3백 명씩 한꺼번에 악기를 불게 하였다. 남곽 처사가 악기를 잘 불지도 못하면서 악사들 속에 섞여서 높은 녹봉을 받아먹다가 선왕이 죽은 뒤에 민왕湣王이 즉위하여 악사들에게 한 사람씩 악기를 연주하게 하자 남곽 처사가 도망쳤다는 고사가 있다. 『韓非子』「內儲說上」.

iii 수의銖衣 : 도리천에서 입는 매우 가벼운 옷이다. 보통 선인仙人의 옷을 지칭할 때에도 사용된다. 수銖는 극소極小의 중량 단위로 24수가 1냥兩이다.

철발부

나에게 철발우가 있는데, 만들어진 모습이 바퀴를 합친 듯하다. 한 말 반 용량에 크지도 작지도 않으며 대나무 연기를 쬐어서 만들었으니 광채가 나면서 깨끗하다. 두 쪽으로 나뉜 밝은 구슬 같고 장차 보름달이 될 밝은 달의 모습이다. 맑은 새벽에 마을에 들어갔을 때, 발심한 단월들이 누런 곡식(黃粢)[1]을 기울여 부으면 마치 금모래가 있는 듯하고, 흰쌀(白淅)[2]을 높이 채우면 마치 흰 눈이 쌓인 듯하다. 이는 향적香積[i]세계에서 변하여 나타난 음식과 다를 바 없으니, 자연세계의 천연한 공양과 비교하여 무엇이 다르겠는가?[3]

---

1 (자粢는) 음이 자咨이니 여섯 가지 곡식을 자粢라 한다. 정강성鄭康成이 "자粢는 기장(稷)이다."라고 하였다. 『爾雅』를 살펴보건대, "육곡六穀은 기장을 으뜸으로 한다."라고 하였다.
2 서淅는 음이 석昔이니 씻은 쌀이다. 『孟子』에서는 "씻은 쌀을 가지고 간다."*라고 하였다.
　*씻은~간다 : 『孟子』「萬章下」편에 나오는 구절로, 일었던 쌀을 건져 가지고 간다는 것은 조금도 주저하지 않고 신속히 떠나는 것을 비유한 말이다.
3 『仁孝勸善書』에서는 다음과 같이 말하였다. "옛날에 유위불維衛佛이 6만 2천 명의 비구와 함께 산에서 내려와 부왕의 나라로 돌아가니 왕이 성 밖의 땅을 떼어 주어 집을 짓고 모든 비구들을 거처하게 하였다. 어떤 한 비구가 주변의 사람들에게 말하여 품을 사서 집을 짓고자 하였으나 남자가 허락하지 않았다. 그런데 그 집의 노모가 손수 지어서 집이 완성되자 열 손가락에 모두 구멍이 났다. 비구가 그 가운데 앉아 선정에 들었는데, 그 날 저녁에 화광삼매火光三昧에 들어 집에 큰불이 나타나니 노모가 그것을 바라보며 '집을 지은 지 얼마 되지 않아 불이 났으니, 어찌 이리도 박복한가!'라고 생각하였다. 달려와서 보니 집은 그대로이고 다만 불빛 속에 비구가 보여서 매우 기뻐하였다. 노모가 목숨이 다해서는 하늘에 태어났다. 석가께서 성불하자 천녀가 수명이 아직 다하지 않았는데 내려와서 부처님께 사뢰기를, '내일은 부처님과 스님들께 공양을 올리겠습니다.'라고 하니 부처님께서 묵묵히 받아들였다. 파사익왕이 또 사람을 보내 부처님을 청하자 부처님이 '이미 천인의 공양청을 받았습니다.'라고 하셨다. 왕이 '천인이 내려와 베푸는 것을 아직 보지 못했는데 무슨 인연으로 이러한 일이 있는가?'라고 하였다. 다음 날 사람을 보내 살피게 하였으나 공양을 베푸는 것을 보지 못했다. 해가 사시巳時에 가까워졌는데도 역시 고요하므로 왕이 칙령을 내려 음식을 마련하게 하고는 '만약 그 사람이 없으면 내가 응당 부처님께 공양 올리리라.'라고 하였다. 사시가 되어 천인이 도착하

아! 너희 동류(同舟)⁴들은 스스로 바로잡아야(櫽括)⁵·ⁱⁱ 한다. 밭도 갈지 않고 김도 매지 않으며 호미질도 하지 않고 쪼개지도 않으니 생명 있는 몸이 무엇으로 살겠는가?⁶

또한 입과 배는 만족할 줄 모르고(無厭)⁷ 탐욕의 근원은 다함이 없으니 바른 생각이 조금이라도 어그러지면 나찰이 이미 뺏어 버린다. 한때의 감칠맛을 즐기는 것이 만겁의 기갈飢渴이 되니 만금은 받을 수 있지만 임금 자리를 보전하지는 못하리라. 한 잔의 물도 감당하기 어려움을⁸ 성인의 가르침에서 분명하게 말씀하였다.

오관五觀ⁱⁱⁱ을 어김이 없고 삼시三匙에 절도가 있어야 하니⁹ 신도들의 시

였으나 끝내 음식을 가져오지 않고 다만 천녀들을 거느리고 갖가지 음악을 연주하고 부처님께 예배하고는 머물며 아뢰기를, '시간이 되었습니다.'라고 하였다. 곧 수건을 들어 올리니 모든 일들이 저절로 갖추어졌다. 물로 깨끗이 하고 나서 손을 드니 주방에서 음식이 나와 온갖 맛깔스러운 음식과 감로수가 저절로 자리에 펼쳐졌고, 직접 그 음식들을 나누어 주니 대중들이 모두 만족하였다. 왕이 보고는 놀라 기뻐하며 부처님께 아뢰기를, '이 여인은 무슨 복으로 이러합니까?'라고 하니, 부처님이 왕에게 '전생에 비구를 위해 손수 집을 지어 주었습니다. 이로부터 하늘에 태어나 91겁 동안 손에서 모든 물건이 나왔으며 복락이 아직도 끝나지 않았습니다.'라고 하였다."

4 동주同舟는 동류이다. 곽태郭泰와 이응李膺이 같이 배를 타고 건너가니 사람들이 신선처럼 바라보았다. 『周易』에서는 "같은 배를 타고 호胡와 월越을 건너가니, 다른 마음일까 어찌 근심하리오?"라고 하였다.
5 옛날에 은괄櫽括이라는 기구가 있었는데, 은櫽은 살피는 것이고 괄括은 단속하는 것이니 즉 비뚤거나 굽은 것을 바로잡는 기구이다. 휘고 굽은 것이 은櫽이고 반듯하고 네모난 것이 괄括이다.
6 지금 모든 비구들이 손수 경작하지 않고서 화려한 당우에 높이 걸터앉았으니, 그렇다면 이 몸과 목숨은 무엇으로 살아가는가? 모두 단월들의 땀과 피와 노력으로 만들어진 것이니 복을 구하고 화를 면하는 공양물이로다!
7 『左傳』에서는 "욕심이 많아 만족할 줄 모른다."라고 하였다.
8 『佛德經』에서는 "여법하게 시줏물을 받으면 천금도 받을 수 있지만 부처님의 교화에 어긋나면 한 잔 물도 허용되지 않는다."라고 하였다.
9 첫 번째 숟가락은 일체의 악을 끊기를 발원함이고, 두 번째 숟가락은 일체의 선을 닦기를 발원함이고, 세 번째 숟가락은 모든 중생들에게 회향함이다. 『瑜伽師地論』에서는 "먹을 때에는 반드시 입마다 염송해야 한다. 만약 번거로워 생략하고자 한다면 다만 첫 입의 세 숟가락에서 총괄하여 염송하는 것도 괜찮다."라고 하였다.

줏물을 받아서 더러운 몸을 함부로 기르지 말고 반드시(會須)¹⁰ 이 도와주는 인연을 의지해서 스스로 해탈하기를 서둘러 구하여야 한다.

鐵鉢賦

吾有鐵鉢, 裁製合轍, 斗半爲量, 不大不小, 竹煙熏治, 唯光唯潔. 似二分之明*珠, 若將圓之皎月. 淸晨入聚, 群心發越, 黃粢【音咨, 六穀曰粢. 鄭康成曰: "粢, 稷也." 按『爾雅』: "六穀, 以稷爲長."】傾散, 有若金沙; 白浙【浙, 音昔, 汰米也. 『孟子』: "接浙而行."】高堆, 宛如積雪, 與香積之變現無殊, 比自然之天供何別?『仁孝勸善書』云: "昔維衛佛, 與六萬二千比丘出山, 還父王國. 王於城外, 割地立屋, 處諸比丘. 有比丘語左右家, 欲倩作屋, 男子不許. 其家老母, 手自爲之, 屋得成焉, 十指皆穿. 比丘坐中入定, 一夜入火光三昧, 舍現大火. 母望念言: '作屋尋燒, 何其薄福!' 走見屋如舊, 但火光中見比丘, 甚喜. 壽終生天. 釋迦成佛, 天命未盡, 下來白佛: '明日飯佛及僧.' 佛默然受之. 匿王又遣人請佛, 佛曰: '已受天請.' 王曰: '未嘗見天人下施, 何緣有此?' 明日遣人候之, 不見施辦. 日至禺中, 亦復寂然. 王勅修饌, '若無其人, 吾當供之.' 日中天至, 了不費食, 但將天女, 鼓諸音樂, 禮佛而住白曰: '時到.' 卽擧手巾, 衆事自然皆辦. 行水旣訖, 擧手出厨, 百味甘露自然在地, 手自斟酌, 衆會皆足. 王見驚忻白佛: '此女何福乃爾?' 佛爲王說: '前世爲比丘, 作屋以手. 從是生天, 九十一劫, 手出衆物, 福尙未終.'"】咨爾同舟【同舟, 同流也. 郭泰與李膺, 同舟而濟, 人望若神仙.『易』曰: "同舟而濟胡越, 何患乎異心哉?"】, 宜自檃¹⁾栝【古有檃栝之器: 檃, 審也. 栝, 撿括也. 卽正邪曲之器也. 揉曲者, 檃. 正方者, 栝.】. 不耕不耘, 不鋤不割, 有生之命, 自何而活?【今諸比丘, 不能手自耕鋤, 高坐華堂, 然則此之身命, 從何而生也? 皆是檀越汗血力作, 而邀福免禍之供須歟!】且夫口腹無厭【『左傳』: "貪婪無厭."】, 貪源叵竭. 正念微乖, 羅刹已

---

10 당 태종唐太宗이 매우 노하여 말하기를, "반드시(會須) 이 전사옹田舍翁을 죽여야 한다."라고 하였는데, 주석에서는 "회會는 필요(要)이다. 전사옹田舍翁은 위징魏徵이다."라고 하였다.

奪. 嗜一時之甘美, 爲萬劫之飢渴. 萬金可受, 保君未徹. 杯水難堪,【『佛德經』云: "如法受施, 千金納之; 若乖佛化, 杯水不許."】聖教明說. 是宜五觀無違, 三匙有䬝,²⁾【第一匙, 願斷一切惡. 第二匙, 願修一切善. 第三匙, 回向諸衆生. 『伽論』云: "食時須口口作念. 若欲省繁, 但初口三匙, 摠念亦得."】愼勿枉彼信施, 以養穢躬,³⁾ 會須【唐太宗怒甚曰: "會須殺此田舍翁." 注: "會, 要也. 田舍翁, 魏徵也."】藉⁴⁾此資緣, 早求自脫.

───────

1) ㉠ '㘴'은 '隱'으로 되어 있는 곳도 있다.　2) ㉠ '䬝'은 '節'로 되어 있는 곳도 있다.
3) ㉠ '躬'는 '軀'로 되어 있는 곳도 있다.　4) ㉠ '藉'는 '籍'으로 되어 있는 곳도 있다.
㉡ '藉'는 '籍'과 통용된다.

주

i 향적香積 : 향적은 『維摩經』「香積佛品」에 나오는 말로 진리를 깨닫는 법열을 음식에 비유한 것이다. 사리불이 점심때가 다 되어 무슨 음식을 먹을까 고민하자 유마힐이 일찍이 한 번도 맛보지 못한 음식을 드리겠노라며 신통력으로 향적여래가 계시는 중향성衆香城의 전경을 보여 주며 '향반香飯'의 묘용을 설하는 대목이 나온다. 여기에서 유래하여 사찰 음식을 높여 부르는 비유적 표현으로 향적이란 말이 나오게 되었다.

ii 은괄檃括 : 굽은 나무를 바로잡는 틀이다. 또는 널리 바로잡는 것을 이른다. 『淮南子』 「修務訓」에서는 "굽은 것을 바르게 하는 것은 은괄의 힘이다.(其曲中規, 檃括之力.)"라고 하였다.

iii 오관五觀 : 첫째, 이 식사가 있기까지 공이 얼마나 든 것인가를 생각한다. 둘째, 자기의 덕행이 공양을 받을 만한 것인가를 생각한다. 셋째, 마음을 지키고 허물을 여의는 데는 삼독三毒을 없애는 것보다 나은 방법이 없음을 관한다. 넷째, 밥 먹는 것을 약으로 여겨 몸의 여윔을 방지하는 것으로 족하다는 것을 관한다. 다섯째, 도업道業을 성취하기 위하여 이 공양을 받는 것임을 관한다.

좌구부

나에게 좌구坐具가 있는데, 재단한 양에 근거가 있다. 그 색상은 가사와 같은 종류이고, 그 바탕은 두 겹으로 된 거친 베이다. 길이는 네 뼘, 너비는 세 뼘이며, 새것을 허물고 낡은 것을 집었다. 그 형태 중 큰 것은 펼쳐서 늘릴 수 있다.

내 몸의 작음이여! 처음에 만든 법도를 따라 큰 것을 좋아하고 작은 것을 싫어해서 다만 타인이 잘못되었다고 책망하다가 다시 만들어 펼치니 스스로 잘못된 줄 어찌 알겠는가?

일찍이 들으니, 비구의 몸은 오분법신의 탑이고[1] 니사단尼師壇은 사방四方의 기틀이라 하였다. 이것은 도 닦는 사람에게 필요한 것이니 어찌 몸을 보호할 뿐이리오?

참선하고 법을 강설할 때에 이를 펴서는 위의를 잃지 말고, 취락에 가거나 유람할 때에 이것을 지녀 발걸음(踵步)[2]에서 여의지 말라! 그렇지 않으면 위반 시에 제재하는 형벌이 여러 율장에 있으며 일생 동안 여법하게 앉을 곳이 없으리라.

坐具賦

吾有坐具, 裁量有據, 其色相則一類袈裟, 其物體則兩重踈布. 長四廣三, 壞新揲故. 彼形之大者, 可用開增. 吾身之小兮! 從初制度, 好大惡小, 但責他非, 反制爲開, 焉知自誤? 嘗聞比丘身者, 五分之塔也;【若諸比丘能持五戒, 則將成佛道, 證五分眞身. 若然則持戒之身, 是爲五分法身之塔也.】尼師壇者, 四方之基也. 是則道者所資, 豈宜身之爲護? 安禪講法, 敷之, 勿[1)]失於

---

1 만약 모든 비구가 오계를 지킨다면 장차 불도를 이루어 오분五分의 진신眞身을 증득할 것이다. 만약 그렇다면 계를 지킨 몸은 오분법신의 탑이 된다.
2 한 발걸음을 규跬라 하니 세 자(三尺)이다. 두 발걸음을 보步라 하니 여섯 자(六尺)이다.

威儀; 入聚遊方, 持之, 勿離於跬步【一擧足曰跬, 三尺. 兩擧足曰步, 六尺.】! 不然, 諸律有違制刑科, 一生無如法座²⁾處.

1) ㉔ '勿'은 '喜'로 되어 있는 곳도 있다.　2) ㉔ '座'는 '坐'로 되어 있는 곳도 있다.

녹낭부

나에게 녹낭(거름망 주머니)이 있는데, 만드는 방식이 있다. 촘촘히(緻) 누빈 명주로 바닥을 만들고[1] 쇠를 달구어 반듯하게 편다. 물을 따를 때에는 깊이 자세히 살펴야 하고, 다시 놓아 둘 때에는 손상되지 않게 해야 한다.

우리 부처님께서는 인자하셔서 일찍이 미물도 버리지 않으시어 장차 우리들로 하여금 마실 때에 행여 다른 재앙에서 벗어날 수 있도록 하셨음을 반드시 알아야 한다. 교화하는 한 구역에서 모든 사람들이 다 만드는데 반 유순[2] 이내로 오갈 때에는 반드시 지녀야 한다.

세상이 대부분 경솔하고 간략하니, 뉘라서 좋고 나쁨을 궁구하겠는가? 혹자는 듣고서도 만들지 않으니 비웃으며 하찮은 도라 여기고 혹자는 만들고서도 쓰지 않고 그저 초당에 매달아 놓기만 한다. 이는 안으로는 자비와 연민이 없고 밖으로는 방자하고 경솔하기 때문이니, 후학들의 나루와 길을 막는 것이자 우리 불교의 기강을 해치는 것이다. 너희들은 정성껏 지켜서 힘을 다해 확장시킬지니, 어찌 다만 사생四生에 이익이 있을 뿐이겠는가? 또한 삼보를 더욱 빛나게 할 것이다.

漉囊賦

吾有漉囊, 製造有方, 緻練作底,【『會正記』云: "西方用上白㲲, 東夏將密絹. 若是生絹, 小虫直過, 取熟絹四尺用之." 緻, 音置, 密也].熟鐵爲匡. 其用瀘兮深須諦視, 其還放兮切忌損傷. 宜知我佛仁慈, 尙不遺於微物, 將使吾曹飮用, 得幸免於餘殃. 一化境中, 上下皆制, 半由旬內【由旬, 此云四十里, 半由旬, 則

---

1 『會正記』에서는 "서역에서는 좋은 흰 모포를 사용하고 중국에서는 촘촘한 명주를 쓴다. 생견生絹을 쓰면 작은 벌레들이 바로 통과할 수 있으므로 숙견熟絹 넉 자를 취해서 쓴다."라고 하였다. 치緻는 음이 치置이니 촘촘하다는 뜻이다.
2 유순由旬은 한역하면 사십 리이고 반 유순은 이십 리이다.

二十里.}, 徃返須將. 世多輕略, 孰究否臧? 或聞而不製, 則嗤爲小道. 或製而不用, 但懸於草堂. 斯由內無慈愍,[1] 外恣踈狂, 塞來蒙之津徑, 害吾敎之紀綱. 汝當存誠持守, 竭力恢張, 豈止四生有賴? 抑使三寶增光.

---

1) ㉭ '愍'은 '愁'으로 되어 있는 곳도 있다.

석장부

나에게 하나의 석장이 있는데, 만드는 법이 있다. 위아래로 세 정亭이며 솟은 기둥까지 합치면 여섯 자이다.[1] 열두 개의 고리가 둥글어 흠이 없는 것은[2] 인연이 생겨나고 없어짐을 보인 것이고, 두 개의 갈고리가 갈라졌다 다시 합함은 공空과 유有가 분리된 것도 아니고 맞붙은 것도 아님을 드러내었다. 이것은 여윈 몸을 돕기 위해 사용하는 것이 아니라 걸식할 때만 지니는 것이다.[3]

이것을 잡으면 분명히(居然)[4] 고요해지고, 이것을 떨치면 그 소리가 또렷하다. 그저 모든 사람들로 하여금 문을 열고[5] 삼악도의 고통을 쉬게 하고자 함이다.[6] 몸이 머무는 곳을 따라 벽에 걸어 두면 먼지가 쉽게 생기니, 오래되면 반드시 털어 줘야 한다. 허공의 구름을 향해 던져도 비난거리가 되지 않으며,[7] 싸우는 호랑이를 화해시킴에 노력할 필요가

---

1 범어로 '극기라隙棄羅'는 한역하면 '석장錫杖'인데, 삼세의 모든 부처님이 다 석장을 지니고서 깨달음을 얻었다. 이 석장은 윗부분은 주석을 사용했고, 중간부분은 나무를 사용했으며, 아랫부분은 소의 어금니나 뿔을 써서 끝을 삼았으니 구리와 쇠는 모두 '법답지 못하다(非法)'고 하여 허용하지 않았다.
2 양 끝에 여섯 개의 고리는 가섭불이 제정한 것이고, 네 끝에 열두 개의 고리는 석가불이 제정한 것이다.
3 『杖錫經』에서는 "부처님께서 비구에게 걸식할 때에 석장을 떨쳐 소리를 내게 하여 사람들이 안에 있는지 없는지를 알게 하였다……."라고 했으니, 그러므로 『十誦律』에서는 "성장聲杖이라고도 하며 또는 지장智杖이라고도 한다."라고 하였다.
4 거연居然은 분명分明과 같다.
5 구주九州를 구유九有라고도 한다. 비구가 석장을 짚고 걸식할 때에 구유의 사람들이 문을 열고 음식을 보시하게 한다.
6 지장보살이 지옥문 앞에서 석장을 떨치면 그때에 지옥의 고통을 쉴 수 있다.
7 원화元和 연간(806~820)에 회서淮西의 오원제吳元濟가 왕명을 거역하였는데, 관군이 적과 교전함에 승부를 결정짓지 못하였다. 등은봉鄧隱峯이 석장을 공중에 던지고 몸을 날려 지나가니 양쪽 군사들이 이를 우러러보았다. 이에 꿈의 계시와 부합하자 싸우려는 마음이 단번에 그쳤다. 서주舒州의 잠산潛山은 매우 기묘한 절경인데 산기슭이 더욱 빼어났다. 지공志公이 백학도인白鶴道人과 그곳에 거처하려고 다투다가 양나라 무제에게

없다.[8]

　바라건대 범부와 어리석은 이들은 저 성현의 자취를 밟아라. 밖으로는 거친 해로움이 드러나고 안으로는 가시나무를 품었으니, 이를 쓰거나 이를 버림에 종일토록 삼가지 않을 수 있겠는가?

錫杖賦

吾有一錫, 裁製有式, 上下三亭,[1) 聳幹六尺.【梵云隙棄羅, 此云錫杖, 三世諸佛皆以持錫得菩提. 斯杖, 上用錫, 中用木, 下用牛牙角爲鑽, 不許銅鐵, 並名非法也.】十二環圓而無缺,【若二股六環, 是迦葉佛製; 若四股十二環, 是釋迦佛製也.】示因緣乃死乃生; 兩錔開而復同, 顯空有不離不即. 匪以扶羸, 唯將丐食.『杖錫經』云: "佛令比丘, 於乞食時, 振之作聲, 知人有無等." 故『十誦』: "名聲杖, 又名智杖." 執之兮居然【居然, 猶云分明.】寂寂, 振之兮其鳴歷歷. 直欲使諸有門開,【九州謂之九有. 比丘執之乞食時, 使九有之人開門, 而施其搏食也.】三塗苦息.【地藏菩薩振錫於地獄門前, 則時有息其罪苦也.】隨身所止, 懸之屋壁, 塵垢易生, 長須拂拭. 擲雲外兮不以爲難,【元和中, 淮西吳元濟, 違拒王命, 官軍與賊交鋒, 未決勝負. 鄧隱峯乃擲錫空中, 飛身而過. 兩軍將士仰觀, 乃符預夢, 鬪心頓息. 舒州潛山, 最奇絶而山麓尤勝. 志公與白鶴道人, 爭居之, 謀于梁武帝. 帝使二人, 各以物誌之, 先得者居之. 道人放白鶴, 志公次復飛錫, 錫先卓立山麓, 道

　주청을 올리니, 무제가 두 사람으로 하여금 각기 물건을 써서 그곳에 표지하되 먼저 표지하는 자가 거처하게 하였다. 백학도인이 흰 학을 풀어놓자 지공이 이어서 석장을 날렸는데 석장이 산기슭에 먼저 우뚝 서니 백학도인이 좋아하지 않았다. 두보의 시에는 "석장을 날림에 늘 학이 따른다."라고 하였다.

8 제齊나라 승려 혜조慧稠가 회주懷州 왕옥산王屋山에 있을 때, 호랑이가 싸우는 소리를 듣고는 석장으로 화해시켰다. 이로 인하여 게송을 지어 말하였다. "본래 스스로 명예를 구하지 않았는데 굳이 명예가 나를 구하게 되었도다. 바위 앞에서 두 호랑이를 화해시키니 제3과(아나함과)에 장애가 되도다." 또 담순曇詢이 산행하다가 두 호랑이가 서로 싸우며 여러 날 동안 쉬지 않기에 석장으로 그들을 갈라놓으며 말하였다. "숲속에 함께 살면서 어찌 크게 어긋나려 하는가? 각자 길을 나누어 가라." 두 호랑이가 머리를 숙여 가르침을 받고는 떠났다.

人不憚.『杜詩』: "錫飛常近鶴"】解虎競兮未須勞力.【齊僧慧稠, 在懷州王屋山, 聞虎鬪, 以錫杖解之. 因成頌曰: "本自不求名, 剛被名求我. 岩前解兩虎, 障却第三果." 又嘗詢因山行, 虎相鬪, 累日不歇. 詢執錫分之語曰: "同居林藪, 計豈大乖? 幸各分路." 虎低頭受敎而散去.】幸哉凡愚, 蹈夫聖跡. 外露麁暴, 內懷荊棘, 用之捨之兮, 能無夕惕?

---

1) ㉮ '亭'은 성화본『緇門警訓』에는 '停'으로 되어 있다.

밀가루 씻기를 경계한 종색 선사의 글

살펴보건대 면근麵筋[1]이 어찌 천연 그대로이겠는가! 밀은 땅에서 저절로 솟아난 것이 아니고, 모두 중생들의 피땀이며 단월들의 피고름(脂膏)이다.[1] 본래 마른 형상을 치료해서 도업을 이루기 위해 먹는 것인데, 평상시에 이를 받아먹으니 오히려 (시주의 은혜를) 녹이기 어려울까 염려된다. 하물며 이를 끓이고 씻어 정밀하게 모양내어 남은 면근의 찌꺼기만으로 온전히 다섯 가지 맛을 도우며, 맛깔난 색과 향을 빌려 정교하게 수천 토막으로 만들어 물고기 모양을 본떠서 결국은 거위털과 백설처럼 하얗게 물을 따라 씻어 내어 대중이 먹어야 할 음식의 3분의 2가 버려짐에 있어서랴? 이와 같이 헛되이 낭비하여도 실로 부끄러울 게 없다고 여기니, 농사의 어려움을 모르는 것이고 용신의 가호를 감소시키는 것이다. 설령 전륜왕의 복을 갖추었더라도 오히려 얼음 녹듯 기왓장이 풀리듯 없어질 것이며, 비록 생명을 해치는 것은 아니더라도 어찌 인과를 초래하지 않으리오?

대각 세존께서는 삼씨 한 톨과 보리 한 톨만 드셨고,[2] 예로부터 훌륭한

---

[1] 피가 응고된 것이 지脂이고 녹은 것이 고膏이다.
[2] 『瑞應本記經』에서는 "보살이 풀을 가져다가 땅에 깔고서 차수하고 눈을 감고는 한마음으로 맹세하기를, '내가 여기에서 살과 뼈가 마르고 썩더라도 성불하지 못하면 끝내 일어서지 않겠다.'라고 하였다. 천신이 음식을 바쳐도 보살이 먹지 않으니 천신이 그 주위에 저절로 삼과 보리가 생겨나게 하였다. 보살이 하루에 삼씨 한 톨과 보리 한 톨을 먹으며 단정히 6년을 앉아 있었다."라고 하였고, 또 『大乘方便經』에서는 "여러 외도들을 굴복시키기 위해 날마다 한 톨의 삼씨와 한 톨의 보리를 먹는다."*라고 하였다.

＊보살이 풀을~있었다 : 『佛說太子瑞應本起經』 권상(T3, 476c21~c25)에는 다음과 같이 나온다. "菩薩即拾槁草, 以用布地, 正基坐, 又手閉目, 一心誓言: '使吾於此肌骨枯腐, 不得佛, 終不起.' 天神進食, 一不肯受. 天令左右, 自生麻米, 日食一麻一米, 以續精氣. 端坐六年."

＊＊여러~먹는다 : 『佛說大方廣善巧方便經』 권3(T12, 174b28~c1)에는 다음과 같이 나온다. "我所有六年苦行, 歷諸難事, 但爲降伏諸外道故; 又欲令諸衆生起精進故; 一麻一麥爲所食者, 欲令身器得淸淨故."

선비들도 과실과 채소로 주린 배를 채웠으니 음식의 사치를 없애지 못한다면 해탈할 기약이 어찌 있겠는가?

오직 참선해서 골수를 얻기만을 바라야 하니,³ 어찌 밀가루를 씻어 면근을 구할 필요가 있겠는가? 비록 만냥의 황금을 쓰더라도 소박한 국과 간소한 밥을 먹어야 하니, 욕심 부려 도를 방해함을 벗어났다면 자연히 지향하는 바가 맑고도 고매할 것이다. 비록 담박한 가풍이라 하지만 그저 보통의 안락일 뿐이다.

원통 선사의 자애로운 가르침을 통렬하게 생각해서 환골탈태하여 간장을 씻어 내는 일을 참으로 감당해야 하며,⁴ 효순 노사의 규범을 깊이 생각해서 못을 자르고 쇠를 끊듯 해야 한다.⁵ 대중들은 도 닦는 생각에 함께 힘써야 하니 소박한 공양을 싫어하지 말라. 설령 산승의 머리를 베어 낸다 할지라도 상주물인 밀가루를 결정코 씻지 말라.

원부元符 3년(1100) 11월 1일에 주지 종색이 아룁니다.

마음을 씻는 것은 그래도 수행 단계에 있지만
밀가루를 씻는 것이 옛 종풍을 떨친 적이 있던가?

---

3 달마가 소림굴에 머무르며 9년을 지내고는 천축으로 돌아가려 할 때에 문인들에게 "때가 되었으니 각자 얻은 바를 말해 보지 않겠는가?"라고 하였다. 도부道副가 "문자를 고집하지도 않고 문자를 여의지도 않고 그저 도의 쓰임으로 삼을 뿐입니다."라고 하니 "너는 나의 가죽을 얻었다."라고 하였다. 총지摠持가 "제가 지금 아는 것은 마치 경희(아난존자)가 아촉불국을 보았을 때 한 번 보고는 다시 보지 않은 것과 같습니다."라고 하니 "너는 나의 살을 얻었다."라고 하였다. 도육道育이 "저의 견처로는 한 법도 얻을 만한 것이 없습니다."라고 하니 "너는 나의 뼈를 얻었다."라고 하였다. 마지막으로 혜가慧可가 삼배의 예를 올리고 그 자리에 서 있으니 "너는 나의 골수를 얻었다."라고 하였다.
4 법운 원통法雲圓通 선사는 학인들에게 늘 훈계하기를, 밀가루를 씻지 말라고 하였다.*
   *법운~하였다 : 이 주는 성화본『緇門警訓』에 그대로 나온다.
5 운거 효순雲居曉舜 화상은 상주물과 농작물의 규범을 제정함에 있어 모두 밀가루를 씻지 않도록 하였다.*
   *운거~하였다 : 이 주는 성화본『緇門警訓』에 그대로 나온다.

금일의 총림 대중은 효순 노사를 생각하고
이전의 종장들은 원통을 기억해 보라.[6]
밀을 심는 것도 고생스럽고 밀가루를 빻는 것도 어려운데
씻은 면근을 가지고 반찬을 만들지 말라.
헛되이 낭비함을 가련히 여기는 심정이 어떠하겠는가?
흡사 산승의 육신과 매한가지이다.
풍년이라도 오히려 복을 덜어 내고
흉년이라면 재물을 손상시킨다.
여러 선객들에게 간절히 알리노니
계율을 단단히 잡아서 다시는 풀지 말라.
가령 넉넉하여도 반드시 아껴야 하고
분수에 넘치는 일에 너무 부끄러움이 없어서도 안 된다.
염라대왕[7]도 참으로 풀어 주기 어려우며
농사를 주관하는 용신도 달가워하지 않으리라.
이렇게 허비되는 것이 무슨 대수냐고 말하지 말라!
만사가 모두 밀가루 씻는 것에서 시작된다.
순임금은 옛날에 칠기를 만들려다가
백관들이 오히려 간언하므로 시행하지 않았다.[8]

---

6 효순 화상은 서주瑞州 호씨胡氏의 자손이며 동산 효총洞山曉聰의 법을 이었다. 원통 법수圓通法秀 선사는 천의 의회天衣義懷의 법을 이었다.

7 염라閻羅는 염마라琰魔羅라고도 하는데, 한역하면 '쌍고락雙苦樂'이니 (고통과 즐거움을) 둘 다 받기 때문이다.

8 순이 반班과 수倕*에게 칠기를 만들게 한 일에 대해 당 태종唐太宗이 묻자 저수량褚遂良이 "순임금이 칠기를 만들자 이를 간언하는 사람이 십여 명이었습니다."라고 하였다. 임금이 "이것이 어찌 간언할 만한 일인가?"라고 하니 대답하기를, "사치는 위태로워 망하게 하는 근본이니 칠기로 끝나지 않고 장차 금과 옥으로 그릇을 만들게 될 것입니다. 충신으로서 임금을 사랑한다면 그 조짐을 반드시 막아야 할 것입니다. 만약 화란이 발생하고 나면 더 이상 간언할 것이 없습니다."라고 하였다. 임금이 "그렇다! 짐에게 허물

밀가루 속에는 힘줄도 있고 다리도 있는데
갑자기 씻어서 근육이 없어지면 다리로는 걷기 어려워진다.
자기가 먹어도 마음이 오히려 게을러지는데
타인에게 준다면 마음이 평온하지 않으리라.
향과 맛을 조화시켜 진짜 고기처럼 만들고
살찌고 신선한(鮮) 것을⁹ 쌓아올려 가짜 생선을 만들어 내니
이미 도과를 성취한 부처님을 그린다고
생생하게 본뜨지만 어찌 무여열반을 증득할 수 있으리오?
삼동 추위에 밀가루 씻는 곳에서는 한기가 뼛속까지 파고들며
한여름 무더위에 삶는 곳에서는 땀이 온몸에 가득하다.
물과 기름을 소비하고 불까지 써 가면서
사람과 가축을 고달프게 하며 용신까지도 고생시킨다.
도인은 소박한 음식에도 충분히 즐거워해야 하고
정인淨人ⁱⁱⁱ에게 쓸데없이 공력을 허비하지 않게 해야 한다.
평소에 운력하고 봉양하는 것 외에는
참선하고 불경을 독송하는 것에 힘쓸지니
제방의 오미선五味禪ⁱⁱⁱ을 배우지 않아도
깨달음의 소식이 저절로 이루어지리라.
탕임금이 그물치고 기원함ⁱᵛ은 임금의 뜻에서 나왔고
강태공이 낚싯줄을 드리운 것은 자기의 인연을 믿어서였네.
세 번의 운력을 마치고 선실로 돌아갈 때에
한순간이라도 무심하면 호계虎溪를 지나친다.ᵛ

이 있으면 경들도 반드시 그 조짐을 간언해야 한다."라고 하였다.
  *반班과 수倕 : 춘추시대의 공수반公輸班과 요임금 때의 공수工倕로 모두 이름난 장인 匠人이었다.
9 선鮮은 비린 생선이다. 또는 날짐승을 갓 죽인 것을 선이라 한다.

발우에 담긴 밥은 거친 조밥이요
통 안의 국은 묽게 끓인 시래기국이네.
고관대작들이 먹는 진귀한 음식(玉食)에[10] 마음을 동요하지 말지니
승당의 재식은 매우 소박하도다.
불가는 평등하여 높고 낮음이 없으니
모든 성인이 예로부터 이 한 길을 갔네.
신심 있는 단월이 재식법회를 섬길 때에는
소박하다고 해서 막으려고 생각하지 말라.
잘 차려진 것과 소박한 것이 똑같이 한 끼의 식사일 뿐이나
공과 과실을 자세히 논의하면 도리어 다양하다.[11]
고인을 본받아 수행하면 이로움이 많고
잘못된 것을 새로이 나열하면 총림을 거스르는 것이네.
비록 냉담하여 아무 맛이 없을지라도
애오라지 선승의 한 조각 마음을 나타내노라.
임금과 양친의 의리가 중하지만 가볍게 이를 버렸고
생선과 고기를 요리하는 포정庖精[12]과도 멀리 이별하였네.
지금 이 마음을 여전히 그치지 못했다면
출가했을 때의 초심을 머리 숙여 다시 생각하라.
소반을 닦고 선상을 쓸며 애써 맞이하였으나
선림의 본분납자들에게 끝내 부끄럽나니
세속을 벗어나려는 도심은 날마다 줄어들고
인정을 따르는 인사치레는 해마다 늘어난다.

---

10 『書經』에서는 "오직 임금만이 진귀한 음식을 받을 수 있으며, 오직 임금만이 복을 지을 수 있다."라고 하였다.
11 잘 차려진 음식은 공이 적고 과실이 많으며, 소박한 공양은 공이 있고 과실이 없다.
12 도살하는 곳을 포庖라 하고 요리하는 곳을 정精이라 한다.

청렴했던 총림은 잡목 숲으로 변해 가고
일상생활은 쓸쓸하여 옛 생각 깊어지네.
시방의 상주물인 밀가루를 씻지 말고
육대로 전해 온 조사들의 마음만을 참구하라.
요즘 사람들을 옛사람과 같다고 하지 말지니
비교하면 끝내 멀고 가까움이 생길 것이다.
당시의 달마는 가죽과 골수를 나누어 주었는데
후대 사람들은 면근을 씻어 낼 뿐이다.
소박한 재식은 갖추기가 쉽고 안락이 오래가지만
화려한 음식은 시주의 은혜를 녹이기 어렵고 도 닦는 인연을 덜어 낸다.
물가와 숲속 도인들을 흔히 보건대
일생 동안 별일 없이도 장수한다.
이미 괴의壞衣[vi]를 입고 걸사가 되었으면
차마 정미한 음식을 자랑하며 왕공에 대적하겠는가?
누군가가 비웃거든 그를 따라 웃으면서
기꺼이 항복 깃발을 세우고 아래쪽에 서는구나.
가난을 근심 말고 인색하지도 말지니
번잡함을 그치고 도를 맛보는 것은 이와 같아야 한다.
마음을 통달한 보살이 응당 맡겼으니
말 많은 선객에게 어지러이 전하지 말라.
우유(乳)·훈채(葷蕫)·누린내(羶)[13] 나는 음식들은 계향戒香을 손상시키고
면근의 사치스러운 낭비는 대중의 상주물을 허비시킨다.

---

13 유乳는 우유이니, 이를 끓여서 죽을 만든다. 해훈葷蕫은 잎을 채취한 것이니, 구훈韭蕫(생부추)과 비슷하고 매운 채소이며 파총慈蒜(파·달래)의 부류이다. 구韭는 음이 규圭이다. 『莊子』에서는 "안회의 집이 가난하여 술도 마시지 않고 매운 것도 먹지 못한 지가 여러 달이 되었다."라고 하였다. 전羶은 양고기의 누린내이다.

지금 단숨에 써 내려감에

불가의 기미가 장구함을 더욱 알겠도다.

밀가루를 씻으면 끝내 교화하기 어려운 데로 돌아가서

허송세월 보내다가 병이 많아져서 경안輕安에 장애가 되리라.

범부의 복덕이 얼마나 되겠는가?

설령 창해와 같다 해도 말라 버리고야 만다.

본래면목이 매우 분명한데도

물결 따라 파도 따라 심하게 야위어 가니

총림의 고명한 스님께 비웃음을 받아

천진한 성품을 잃고 헛된 명성만 얻으리라.

용상 대덕들은 뜻이 탁월해서[14]

하늘을 찌르는 콧구멍(鼻孔)[vii]의 기운이 타인을 능가하니

선열禪悅의 진수성찬도 오히려 싫어하는데

어찌 탐욕스럽게(饞噇)[15] 면근을 좋아하겠는가?

나(山僧)도 처음에 가난을 겪지 않았을 적에는

강령을 떨치기를 등한시했는데

15만 근 되는 상주물인 밀가루가

이미 흐르는 물을 따라 속세로 흘러갔네.

비록 그러하나 쓸데없는 논쟁(指馬)[viii]으로 일을 밝히기는 어려우니

허물도 같고 공도 같아 증빙할 수 없다.

---

14 『大智度論』에서는 "용은 물에 사는 것 중에 힘이 가장 세고, 코끼리는 육지에 사는 것 중에 힘이 가장 세다."라고 하였는데, 지금은 수행이 높은 선사들을 여기에 비유하였다. 『毘婆沙論』에서는 "대용상은 믿음으로 손을 삼으며, 버림으로 어금니를 삼으며, 지혜로 머리를 삼으며, 생각으로 목을 삼으니 양 어깨에 훌륭한 법을 짊어진다."[*]라고 하였다.
　＊대용상은~짊어진다 : 『阿毘達磨大毘婆沙論』 권103(T27, 535b22~24).
15 참饞·당噇은 모두 음식이 검소하지 않은 것이다.

그때에 복을 아낀 것은 대중 때문이니

오늘날에 부끄러움 없는 이는 산승이다.

절집에서 잘못 허비한 죄를 헤아리기 어려우니

지옥의 세월이 길다는 말을 들었도다.

그때에 도업을 방해했던 것이 도리어

지금의 일상보다 못할까 염려된다.

총림의 일을 집행함에 어리석게 하지 말라.

고통의 과보는 원인을 갚는 것이니 어찌 짊어지기 쉽겠는가?

제방의 왕로王老[ix]들에게 다시 묻노니

누구를 위해 애써 고생했던가?[x]

승가의 한 끼 밥은 우선 몸을 지탱하려는 것이니

복을 아끼는 일은 예로부터 면근 씻는 것에서부터 경계하였네.

입맛 다시며 푸줏간을 지나는 일이 참으로 부끄러우니

만냥에 술을 사는 이가 또한 누구인가?[16]

하늘이 삼무三武의 난리[xi]를 내어 우리 불교를 벌하였으니

승려들이 환속하고 탑과 절이 텅 비었었네.

옛날에 군왕들이 숭상하고 받들던 날에도

청빈하게 참된 종풍을 지키지 못하였네.

산승이 특별히 가풍을 고쳐서

우리 불가가 다시 장구하기를 도모하니

만약 지금부터 봉양을 소박하게 하면

---

16 조자건曹子建이 "푸줏간 앞을 지나가면서 크게 입맛을 다시니 어찌 통쾌하지 않겠는가?"라고 하였다. 푸줏간을 지나가면서 공연히 스스로 씹어 맛보니 실로 부끄러울 만함을 말한 것이다. 이백李白의 시에서는 "진사왕陳思王이 옛날 평악관에서 잔치할 때에 한 말에 만 금 가는 좋은 술을 멋대로 즐겼다네. 주인은 어찌하여 돈이 적다고 말하는가? 어떻게든 술을 받아다 그대와 마셔야겠네."라고 하였다.

훗날 군왕을 그르치게 함을 면하리라.
당조 말엽에 삼대처럼 사건이 많았으니
전란으로 많은 가문을 도륙하고 불태워 버렸네.
태평하던 날에 검약할 것을 생각했다면
황소의 난이 중국을 어지럽힐 수 있었겠는가?[17]
풍격과 규범에 안일하여 날로 교만하고 사치하였으니
태평시대를 틈타 재앙의 싹을 끊어야 하리라.
우리 불가에 담박함을 더하는 것은
천하에 번화함이 그치기를 바람이다.
용신과 천신을 섭복시키고 귀신을 감동시킨 것은
높은 수행력을 통해 범부의 무리에서 벗어났기 때문이다.
옛스럽고 담박한 대로 맡겨 좋아할 사람이 없을지라도
그저 이 청아하게 수행함이 바로 불법 교화의 문이다.
절집의 풍요와 검소를 따라 사례가 다르지만
담박한 중에 선열禪悅이 가장 좋다.
먹고서 맛없는 맛을 안다면
머리를 드는 곳마다 공 아닌 공을 보리라.
복을 받는 사람은 많아도 복을 아끼는 이는 드무니
편의를 얻는 것이 바로 편의를 떨어뜨리는 격이다.
운문의 호떡(胡餠)과 금우의 밥이[18]
한 번 마음을 배부르게 하여 백 번의 굶주림을 잊게 하였다.

---

[17] 희종僖宗 때에 조주曹州 사람 황소黃巢가 표주현剽州縣을 공격하여 동경東京을 함락시키고 장안으로 들어왔으니 천하가 크게 어지러웠다.
[18] 어떤 승려가 운문雲門에게 "무엇이 부처와 조사를 초월하는 이야기입니까?"라고 물었더니 운문이 "호떡이다."라고 대답하였다. 진주鎭州의 금우金牛 화상이 날마다 재식 때에 이르러 스스로 밥통을 메고서 승당 앞에서 춤을 추고 박장대소하며 "보살들이여! 밥 먹어라."라고 하였다.

백 번 기운 가사와 다섯 차례 꿰맨 발우로[19]
두 끼의 식사에 어찌 정미하고 거친 것을 따지겠는가?
사문은 끝내 청빈해야 하니
부드럽고 따뜻하게 하는 수행은 도업과는 멀 뿐이다.
태평한 때의 사람은 사치스러운 마음이 열리고
받아서 쓰는 것이 많으면 재앙의 씨앗을 기른다.
부끄러움이 생겨나기도 전에 어리석어 복이 다하였으니
흉년과 가뭄의 재앙이 갑자기 닥치리라.[20]
태평시대에는 인구가 점점 증가하고
진수성찬과 고운 옷과 기물도 화려하다.
땅의 기운에도 고갈됨이 있고 재물에도 한계가 있으니
이럴 때일수록 검소해야 하고 사치스러워서는 안 된다.[21]

---

19 부처님께서 급고독원에 계실 때에 발난타跋難陀가 깨진 발우를 들고 성에 들어와서 여러 거사의 집에서 발우를 구하여 많은 발우를 얻었다. 훗날 거사들이 모여서 그 사실을 알고서는 비방하였다. 부처님께서 이 때문에 계율을 제정하였으니, "깨진 것을 보수함에 다섯 번(五綴)을 채우지 않고(減), 새지 않는(不漏) 발우를 버리고 다시 새 발우를 구하는 것은 죄를 짓는 것이다."라고 하였다. 주석에서는 "감減은 채우지 않는 것이다. 오철五綴은 양 손가락 사이의 거리에 한 번 이어 합치고 연속해서 보수한 것을 말한다. 불루不漏는 국과 밥을 받을 수 있는 것이다."라고 하였다. 그때에 비구가 발우가 깨져서 여러 조각이 났는데 구멍을 뚫어 가는 끈으로 이어 붙였다. 먹고 나서는 해체해서 씻고, 씻고 나서는 다시 이어 버릴 것도 수선해서 좋은 기물로 만들었다. 부처님께서 말씀하셨다. "만약 발우를 얻기 어려우면 마음대로 수리하겠지만 쉽게 얻는다면 응당 버려야 할 것이다."

20 『史記』에서는 "복이 생겨나는 것에는 기반이 있고 재앙이 생겨나는 것에는 잉태함이 있다."라고 하였다.

21 『周禮』에서는 "(7~8개월 이상의) 어린아이는 모두 호적에 쓴다."라고 하였는데, 주석에서는 "남자는 생후 8개월이면 이가 나고 8세 때에 이를 갈며(齔), 여자는 생후 7개월이면 이가 나고 7세 때에 이를 가는데, 이는 사람의 나이 수이다."라고 하였다. 츤齔은 음이 친齓이니 젖니가 빠지는 것이다.

賾禪師誡洗麵文

詳夫麵豈天然, 麥非地涌? 盡衆生之汗血, 乃檀越之脂膏【血凝者脂, 釋者膏也.】. 本療[1]形枯, 爲成道業, 尋常受用, 尙恐難消, 況於盪洗精英, 唯餘筋[2]滓, 全資五味, 借美色香, 巧製千端, 擬形魚肉, 致使鵝毛白雪之狀, 逐水流離; 常堂口分之餐, 三分去二? 如斯枉費, 實謂無慚, 昧稼穡之艱難, 減龍神之祐護. 設具輪王之福, 猶須瓦解氷[3]消, 雖非害命傷生, 寧不招因帶果? 大覺世尊, 一麻一麥;『瑞應本記經』云: "菩薩取草布地, 叉手閉目, 一心誓言: '使吾於此, 肌骨枯腐, 不得佛, 終不起.' 天神進食不受, 天令左右, 自生麻麥. 日食一麻一麥, 端坐六年." 又『大乘方便經』: "爲伏諸外道, 故日食一麻一麥."】古來高士, 果菜充飢, 飮食之侈未除, 解脫之期安在? 但願叅禪得髓【達摩在少林, 經九年, 欲返天竺, 乃謂門人曰: "時將至矣, 盍各言所得?" 道副曰: "不執文字, 不離文字, 而爲道用." "汝得吾皮." 摠持曰: "我今所解, 如慶喜見阿閦佛國, 一見不再見." "汝得吾肉." 道育曰: "而我見處, 無一法可得." "汝得吾骨." 最後慧可禮三拜, 依位而立. "汝得吾髓."】何須洗麵求筋*? 縱消萬兩黃金, 正好虀羹淡飯, 旣免多求妨道, 自然所向淸高. 雖云淡薄家風, 別是一般安樂. 痛想圓通慈訓, 眞堪換骨洗腸;【法雲圓通禪師, 常誡學徒, 不得洗麵.】深思舜老規繩, 須是斬釘截鐵.【雲居舜和尙, 制常住及諸莊, 並不令洗麵.】大衆同推道念, 莫嫌供養蕭疎. 假饒斫下山僧頭, 決定不洗常住麵. 元符三年十一月一日, 住持宗賾白:

洗心猶在半途中, 洗麵何曾振古風?

今日叢林思舜老, 昔時宗匠憶圓通.【曉舜和尙, 瑞州胡氏子, 嗣洞山聰. 圓通法秀禪師, 嗣天衣懷.】

種麥辛勤磨麥難, 莫將洗麵作盤餐.

爲怜枉費情何似? 恰與山僧肉一般.

任是豊年猶損福, 假饒凶歲亦傷財.

慇[4]懃爲報諸禪者, 緊把繩頭更不開.

正使有餘須愛惜, 不應過分太無慚.

閻羅老子嗔5)難解, 主稼龍神意未甘.【閻羅又云琰魔羅, 此云雙苦樂, 雙受故.】

莫言此費不多爭! 萬事皆從洗麵生.

舜帝昔年爲漆器, 百僚猶諫不須行.【舜使班·倕造漆器, 唐太宗問, 褚遂良曰: "舜造漆器, 諫者十餘人." "此何足諫?" 對曰: "奢侈者, 危亡之本, 漆器不已, 將以金玉爲之. 忠臣愛君, 必防其漸. 若禍亂已成, 無所復諫矣." 上曰: "然! 朕有過, 卿亦當諫其漸也."】

麵裏有筋*復有脚, 忽然筋*去脚難行.

自家喫着情猶倦, 過與他人意未平.

調和香味如眞肉, 鬪飣肥鮮【鮮, 腥魚. 又鳥獸新殺, 皆曰鮮.】作假魚.

畫彿6)旣然成道果, 像生那得證無餘?

三冬洗處寒侵骨, 九夏蒸時汗滿身.

費水費油兼費火, 勞人勞畜亦勞神.

道者疎餐樂有餘, 淨人還不費工夫.

尋常普請供承外, 落得叅禪誦佛書.

不學諸方五味禪, 箇中消息更天然.

成湯祝網從君意, 呂望垂鈎信我緣.

三時普請歸禪室, 一念無心過虎溪.

鉢裏飯盛龕粟米, 桶中羹是淡黃虀.

玉食尊官【『書』曰: "惟辟玉食, 惟辟作福."】莫動情, 隨堂齋飯太7)龕生.

空門平等無高下, 千聖從來一路行.

信心檀越事齋筵, 莫以蕭疎意便闌.

大抵精龕同一飽, 細論功過却多般.【精饌則功小而過多, 龕齋則有功而無過.】

效古修行利益深, 新羅不是拗叢林.

雖然冷淡無滋味, 聊表禪家一片心.

君親義重曾輕捨, 水陸庖精【宰殺之處曰庖, 烹飪之所曰精.】尙遠離.

今日此情猶未息, 低頭更念出家時.

摩盤拭案强逢迎, 終愧禪林本分僧.

出世道心隨日減, 順情人事逐年增.

叢林枯淡變柴林, 日用蕭條古意深.

不洗十方常住麵, 唯紊六代祖師心.

莫以今人似古人! 較量終是有疎親.

當時達摩分皮髓, 後代兒孫洗麵筋.

踈齋易備長安樂, 美食難消損道緣.

多見水邊林下客, 一生無事亦長年.

已學壞衣爲乞士, 忍誇精饌敵王公?

有人解笑從他笑, 甘竪降旗立下風.

不是憂貧不是慳, 息繁餐道合如然.

通心上士應相委, 多口禪和莫亂傳.

乳薤葷饘【乳, 牛乳, 煎以爲粥也. 薤葷, 菜葉似韭葷, 辛臭之菜, 慈蒜之屬. 韭, 音圭.『莊子』: "顔回家貧, 不飮酒不茹葷者, 數月矣." 饘, 羊臭也.】損戒香, 麵筋*奢靡費常堂.

如今一筆都句下, 轉覺空門氣味長.

洗麵8)終歸尅化難, 因循多病障輕安.

凡夫福德能多少? 縱使滄溟也解乾.

本來面目甚分明, 逐浪隨波太瘦生.

應被叢林高士笑, 天眞喪盡得浮名.

龍象高僧意不群,【『智論』云: "龍水行中力大, 象陸行中力大." 今以鉅禪碩師比之.『婆沙論』云: "有大龍象, 以信爲手, 以捨爲牙, 以慧爲頭, 以念爲頸, 於其兩肩, 擔集善法."】撩天鼻孔氣凌雲.

尙嫌禪悅珍羞味, 爭肯嚵噇愛麵筋*?【嚵噇, 並食不廉也.】

山僧初未歷艱難, 振領提綱似等閑.

十五萬斤常住[9]麵, 已隨流水過人間.

雖然指馬事難明,* 同過同功未可憑.

惜福此時因大衆, 無慚當日是山僧.

招提枉費禍難量, 見說泥犂歲月長.

却恐那時妨道業, 不如今日且尋常.

叢林執事莫癡憨, 苦果酬因豈易擔?[10]

更擬諸方問王老, 不知辛苦爲誰甜?

僧家一飯且支身, 惜福由來誠麵筋.*

大嚼屠門眞可愧, 十千沽酒又何人?【曹子建曰:"過屠門而大嚼, 豈不快哉?"言經過屠門, 空自咶嚼, 實可愧也. 李白詩:"陳王昔日宴平樂, 斗酒十千恣飮謔. 主人何爲言小錢? 且須沽酒對君酌."】

天生三武禍吾宗, 釋子還家塔寺空.

應是昔年崇奉日, 不能淸儉守眞風.

山僧特地改家常, 圖得吾門更久長.

若向此時餗奉養, 免敎他日悟[11]君王.

唐朝欲末事如麻, 兵火屠燒萬萬家.

當日太[12]平思儉約, 可能巢賊亂中華?【僖宗時, 曹州人黃巢攻剽州縣, 陷東京, 入長安, 天下大亂.】

宴安風範日驕奢, 須趁昇平剪禍芽.

所以吾門增淡薄, 且圖天下息繁華.

攝伏龍天動鬼神, 盖因高行出凡倫.

從敎古淡無人愛, 只此淸修是化門.

隨家豐儉事難同, 禪悅偏宜淡薄中.

下口若知無味味, 擧頭方見不空空.

受福人多惜福稀, 得便宜是落便宜.

雲門胡餅金牛飯【僧問雲門:"如何是超佛越祖之談?"曰:"胡餅."鎭州金牛和尙,

每至齋時, 自昇飯桶, 於僧堂前作舞, 呵呵大笑云: "菩薩子! 喫飯來." 日日如是.】
一飽心頭忘百飢.

百衲袈裟五綴盂.【佛在給孤園時, 跋難陀鉢破入城, 至諸居士家求鉢, 得衆多鉢. 異時, 居士集聚, 知之譏嫌. 佛爲結戒, 減五綴不漏, 更求新鉢得罪. 注: "減者, 不滿也. 五綴, 謂相去兩指間, 一綴合着連補也. 不漏者, 堪受羹飯也." 時比丘鉢破, 片多鑽孔, 以細繩連綴. 食已解洗, 洗已復綴, 廢修善品. 佛言: "若鉢難得, 隨意修理; 若易得, 應棄之."】二時寧復計精麁?

沙門畢竟宜清苦, 軟暖修行道業踈.

太平人物侈心開, 受用殷13)繁養禍胎.

慚愧未生癡福盡, 灾荒水旱驀頭來.【『史』云: "福生有基, 禍生有胎."】

太平生齒漸增加, 美食鮮衣器用華.

地力有窮財有限, 此時宜儉不宜奢.【『周禮』: "自生齒已上, 皆書於版." 注云: "男八月生齒, 八歲而齓. 女七月生齒, 七歲而齔, 是生人年歲之數." 齔, 音嚫, 毁齒也.】

---

1) ㉮'療'는 '潦'로 되어 있는 곳도 있다. 2) ㉮'筋'은 '觔'로 되어 있는 곳도 있다. 아래에도 같다. 3) ㉮'氷'은 '冰'으로 되어 있는 곳도 있다. 4) ㉮'慇'은 '殷'으로 되어 있는 곳도 있다. 5) ㉮'嗔'은 '眞'으로 되어 있는 곳도 있다. ㉯ 번역은 '眞'으로 하였다. 6) ㉮'佛'은 '仸'로 되어 있는 곳도 있다. ㉯ 번역은 '佛'로 하였다. 7) ㉮'太'는 '大'로 되어 있는 곳도 있다. ㉮'太'는 '大'와 통용된다. 8) ㉮'麪'은 '麫'으로 되어 있는 곳도 있다. 9) ㉮'住'는 '生'으로 되어 있는 곳도 있다. 10) ㉮'擔'은 '檐'으로 되어 있는 곳도 있다. 11) ㉮'悟'는 성화본『緇門警訓』에는 '誤'로 되어 있다. 번역은 '誤'로 하였다. 12) ㉮'太'는 '大'로 되어 있는 곳도 있다. ㉮'太'는 '大'와 통용된다. 13) ㉮'殷'은 '慇'으로 되어 있는 곳도 있다.

주

i 면근麵筋 : 밀가루에 들어 있는 단백질 성분인 글루텐을 면근麵筋이라 하는데, 글루텐은 밀·쌀·보리·호밀·귀리 등에 들어 있다. 이는 물에 녹지 않는 불용성 단백질로 밀가루 반죽을 해서 여러 모양으로 빚어 기름에 튀기거나 볶거나 구우면 쫄깃한 맛을 내며, 단백질 섭취가 부족하던 중국과 대만 등지에서 즐겨 먹는 음식의 재료가 되었다. 밀가루에서 물에 녹지 않는 글루텐을 응결시키려면 밀가루 반죽 과정에서 물에 녹는 전분을 씻어 제거하는 과정을 여러 번 거쳐야 하기 때문에 세면洗麪이라 한 듯하다.

ii 정인淨人 : 속인으로 절에 살면서 승려의 시중을 드는 사람이다.

iii 오미선五味禪 : 순수한 일미선(一味禪:조사선)이 아니고 외도선·범부선·소승선·대승선·최상승선 등이 뒤섞여 있는 순수하지 못한 선禪이다.

iv 탕임금이 그물치고 기원함 : 축망祝網은 그물의 축원이라는 뜻으로 제왕의 관대하고 후덕한 정치를 비유할 때 쓰는 말이다. 상商나라 탕왕湯王이 밖에 나갔다가 어떤 사람이 그물을 사면에 쳐 놓고서 천지 사방의 금수들이 모두 자기 그물로 들어오라고 축원하는 것을 보고는, 그 그물의 삼면三面을 터 버리고 다시 축원하기를, "왼쪽으로 갈 놈은 왼쪽으로 가고, 오른쪽으로 갈 놈은 오른쪽으로 가고, 내 명을 따르지 않는 놈만 이 그물로 들어오라."라고 했던 고사가 전한다.『呂氏春秋』권10「異用」.

v 호계虎溪를 지나친다 : 진晉나라 고승 혜원慧遠이 동림사東林寺에 있을 적에 손님을 전송할 때에도 호계를 건너지 않았는데, 도잠陶潛과 육수정陸修靜이 방문했을 때에는 서로 의기투합한 나머지 그들을 전송하면서 호계를 건넜다고 한다.『蓮社高賢傳』「百二十三人傳」.

vi 괴의壞衣 : 스님들이 걸치는 가사가 청·황·적 3색을 혼합한 괴색壞色으로 만들어지므로 괴의라 한다.

vii 콧구멍(鼻孔) : 인간의 몸이 이루어질 때 콧구멍이 제일 먼저 이루어지므로 선가에서는 이를 본분사本分事, 즉 본래면목에 비유하는 말로 주로 쓴다.

viii 쓸데없는 논쟁(指馬) : 세상의 시비是非가 혼동된 것을 말한 것으로『莊子』「齊物論」에서 "손가락을 가지고 손가락이 손가락 아님을 밝히는 것은 손가락 아닌 것을 가지고 손가락이 손가락 아님을 밝히는 것만 못하다. 말(馬)을 가지고 그 말이 진짜 말이 아님을 설명하는 일은 말에 구애받지 않고 상대방 말이 진짜 말이 아님을 설명하는 일만 못하다. 천지도 하나의 손가락이고 만물도 한 마리의 말이다.(以指喩指之非指, 不若以非指喩指之非指也 ; 以馬喩馬之非馬, 不若以非馬喩馬之非馬也. 天地一指也, 萬物一馬也.)"라고 한 데서 온 말이다.

ix 왕로王老 : 선문에서는 기봉機鋒이 높은 명안종사를 통칭하여 왕로라 한다.

x 애써 고생했던가 : 당나라 나은羅隱(833~910)의 시에 "온갖 꽃 모아 꿀 만들었지만 누구를 위해 애써 고생했던가?(採得百花成蜜後, 爲誰辛苦爲誰甜.)"라는 구절이 전한다.

xi 삼무三武의 난리 : 북위北魏 도무제道武帝, 북주北周 무제武帝, 당 무종唐武宗이 모두 불교를 배척하여 모든 승려들을 환속하게 하였으므로 불가에서 이들의 일을 일컬어 '삼무의 난리(三武之亂)'라고 하였다.

• 101

변재 원정 법사의 심사명[1]

아아, 이 몸이여! 그대의 삶은 어떠한가?
음식으로 몸을 유지하고 의복으로 몸을 덮고
집으로 몸을 깃들게 하고 약으로 병을 고친다.
온갖 일로 길러 줌에(將養)[2] 잠시도 어그러지지 않았는데
그 은혜를 전혀 알지 못하고 도리어 원망하는 마음을 낸다.
사대四大가 서로 괴롭히고 오장五臟이 서로 속이니
이 몸은 무상하여 한순간에 떠나가며
이 몸은 깨끗하지 못하여 아홉 구멍에서 (더러운 것이) 늘 흘러나온다.
온갖 종기(癰疽)[3]로 가득한 한 조각 얇은 가죽이니
이 몸은 더러워서 탐착하고 아낄 것이 없다.
마땅히 이 몸이 법에 의지해서 수행하게 하되
세 가지 청정한 관법과 열여섯 가지 사유로
한 번 행하여 물러나지 않아 서방정토 안락국으로 돌아가서
위없는 지혜를 이루게 할 것이니, 이것이 바로 심사心師이다.

辯才淨法師心師銘【法師元淨, 字無象, 抗州徐氏子. 神宗賜紫衣及師號.】
咄哉此身! 爾生何爲?
資之以食, 覆之以衣.
處身以室, 病之以醫.

---

1 원정元淨 법사는 자가 무상無象이고 항주抗州 서씨徐氏의 자손이다. 신종神宗이 자색 가사와 법호를 하사하였다.
2 장將 또한 길러 줌(養)이다.
3 『醫書』에서는 "옹癰이란 육부六腑가 조화롭지 못해 생긴 것이고, 저疽란 오장五臟이 조화롭지 못해 생긴 것이다. 양陽이 음陰에 막히면 옹癰이 생기고, 음이 양에 막히면 저疽가 생긴다."라고 하였다.

百事將養【將亦養也.】, 一時不虧.

殊不知恩, 反生怨違.

四大互惱, 五臟相欺.

此身無常, 一息別離.

此身不淨, 九孔常垂.

百千癰疽【『醫書』: "癰者, 六腑不和之所生; 疽者, 五臟不調之所致. 陽滯於陰則生癰, 陰滯於陽則生疽也."】, 一片薄皮.

此身可惡, 無貪惜之.

當使此身, 依法修持.

三種淨觀, 十六思惟.

一行不退, 安養西歸.

成無上智, 是為心師.

당나라 선월 대사의 좌우명【서문을 병기함】

서술한다.

내가 일찍이 백태보白太保가 지은 「속 최자옥 좌우명 한 수」를 살펴보니,[1] 그 말뜻이 법도에 맞고 아름답게 빛나며 간절하기까지 하여 실로 아직 깨닫지 못한 자들을 경책하고 후손들에게 남길 만하였다. 또 요종姚宗과 변란卞蘭,[2] 장열張說과 이옹李邕[3]에게도 모두 이런 좌우명이 있어서 살펴보았는데 백태보의 글이 더욱 심오하였으니, 그 근면을 자극하는 것은 천고에 귀감이 되고 도를 돕는다고(資腴) 하겠다.[4]

내가 남몰래 그 문장을 아끼나 다만 세상 사람들이 열에 한둘도 제대로 실행하지 못하는 점을 한탄하여, 어느 날 붓을 들어 마침내 글을 지어 백태보의 이음을 다시 잇고 '속 요양공姚梁公[5] 좌우명 한 수'라 이름하였

---

1 (최자옥崔子玉은) 동한東漢 사람 최원崔瑗*이니 자는 자옥이다. 위衛나라 공회孔悝를 본받아 이에 좌우명을 지어 스스로 경책하였으니 대략적 내용은 다음과 같다. "남의 단점을 말하지 말고 자기의 장점도 말하지 말라. 세상의 명예는 흠모할 것이 못 되니 오직 인仁으로 기강을 삼아라. 명성이 실제를 넘어서게 하지 말지니, 어리석음을 지키는 일은 성인도 간직하는 것이다." 「白樂天座右銘序」에서는 다음과 같이 말하였다. "최자옥의 좌우명을 내가 남몰래 흠모하였으나 모두 실행하지는 못하였으니 일찍이 방의 벽에 써 놓았다. 그러나 거기에 스스로 미진한 부분이 있어 그것을 이어서 좌우명을 지으니 대략적 내용은 다음과 같다. '감히 남을 바로잡으려는 것이 아니라 아쉬운 대로 스스로 허리띠에 써 두어 종신토록 스스로 힘쓰고 죽은 후에 후손들에게 남기려는 것이다. 후손들이 만약 이것을 어긴다면 나의 자손이 아니다.'"
  *최원崔瑗 : 77~142. 자字는 자옥子玉이다. 탁군涿郡 안평安平 사람이며 동한東漢 시대의 저명한 서법가書法家인데 특히 초서에 능했다. 두도杜度의 제자였는데, 당시 사람들이 이 두 사람을 일컬어 '최두崔杜'라고 호칭하였다.
2 모두 위나라 사람이다.
3 모두 당나라 사람이다.
4 유腴는 아랫배가 살진 것이다. 『禮記』에서는 "물고기를 진상함에 겨울에는 오른쪽 배를 쓴다."라고 하였으니, 물고기가 겨울에는 오른쪽 배가 살지기 때문이다. 또 유는 도道이니, 자유資腴는 도를 돕는다는 뜻이다.
5 요종姚宗이니, 위魏 황제가 그를 양국공梁國公에 봉하였다.

다. 비록 문장과 이치의 경위가 여러 공公들에게는 미치지 못하지만 방의 벽에 써 둘 만할 것이다.

그대의 모든 신체를 잘 간직하고 그대의 성품과 목숨을 잘 보존하라.
화복은 반드시 전환시킬 수 있으니 삼가 미리 예정하여 말하지 말라.[6]
남의 이익 보기를 자기의 이익과 같이하면 찬미하지 못할 것이 없고
남의 손해 보기를 자기의 손해와 같이하면 형통하고 곧고 길할 것이다.
이것을 거스르는 무리는 천귀天鬼가 반드시 주벌할 것이다.
복의 앞이 되거나 화禍의 시작이 되는 것은 죽이기를 좋아하고 인륜을 감퇴시키니 그치지 않아서는 안 된다.
겸양을 지켜서 욕심을 줄이며 선한 이를 좋아하고 악한 이를 미워하는 것은 이를 하지 않아서는 안 된다.[7]
귀한 세력가[8]를 위하지 말지니 아첨하며 달리다가 비틀거릴(蹩躠)[9] 것이다.
미천한 자를 업신여기지 말지니 위아래가 서로 의지해야 한다.
옛 성인이 글을 쓰심에 부지런하고(仡仡)[10] 애쓰셨으니(孳孳)[11]
충효와 신행을 의복과 음식보다 더욱 소중히 하셨다.

---

6 앞선 시기에 미리 예정하여 말하지 말라.
7 제 환공齊桓公이 나가 노닐다가 곽씨郭氏의 빈터를 보고서 야인野人에게 물었다. "곽씨의 나라는 어째서 빈터가 되었는가?" 야인이 말하였다. "선한 자를 좋아하고 악한 자를 미워했기 때문입니다." 제 환공이 말하였다. "선한 자를 좋아하고 악한 자를 미워하는 것은 사람의 훌륭한 행위인데 어째서 빈터가 되었는가?" 야인이 말하였다. "선한 자를 좋아하였으나 등용하지 않았고 악한 자를 미워하였으나 제거하지 않았으니, 그러므로 빈터가 되었습니다."
8 귀한 불꽃이 하늘을 그슬리는 것이다. 또 빈천하여 춥고 귀하여 더운 것이다.
9 (별설蹩躠은) 비틀거리는 것이니, 걸음이 바르지 않은 모양이다.
10 (골仡은) 음이 '골'이다. 왕포王褒가 종일토록 부지런하였고 한문공韓文公도 부지런히 애쓰며 평생을 보냈으니 모두 노고가 지극한 모양이다.
11 (자孳는) 자孜와 같으니, 『孟子』에서는 "부지런히(孳孳) 좋은 일을 한다."라고 하였다.

세상에 태어나서 혹여 그릇되고 거짓되어서는 안 되니 몸은 무지개보다 위태롭고 시간은 달리는 말보다 빠르다.

어찌 스스로 힘써서 장차 옥당에 오르려 하지 않으며 어찌 스스로 타락하여 허황되고 거짓된 언행을 하겠는가?

여색은 너의 목숨을 해치니 반드시 경계하고, 술은 너의 내장을 부패시키니 반드시 두려워하라.

분발하면 반드시 도달하고 가득찬 저금통은 반드시 부서지리라.[12]

그릇됨은 잘못을 꾸미는 것보다 더한 것이 없고, 허물은 허물을 꾸미는 것보다 더한 것이 없다.

남들에게 음덕을 쌓으면 자손이 반드시 봉封해질 것이다.

문장과 학문을 뽐내지 말지니 이것은 관리의 천박한 일이다.

근심은 참지 못하는 데서 오고 손해는 만족하지 못하는 데서 따른다.

한 번 이리하고 한 번 저리하여 모두 오음五音이 화합하듯 하라.[13]

어진 이를 친하게 여기고 아랫사람에게도 물어야 하며 절개를 세우고 자신을 찾아야 한다.

---

12 『類苑』에서는 "추장정鄒長情은 공손홍公孫弘의 친구인데 공손홍에게 박만撲滿 한 개를 주면서 말하였다. '박만은 흙으로 만든 것인데 돈을 저축하는 도구이다. 여덟 개의 구멍이 있는데 가득 차면 그곳을 쳐서 깨트린다. 모으기만 하고 흩지 않는 자가 있다면 앞으로 박만의 낭패가 있게 될 것이니 경계하지 않을 수 있겠는가?'"*라고 하였다. 또 자수慈受 선사의 시에는 "욕심이 많은 사람은 박만과 같아서 가득 찰 때의 재화를 염려하지 않으니, 차지 않았을 때는 오히려 보존할 수 있지만 이미 채워지고 나면 반드시 부서지게 된다."라고 하였다.

 *추장정鄒長情은~있겠는가 : 이 내용은 『西京雜記』에는 다음과 같이 나온다. 公孫弘, 以元光五年, 爲國士, 所推尙爲賢良. 國人鄒長倩, 以其家貧, 少自資致, 乃解衣裳以衣之, 釋所著冠履以與之. 又贈以撲滿一枚, 書題遺之曰 : "土粗物也, 錢重貨也. 入而不出, 聚而不散, 故撲之. 士有聚斂而不能散者, 將以撲滿之敗, 可不戒歟?"

13 궁宮은 토음土音이니, 혀가 입 중앙에 머문다. 치徵는 음이 '치'이니 화음火音이며, 혀가 치아를 받친다. 피차가 함께 화합하는 것이 마치 소리와 악기를 시설할 때 오음이 화합하는 것과 같음을 말한 것이다.

악목惡木의 그늘은 쉴 그늘이 아니고¹⁴ 도천盜泉의 샘물은 마실 물이 아니다.¹⁵

세상은 참으로 덧없으니 얼마나 살 수 있겠는가?

오직 마음을 얼음처럼 깨끗이 하고 옥과 같이 희게 하며 복숭아나무를 심고 오얏나무를 심듯이 하라.¹⁶

남의 잘못은 미워하고 은혜와 의로움에는 보답해야 하며

자기의 게으름은 없애고 남의 아름다움은 이루도록 해야 한다.

헛된 명예를 짊어지지 말고 지극한 이치를 저버리지 말라.

편안하고 상쾌하여 시종 물이 넘치듯이 하라.

하늘과 인간의 아름다운 행실이 이것을 다함에 있을 뿐이다.

머리카락을 덮어쓰고 입에 치아를 머금은 자들에게 간곡히 충고하노라.¹⁷

唐禪月大士座右銘【并序】

序曰: 愚常覽白太保所作 "續崔子玉座右銘一首",【東漢崔瑗, 字子玉, 効衛孔悝, 乃作銘以自警. 略曰: "無道人之短, 無說人¹⁾之長. 世譽不足慕, 惟仁爲紀綱. 無

---

14 『管子』에서는 "선비는 절조 있는 마음을 품으며 악목의 가지에서 쉬지 않고 독수毒樹를 잘라 버린다."라고 하였고, 경전에서는 "사위국의 궁전 정원에 한 그루의 독수가 생겨났는데 남녀가 유람하다가 그 아래에서 쉬었더니, 어떤 이는 머리가 깨질 듯이 아프고, 어떤 이는 척추가 아프고, 어떤 이는 나무 아래에서 바로 죽었다."*라고 하였다.
 * 사위국의~죽었다 : 『經律異相』 권3(T53, 13b18~19)에서는 『忻毒樹經』에 나오는 내용이라고 소개하였다.
15 『文選』에서는 "목말라도 도천盜泉의 물을 마시지 않고, 뜨거워도 악목의 그늘에서 쉬지 않는다. 악목인들 어찌 그늘이 없을까마는 지조 있는 선비는 고심한 흔적이 많다."라고 하였다. 황산곡의 시에서는 "뜨거워도 악목의 그늘을 피하고 갈증에도 도천의 물을 사양한다."라고 하였다.
16 "과일을 심으면 과일을 얻고 오이를 심으면 오이를 얻는다."라고 하는 말과 같다.
17 『禪月集』에 나온다.*
 * 『禪月集』에 나온다 : 이 주는 성화본 『緇門警訓』에 그대로 나온다.

使名過實, 守愚聖所藏."「白樂天座右銘序」云: "崔子玉左右銘, 余竊慕之, 雖未能盡行, 常書於屋壁. 然其間自有未盡者, 因續爲之座右銘. 略曰: '不敢規他人, 聊自書諸紳. 終身且自勉, 身沒貽後昆. 後昆苟反此, 非我之子孫.'"} 其詞旨乃[2)]典乃文, 再懇再切, 實可警策未悟, 貽厥將來. 次又見姚宗·卞蘭·【皆魏人也.】張說·李邕【並唐時人.】皆有斯文, 尤爲奧妙, 其於束勵婉勉, 乃千古之鑑[3)]誠資腴矣.【腴, 腹下肥也. 『禮記』: "進魚, 冬右腴." 魚冬時, 肥在腹右. 又腴, 道也. 資腴, 助道也.】

愚竊愛其文, 唯恨世人不能行之十得一二, 一日因抽毫, 遂作續白氏之續, 命曰'續姚梁公【姚宗, 魏帝封梁國公.】座右銘一首', 雖文經理緯, 非逮於群公, 而亦可書於屋壁.

善爲爾諸身, 行爲爾性命.

禍福必可轉, 莫憖言前之.【愼勿說言前時已定.】

見人之得, 如己之得, 則美無不克;

見人之失, 如己之失, 是亨貞吉.

返此之徒, 天鬼必誅.

福先禍始, 好殺減紀, 不得不止.

守謙寡欲, 善善惡惡, 不得不作.【齊桓公出遊, 見郭氏之墟, 問野人曰: "郭氏何爲墟?" 野人曰: "善善而惡惡." 公曰: "善善惡惡, 人之善行, 其墟何也?" 野人曰: "善善而不能用, 惡惡而不能去, 是以爲墟也."】

無見貴熱【貴焰熏天, 又貧寒而貴熱】, 謟走鼈躄【跛也, 行不正貌.】.

無輕賤微, 上下相依.

古聖着書, 矻矻【音骨, 王褒終日矻矻, 韓文矻矻窮年, 皆勞極貌.】孳孳【與孜同. 『孟子』: "孳孳爲善."】,

忠孝信行, 越食逾衣.

生天地間, 未或非假,

身危彩虹, 景速奔馬.

胡不自彊, 將昇玉堂?

胡爲自墜, 言虛行僞?

艷殃爾壽須戒, 酒腐爾腸[4]須畏.

勵志須至, 撲滿必破.【『類苑』云: "鄒長倩, 公孫弘之故人也, 贈弘撲滿一枚曰: '撲滿者, 以土爲之, 蓄錢之具也. 有八竅, 滿則撲之. 士有聚而得不散者, 將有撲滿之敗, 可不戒乎?'" 又慈受禪師詩曰: "貪夫如撲滿, 不慮滿時禍. 未盈猶可存, 已滿終歸破."】

非莫非於餙非, 過莫過於文過.

及物陰功, 子孫必封.

無恃文學, 是司奇薄.

患隨不忍, 害逐無足.

一此一彼, 諸宮合徵.【宮土音, 舌居中. 徵音致, 火音, 舌柱齒. 言此彼諧和, 如設聲樂, 五音和合也.】

親仁下問, 立節求己.

惡木之陰匪陰.【『管子』曰: "士懷耿介之心, 不蔭惡木之枝, 斫毒樹." 經云: "舍衛國宮園生一毒樹, 男女遊觀, 停息其下. 或頭痛欲裂, 或腰脊疼庸, 或於樹下死之."】

盜泉之水非水.【『文選』云: "渴不飲盜泉水, 熱不息惡木陰. 惡木豈無陰? 志士多苦心." 山谷詩云: "熱避惡木陰, 渴辭盜泉水."】

世乎草草, 能生幾幾?

直須如氷如玉, 種桃種李.【如云: "種果得果, 種瓜得瓜."】

嫉人之惡, 酬恩報義.

忽己之慢, 成人之美.

無擔虛譽, 無背至理.

恬和愻暢, 冲融終始.

天人景行, 盡此而已.

丁寧丁寧, 戴髮含齒.【『禪月集』】[5]

1) ㉥ 저본에는 '人'이나 문맥상 '己'로 해석하였다. 2) ㉠ '乃'는 '迺'로 되어 있는 곳도 있다. 아래에도 같다. 3) ㉠ '鑑'은 '鑒'으로 되어 있는 곳도 있다. 4) ㉠ '膓'은 '腸'으로 되어 있는 곳도 있다. ㉥ '膓'은 '腸'과 통용된다. 5) ㉠ 禪月集 : 이 글자들은 원문의 협주이다.

주

i 장열張說 : 667~730. 자字는 도제道濟이며 당나라 현종玄宗 때의 재상이다. 당시 조정에서 중요한 사장辭章들은 대부분 그의 손에서 나왔으며 특히 비문碑文이나 묘지墓誌 글에 능하였다.

ii 복의 앞이~되는 것 : 『莊子』제15편 「刻意」에 "복福의 앞이 되지도 아니하고 화禍의 시작이 되지도 아니한다(不爲福先, 不爲禍始.)"라는 표현이 나온다. 보통 사람들은 복을 좇으려 하고 화를 피하려 하지만 성인은 화와 복을 모두 잊어버린다는 뜻이다. 『淮南子』「精神訓」에 거의 같은 문장이 나오는데, 곽상郭象은 "창도唱導(앞서서 인도)함이 없음이다."라고 풀이했고, 성현영成玄英은 "선행은 복의 앞이 되고 악행은 화의 시작이 된다. 이미 선악을 모두 보내 버리고 화복을 다 잊어서 사물에 감촉된 뒤에야 호응하니 어찌 앞이나 시작이 되겠는가.(夫善爲福先, 惡爲禍始, 旣善惡雙遣, 亦禍福兩忘, 感而後應, 豈爲先始者也.)"라고 풀이했다.

• 111

길주 용제산 우운 종무 화상의 사예설[1]

세간에서 가장 독한 것으로는 살모사(蛇虺)[2]보다 더한 것이 없으며, 지극히 더러운 것으로는 똥오줌보다 더한 것이 없다. 대개 살모사의 독은 사람의 성품과 생명을 해칠 수 있으며, 똥오줌의 더러움은 사람의 몸과 옷을 더럽힐 수 있다. 그러므로 그 성품과 목숨을 보존하려면 반드시 독의 해로움을 멀리해야 하고, 그 몸과 옷을 깨끗이 하려면 반드시 그 더럽고 추한 것을 제거해야 한다.

세속의 사람들은 꿈에 살모사를 보면 재물운이 있을 것이라고 기뻐하고, 꿈에 똥오줌을 보면 이익을 얻을 것이라고 기뻐하는데, 어찌 깨어 있을 때와 잠이 들었을 때 좋아하고 싫어함이 같지 않은가? 깨어 있을 때 꺼리는 바가 있고 또한 두려워하는 바가 있음을 진실로 안다면, 어찌하여 재물을 보고 기뻐하고 이익을 보고 좋아하는가? 하물며 재물의 독이 살모사보다 더욱 심하며 이익의 더러움이 똥오줌보다 더욱 지나침에랴!

또한 옛사람 중에 재물로써 성품과 목숨을 해친 자들이 한둘이 아니고 이익으로써 몸과 옷을 더럽힌 자들도 많았지만 오히려 깨닫지 못한 것은

---

1 선사는 묘봉 지선妙峯之善 선사의 법을 이었다. 소수紹修 선사가 상당설법을 할 때, 어떤 기이한 사람이 법회에 들어와 법문을 듣고 나서는 단정히 앉아 천화하였다. 선사가 대중을 모으고 말하기를, "이 사람은 특별한 점이 있는데, 너희들은 덤벙대지 말고 자세히 살펴보아라."라고 하였다. 대중들이 이에 자세히 살펴보니 한 마리의 원숭이였다. 선사가 비로소 전생의 일을 말해 주니 대중들이 모두 탄식하며 기이하게 여겼다. 불로 다비할 때에 선사가 친히 그의 정수리를 어루만지며 이르기를, "2백 년 후에 다시 너를 받아들이리라."라고 하였다. 송나라가 (장강의) 남쪽으로 건너갈 즈음에 한 민가의 부인이 회임을 하였다. 원숭이가 방으로 들어오는 꿈을 꾸고는 한 사내아이를 낳았는데 용모가 원숭이를 닮았다. 성장하여서는 장가들려 하지 않고 굳이 출가하고자 하기에 용제산으로 보내 승려가 되게 하였으니, 이름은 '종무'이다. 그 후에 법륜을 크게 굴렸으니, 호가 '우운友雲'이다. 어록 10권과 문집 4권이 있는데, 그중에 『蛇穢說』이 사방에서 더욱 유행하였다.
2 사虺는 독충이다. 훼虺는 음이 훼毁이며, 가는 목과 큰 머리에 색은 무늬 있는 인끈과 같다. 큰 것은 길이가 7~8척이다.

그것을 애착하여 그치지 않고 그것을 탐착하여 그치지 않았기 때문이니, 이 또한 슬픈 일이로다.

무릇 가난하다거나 부유하다는 것은 사람의 분수가 정해진 것이다. 그 분수를 편안히 여긴다면 비록 가난하더라도 또한 즐거울 것이고, 그 분수를 편안히 여기지 못한다면 비록 부귀하더라도 항상 근심스러울 것이다. 자신의 분수가 편안하고 가난이 즐거워할 만한 것인 줄 알면 성품과 목숨을 보존하여 살아갈 수 있으며 몸과 옷을 깨끗이 하여 보존할 수 있으니, 이로써 재물을 탐하는 자는 살모사를 기르는 것이고 이익을 좋아하는 자는 반드시 몸과 옷을 더럽히게 됨을 알 수 있다.

나는 가난을 좋아하는 것이 아니라 다만 독의 해악을 멀리할 뿐이고, 부유함을 싫어하는 것이 아니라 다만 더럽고 추함을 제거할 뿐이다. 재물을 멀리하기를 마치 살모사를 멀리하듯 하고 이익을 버리기를 마치 똥오줌을 버리듯 하는 자는, 내가 보증하건대 이 사람은 점차 통달한 사람이 될 수 있을 것이다. 그렇지 않고 삶을 풍요롭게 하여[3] 탐내고 애착함을 쉬지 않으면 반드시 장차 그 성품과 목숨이 손상되고 몸과 옷이 더럽혀지는 일을 당하게 되리라.

세상 사람들은 이를 가르침으로 삼아야 할 것이다.

吉州龍濟山友雲鼇和尙蛇穢說【師嗣妙峯之善禪師. 紹修禪師上堂, 有異人入會聞法訖, 端坐而化. 師集衆曰: "此人有異, 汝等不可草草, 須要諦視." 衆乃諦觀, 乃一猿也. 師始爲說前事, 衆皆嗟異. 擧火茶毘之際, 師親摩其頂曰: "二百年後, 還汝受用." 至宋南渡, 有民家婦懷姙, 夢猿入室而誕一男, 貌與猿肖. 及長不樂婚娶, 堅求出家, 送入龍濟爲僧, 名宗鼇. 其後大轉法輪, 號友雲. 有語錄十卷·文集四卷. 其

---

3 비단옷을 입고 오곡을 먹으며 굶주리지 않고 춥지 않은 것 등이 사람의 생을 풍요롭게 하는 것이다.

蛇虺說, 尤行四方.】

世間最毒者, 無甚於蛇虺【蛇, 毒蟲. 虺音毁, 細頸大頭, 色如文綬. 大者, 長七八尺.】; 至穢者, 莫過乎便利. 盖蛇虺之毒, 能害人之性命; 便利之穢, 能穢人之形服. 所以欲保其性命也, 必遠於毒害; 欲潔其形服也, 必除其穢惡. 如世之人夢蛇虺則欣其有財, 夢便利則悅其獲利, 何寤寐[1]愛惡之不同哉? 苟知惺有所忌, 寤[2]有所懼, 又何必見財斯喜, 見利斯悅者乎? 況財之毒, 尤甚於蛇虺; 利之穢, 更過乎便利! 且古之人以財害乎性命者, 不止於一; 以利汚乎形服者, 亦由其衆, 而不悟者, 愛之而不已, 貪之而不止, 是亦可悲也. 且夫貧也富也, 人之分定也. 能安其分, 雖貧亦樂; 不安其分, 縱富常憂. 能知分之可安, 貧之可樂, 則性命可以保而生, 形服可以潔而存, 是知貪財者, 是養於蛇虺, 好利者, 必汚乎形服. 吾非好貧也, 是遠毒害也; 吾非惡富也, 是除穢惡也. 如有遠財, 如遠蛇虺, 去利如去便利者, 吾保此人漸可以爲達人矣. 不然, 生生之厚【衣帛食粟, 不飢不寒之類, 所以厚人之生也.】貪愛無休, 必拎[3]見傷其性命, 而汚其形服矣. 世人其訓之.

---

1) ㉔ '寤寐'는 '寤寐'로 되어 있는 곳도 있다. 2) ㉔ '寤'는 '寤'로 되어 있는 곳도 있다. 3) ㉔ '拎'은 '將'으로 되어 있는 곳도 있다.

불감 혜근 화상이 불과 극근 화상에게 보낸 글¹

혜근惠勳이 삼가 아룁니다. 옛날에 조봉祖峯 노스님을 곁에서 모실 때에 다음과 같은 말을 들은 적이 있습니다. "요즘 총림에서 도를 공부하는 이들이 명성을 떨치지 못하고 사람들에게 신뢰를 얻지도 못하는 이유는 참으로 그들의 수행이 청정하지 못하고 사람됨이 확실하지도(諦當)² 않으면서 매번 구차한 명성과 이익을 원하고 화려한 꾸밈을 널리 뽐내서 마침내 식견 있는 자들의 비난을 받아 오묘한 도를 가리기 때문이다. 그대들이 이후에 문득 풍운의 때와 기회(際會)를 만나서³ 인간계와 천상계의 사표가 된다면, 마땅히 이 일로써 스스로 권면해야 한다." 제가 이 말을 듣고서 마침내 띠에 써서 마음에 새겨 두고 종신토록 이를 외어 잊지 않고 있습니다.

근래에 어떤 선객이 이곳에 와서 전하기를, "협산 선사가 근자에 형제들을 위해 설두雪竇에게 가르침을 청했는데, 그의 큰 기략과 민첩한 언변이⁴ 깊은 이치에서 출몰하여 제방의 다른 선사들과는 매우 다르니 고금에 없었던 일이다."라고 하였습니다. 제가 듣고서 저도 모르는 사이에 눈물을 흘리며 '고매한 수행자가 어쩌다가 이 지경이 되었을까?'라고 생각했습니다.

노형(克勤)께서는 어찌 달마가 오기 전의 인연을 드날려서 학인들을 제

---

1 당시에 협산夾山에 살았다.* ○두 스님이 모두 오조산五祖山 법연法演 선사의 법을 이었다.
  *당시에~살았다 : 이 주는 성화본『緇門警訓』에 그대로 나온다.
2 상세하고 확실한 것을 체諦라 하고, 딱 맞는 것을 당當이라 한다.
3 인연의 때를 살펴서 풍운의 기회를 만난다.
4 설두가 가슴에 8~9개의 구름을 삼키는 꿈을 꾸고서 문장에 재주가 있게 되었다. 원오선사가 벽암산碧巖山에 머물면서 평창評唱을 지어 설두의『頌古百則』을 해석했으니, 이를『碧巖集』이라 부른다.

접하여 앞선 성인의 덕을 갚지 않으십니까? 지루하게 끌다가 이 지경에 이른 것이 어쩌면 그리도 크게 잘못된 게 아니겠습니까? 이는 아마도 노형께서 고금의 축적된 깊은 이치를 널리 살펴보고서도 지금의 삿된 무리들의 이설異說이 고인의 뜻을 어둡게 한 것에 격분하지 않아서일 것입니다. 제가 대용大用을 떨쳐서 부족한 저의 발원을 더욱 펼쳐 선덕의 기봉機鋒을 드날려서 그 폐단을 부수려는 뜻이 여기에 있습니다.

그러나 고명하고 원대한 식견을 가진 이가 이것을 본다면 틀림없이 무시할 것입니다. 다만 후학들이 그 날카롭고 새로운 언구들을 의심해서 불법이 오직 이와 같다고 여겨 마침내 앉아서 화성化城만을 지키려 하고 보배 있는 곳에 나아가질 못하여 그 폐해가 작지 않을까 걱정될 뿐입니다. 여기에 입각해서 말해 본다면, 불법의 가르침에 손해가 있을 뿐만 아니라 학인들에게도 무익합니다. 저는 비난을 두려워하지 않고 감히 돌아가신 스승님께서 전해 주신 말씀을 가지고 주변 사람들에게 말해 줄 뿐입니다. 만약 스스로 권면할 수 있다면 매우 다행한 일이고, 혹여 이 때문에 저를 버리더라도 그들을 탓하지 않을 것입니다. 이만 줄입니다.

佛鑑懃【惠懃】和尙與佛果勤【克勤】和尙書【時住夾山 ○二師皆嗣五祖山法演禪師】

惠懃啓上. 昔奉祖峯老師左右, 嘗聞其語: "今時叢林學道之士, 而聲名不揚, 匪爲人之取信者, 良由梵行不淸白, 爲人不諦當【審實曰諦, 中正曰當.】, 輒欲苟異名聞利養, 乃廣衒其華餙, 遂爲有識者所譏, 故蔽其要妙. 爾輩他後, 忽風雲際會【觀因緣之際, 遇風雲之會.】, 出來爲人天師範者, 切宜以此事自勉." 某得聞此語, 遂書諸紳, 銘於心, 終身誦之, 不敢忘. 近有禪客, 至此傳聞: "夾山禪師, 邇來爲兄弟¹⁾請益雪竇, 其洪機捷辯,【雪竇, 胷中呑八九雲夢, 而有翰林之才. 圓悟禪師住碧巖山, 作評唱, 釋雪竇『頌古』, 號『碧巖集』.】出沒淵奧, 頗異諸方, 自古今未有也." 某聞之, 不覺灑涕,²⁾ 自謂'高蹈之士, 何至此矣?' 老兄何不激揚達摩³⁾未來時因緣, 誘接學者, 以報先聖之德? 無乃牽蔓至此, 何太錯也? 此盖老兄博覽古今所蘊之妙, 而不憤今時邪黨異說, 有昧古人之意故. 奮發大用, 益舒卑願, 開顯先德之機, 以破其弊, 意在此. 然高明遠識者, 有以見, 亮必無外也. 弟恐晚進後昆, 疑其言句尖新, 以爲佛法只如此矣, 遂坐守化城, 不能進至寶所, 爲害非淺. 就此而言, 不唯有損宗敎, 亦乃無益於學者. 某不懼罪責, 敢以先師所授之言, 以告于左右. 倘能自勉, 則幸莫大焉; 苟或以此見棄於我者, 亦不罪於左右也. 不宣.

1) ㉑ '弟'는 '第'로 되어 있는 곳도 있다.   2) ㉑ '涕'는 '渧'로 되어 있는 곳도 있다.
3) ㉑ '摩'는 '磨'로 되어 있는 곳도 있다.

주

i 화성化城 : 『法華經』「化城喩品」에서 나온 말이니, 방편으로 만든 보물 성이다.

투자 대통 화상에게 답한 글[1]

제가 삼가 아룁니다. 근래에 들으니 물병과 석장을 짚고 투자사에 다다르자 사방에서 귀의하여 일제히 공경하며 받들어 모심이 끊어지지 않는다 하니, 같은 풍모에 다른 경사를 알 만합니다. 보내온 편지를 삼가 받아 보니 저를 법의 권속으로 여겨 주심에 참으로 감당하기 어렵습니다.

궁금합니다만 선사께서 법을 얻으신 것은 과연 어떤 분의 법을 이으신 겁니까? 만약 분양汾陽의 문파로서 임제의 정통한 종문이라면 다행스럽기가 이보다 더할 게 없을 것입니다. 위로부터 선조들이 저마다 은밀히 전해 오는 종지가 있어, 바른 것과 삿된 것을 간별함에 사람을 살피는 관문(驗人關)[2]과 팔뚝 뒤의 인印[3]을 써서 삼세 제불과 육대 조사가 삼라만상과 유정·무정들을 해인삼매로 한 번 찍어[4] 확정지었으니, 드넓은 천지에 터럭만큼도 새는 것이 없습니다.

---

1 투자사投子寺 대통大通이다. 혹은 대동大同이라고도 한다. 서주舒州 유씨劉氏의 자손이며 취미 무학翠微無學 선사의 법을 이었다.
2 국경의 관문에서 다른 피부색과 다른 복장을 한 사람을 관찰하기 때문에 험인관驗人關이라 하였다.
3 진晉나라 주의周顗가 "한 말(斗)이나 되는 금인金印을 얻어 팔뚝 뒤에 크게 걸겠다."* 라고 하였으니, 예로부터 모든 조사들이 바른 안목의 심인心印을 곧장 들고 삿된 것과 바른 것을 감변하였다.
  *한 말(斗)이나~걸겠다 : 금인金印은 황금으로 주조한 인신印信이다. 진晉나라 때 왕돈王敦이 반란을 일으키자 왕돈의 종제從弟인 왕도王導가 자신과 가족들의 목숨을 주의周顗에게 청탁하였으나 주의가 왕도와 말하지 않고 좌우를 돌아보며 말하기를, "금년에 여러 역적 놈들을 죽이고서 한 말(斗)이나 되는 큰 금인을 얻어 팔뚝 뒤에 걸겠다."라고 하였으니, 역적을 토벌하고 많은 공을 세워 큰 후侯에 봉해짐을 이른 것이다.『通鑑節要』권27.
4 『大集經』에서는 "염부제의 일체중생의 몸과 그 밖의 색신들도 바다 안에 모두 인상印像이 있으니, 그러므로 해인海印이라 한다. 보살도 그러하여 해인삼매를 얻고 나면 중생들을 잘 분별할 수 있어 일체 법문에 모두 밝은 지혜를 얻으니, 이것이 보살이 해인삼매를 얻어 중생들의 마음 가는 곳을 보는 것이다."*라고 하였다.
  *염부제의~것이다 :『大方等大集經』권15(T13, 106c12~c16).

백장 대지百丈大智 선사 이후로 대대로 이어져서 분양에 이르러서는 세 가지 사자구獅子句가 있으니 첫째, 종파를 초월한 남다른 안목이고, 둘째, 눈썹을 가지런히 하고 자취를 함께함이고, 셋째, 그림자와 메아리처럼 울리는 소리입니다. 만약 종파를 초월한 남다른 안목이라면 견처가 스승보다 뛰어나 바야흐로 종자가 될 것이며,[5] 만약 눈썹을 가지런히 하고서 자취를 함께한다면 스승의 덕을 반감시키니 전수받을 수 없고, 만약 그림자와 메아리같이 참지지 못하다면 여우와 이리가 섞여 있는 형세이니 다른 부류와 어떻게 구분되겠습니까?

자명慈明이 이를 전하면서 마침내 말하기를, "손바닥으로 천지를 움켜쥐고서 천차만별을 모두 비춘다."라고 하였고, 양기楊岐가 전할 때에는 금강권金剛圈과 율극봉栗棘蓬으로 바른 것과 삿된 것을 가려냈으니[6] 철위산은 뚫을 수 있지만 금강권은 뚫을 수 없으며, 큰 바닷물은 삼킬 수 있지만 율극봉은 삼킬 수 없습니다. 만약 하나의 율극봉을 삼킬 수 있다면 백천만억 개의 율극봉을 삼킴에 의심할 것이 없고, 하나의 금강권을 뚫을 수 있다면 백천만억 개의 금강권을 뚫음에 걸림이 없을 것입니다.

양기 선사가 백운 수단 선사에게 전수한 이래 수단 선사는 돌아가신 스승인 오조 선사에게 전수하였으며, 오조 선사는 새로운 수계자에게 전수하여 대대로 이어 전해졌습니다. 만약 삿된 것과 바른 것을 감변하려면 반드시 자세히 살펴야 하니, 혹여 종풍을 어지럽혀 후학들을 그르칠까 염려됩니다.

제가 스승님께 인가를 받은 뒤로 칼자루를 쥐고 천하를 태평하게 하며, 법령에 근거하여 제시해서 밝음과 어두움이 합하고, 높고 낮은 근기를 한

---

[5] 농가에서 밭에 씨를 뿌릴 때에 땅이 비옥한지 척박한지를 살펴보고서 씨를 뿌리는 것과 같다.
[6] 양기가 대중들에게 말하였다. "금강권을 뚫을 수 있고 율극봉을 삼킬 수 있다면 삼세 제불과 함께 가며 역대 조사와 한 본래면목을 함께할 것이다."

결같이 살펴서 온갖 만물이 일제히 드러나 삿된 것과 바른 것을 명백하게 하였으니, 감히 경솔하게 하지 않았습니다.

이로써 천차만별인 공안公案의 의심들도 금강권과 율극봉을 벗어나지 않아서 일시에 다 거두어지니, 만약 하나의 율극봉을 삼키고 하나의 금강권을 뚫을 수 있다면 백천만억 개의 율극봉과 금강권도 모두 다 걸림이 없고 의심이 없을 것입니다.

함께 이야기 나누면서 자세히 감별하길 기다리겠습니다. 만약 서로 부합해서 차이가 없다면 매우 다행이겠지만 혹여 그렇지 않다면 감히 말씀을 따르지 않겠습니다. 삼가 이렇게 받들어 아뢰옵나니, 엎드려 바라옵건대 살펴주십시오. 이만 줄입니다.

答投子通和尙書【投子寺大通. 或言大同. 舒州劉氏子, 嗣翠微無學禪師.】

某啓上. 比聞瓶錫赴緣投子, 四方歸德, 翕然欽承, 無有間者, 則其同風異慶, 又可知也. 伏承來書, 以法屬見呼, 良難當克. 未審禪師得法, 果嗣何人? 若汾陽的派, 臨濟正宗, 何幸加焉? 從上先祖, 各有密傳宗旨, 以辨正邪, 爲之驗人關.【邊境關門, 察異色·異服之人物, 故云驗人關.】肘後印,【晉周顗云: "取金印如斗大繫肘後." 從古諸祖, 直提正眼心印, 勘辨邪正也.】三世諸佛, 六代祖師, 萬象森羅, 有情無情, 以海印三昧, 一印【『大集經』云: "閻浮提一切衆生身, 及餘外色, 海中皆有印像, 以故名爲海印. 菩薩亦爾, 得海印三昧已, 能分別見衆生, 一切法門, 皆得慧明, 是爲菩薩得海印三昧, 見衆生心行所趣."】印定, 普天匝地, 更無絲毫滲漏. 自百丈大智禪師以下, 遞代相承, 至於汾陽, 有三種獅子句: 一超宗異目, 二齊眉共躅, 三影響音聞. 若超宗異目, 見過於師, 方爲種草.【如農家種田, 相地厚薄而下種也.】若齊眉共躅, 減師半德, 不堪傳授. 若影響不眞, 狐狼猥勢, 異類何分? 慈明傳之, 遂云: "掌上握乾坤, 千差都一照." 楊岐傳之, 則以金剛圈·栗棘蓬, 以驗正邪,【楊歧示衆云: "透得金剛圈, 吞得栗棘蓬, 便與三世諸佛, 把手共行; 歷代祖師, 共一鼻孔也."】鐵圍山可透, 金剛圈不可透, 大海水可吞, 栗棘蓬不可吞. 若吞得一蓬, 百千萬億蓬, 吞之無疑[1]; 若透得一圈, 百千萬億圈, 透之無碍. 自楊歧傳之白雲端師翁, 師翁傳之五祖先師, 先師傳之於新戒, 遞代相傳. 若當勘辨邪正, 切須子細, 恐濫宗乘, 有愧後學. 某自授先師印可, 握柄太平, 據令生提, 明投暗合, 高低一顧, 萬類齊彰, 邪正洞然, 不敢草次. 是以千差萬別公案詿訛, 不出金剛圈·栗棘蓬, 一時攝盡. 若能吞一蓬透一圈, 則百千萬億蓬圈, 悉皆無碍無疑. 俟容披晤, 歟曲勘同. 倘若符合無差, 即幸甚矣; 如或未然, 不敢從命. 謹此奉聞, 伏希見察. 不宣.

1) ㉮ '疑'는 '礙'로 되어 있는 곳도 있다.

주

i 금강권金剛圈과 율극봉栗棘蓬 : 금강金剛은 부서지지 않는 견고한 것이고 권圈은 울타리를 나타내는 말이니, 금강권은 부서지지 않는 울타리나 장벽을 뜻한다. 즉 분별심으로는 결코 부술 수 없는 언어를 방편으로 시설하여 두고 학인이 그 언어의 장벽을 스스로 뚫고 나가기를 바랄 때에 쓰는 것이다. 율극봉은 가시투성이인 밤송이를 나타내는 말이니, 입안에 밤송이를 넣으면 삼킬 수도 없고 뱉을 수도 없는 진퇴양난의 상태를 뜻한다. 금강권과 율극봉은 모두 선사가 학인을 인도할 때에 사용하는 방편들이다.

수나라 고조 문황제의 칙문

황제는 광택사光宅寺의 지의智顗 선사[1]에게 정중히 묻습니다.

짐은 불교를 공경하고 믿는 마음이 막중합니다. 지난날 북주의 무제武帝가 불법을 무너뜨리자 발심하여 서원을 세우기를, 반드시 불법을 보호하여 지키도록 허락하겠다고 하였는데, 하늘로부터 (천자가 되라는) 명을 받음에 이르러서 바로 회복시키고 우러러 위신력에 의지하여 법륜을 다시 굴리니, 시방의 중생들이 모두 함께 이익을 얻었습니다.

근자에 진陳나라가 잔학하고 난폭하여 동남쪽의 백성들이 노역에 그 괴로움을 이기지 못하므로 장수에게 명령하여 군사를 출동시켜 백성들을 위해 해악을 제거하였더니, 오·월의 땅은 이제 깨끗이 정리되고 승려와 속인들이 또한 안정되므로 참으로 짐의 뜻에 맞습니다. 짐은 정법을 존숭하며 백성을 구제하여서 복전이 영원히 존속되고 (불법의 세계로 건네주는) 나루터와 교량이 다함이 없기를 바랍니다.

선사는 이미 세속의 그물을 여의고 자신을 닦고 남을 교화하였으니, 반드시 승려들을 장려하여 정진케 하고 계율을 굳게 지키기를 바라며, 보는 이들로 하여금 공경하게 하고 듣는 이로 하여금 착한 마음을 내게 하였을 것입니다. 바야흐로 대도大道의 마음에 부합하니, 이는 출가자의 본업입니다.

만약 몸은 승복을 입었으되 마음은 세속의 티끌에 물들어 있으면, 중생의 부류가 귀의할 곳이 없을 뿐만 아니라 또한 오묘한 불법의 문중에 다시 비방과 원망을 초래할까 염려됩니다. 마땅히 서로 권면하고 책려하여 짐의 마음과 같게 하십시오.

---

[1] 양梁나라 산기상시散騎常侍 익양공益陽公 진기陳起의 둘째 아들로서 광주光州 대소산大蘇山 혜사慧思 대선사에게 나아가 심관心觀(천태의 관법)을 전수받았다.

봄날이 점차 따뜻해지니 도 닦는 몸도 편안하리라 여깁니다.

개황開皇 10년(590) 정월 16일, 내사령內史令 안평공安平公 신 이덕림李德林은 선포하고, 내사시랑內史侍郞 무안자武安子 신 이원조李元操가 받들어 쓰고, 내사사인內史舍人 배구裴矩가 시행하다.

隋高祖文皇帝勅文

皇帝敬問光宅寺智顗禪師【梁散騎常侍益陽公陳起之弟二子, 詣光州大蘇山思大禪師, 受心觀.】. 朕於佛敎敬信情重, 徃者周武之時, 毁壞佛法, 發心立願, 必許護持. 及受命於天, 仍卽興復, 仰憑神力, 法輪重轉, 十方衆生, 俱獲利益. 比以有陳, 虐亂殘暴, 東南百姓勞役, 不勝其苦, 故命將出師, 爲民除害, 吳越之地, 今得廓淸, 道俗又安, 深稱朕意. 朕尊崇正法, 救濟蒼生, 欲令福田永存, 津梁無極. 師旣已離世網, 修己化人, 必希獎進僧伍, 固守禁戒, 使見者欽服, 聞卽生善, 方副大道之心, 是爲出家之業. 若身從道服, 心染俗塵, 非直含生之類, 無所歸依, 抑恐妙法之門, 更來謗讟. 宜相勸勵, 以同朕心. 春日漸暄, 道體如宜也.

開皇十年正月十六日, 內史令安平公臣李德林宣, 內史侍郞武安子臣李元操奉, 內史舍人裴矩行.

진왕이 보살계를 받을 때 쓴 글[1]

사지절使持節 상주국上柱國 태위공太尉公 양주총관제군사楊州摠管諸軍事 양주자사楊州刺史 진왕晉王 제자 양광楊廣은 시방삼세의 모든 부처님과 본사 석가여래와 이 땅에 강림하실 보처미륵불과 일체의 존귀한 경전인 무량한 법보와 초심 이상 금강 이하의 모든 존귀하신 대권마하살타大權摩訶薩埵와 벽지불 및 연각승처럼 홀로 해탈하여 깨달음을 밝힌 스물일곱 분의 현성승[2]으로서 타심통他心通과 도안道眼을 지닌 이들과 삼계의 최정상에 이르기까지의 십팔범왕과 육욕천자와 제석천주와 사대천왕과 하늘의 신선과 용신이 날아오르며 숨었다 나타났다 하면서 이 세계를 맡아 큰 이익을 지으며 탑을 수호하고 법을 보위하며 신명을 막아 지키고 청정한 계율을 보호하여 지키는 무량한 선신들께 머리를 조아려 받들어 청하옵나니, 원하옵건대 한순간에 부처님의 위신력을 받들어 도량에 함께 모인 제자들의 서원을 증명하시고 그들의 공덕을 거두어 주옵소서.

생각건대 식의 어두움(無明)이 싹튼 것이 그대로 여래의 성품이나 무명

---

1 수 양제隋煬帝이다.*
　*수 양제隋煬帝이다 : 이 주는 성화본 『緇門警訓』에 그대로 나온다.
2 『釋籤』에서는 "『阿含經』에 열여덟 명의 학인學人(배울 것이 남은 사람)과 아홉 명의 무학인無學人(배울 것이 없는 사람)이 있는데, 열여덟 명이란 첫째, 신행信行이고, 둘째, 법행法行이고, 셋째, 신해信解이고, 넷째, 견득見得이고, 다섯째, 신증身證이고, 여섯째, 가가家家이고, 일곱째, 일종자一種子이고, 여덟째, 초과를 향함(向初果)이고, 아홉째, 초과를 얻음(得初果)이고, 열째, 이과를 향함(向二果)이고, 열한째, 이과를 얻음(得二果)이고, 열두째, 삼과를 향함(向三果)이고, 열셋째, 삼과를 얻음(得三果)이고, 열넷째, 중반中般이고, 열다섯째, 생반生般이고, 열여섯째, 유행有行이고, 열일곱째, 무행無行이고, 열여덟째 상류上流이다. 아홉 명의 무학인이란 첫째, 사思이고, 둘째, 진進이고, 셋째, 퇴退이고, 넷째, 불퇴不退이고, 다섯째, 부동不動이고, 여섯째, 주住이고, 일곱째, 호護이고, 여덟째, 혜慧이고, 아홉째, 구俱이다."*라고 하였는데, 이 가운데 신행과 법행은 현인이고, 나머지는 모두 성인이라 한다. 『止觀輔行』・『成唯識論』에도 스물일곱 분의 현성이 있는데 이것과는 조금 다르다.
　*『阿含經』에~구俱이다 : 『法華玄義釋籤』권10(T33, 884b7~13).

속으로 굽어 떨어져서 본래 지니고 있던 것이 드러나지 못하였습니다. 이 수리數[3]가 이에 돌아가므로 만물이 극에 달하면 돌이키는 법입니다. 미래의 과보를 드러내고자 한다면 반드시 인행因行을 쌓아야 합니다. 조어사 세존께서도 생사를 두루 거쳐 오셨으니, 초목으로 산가지를 만들어 써도 다 헤아릴 수 없고, 항하의 모래를 모아 일으켜도[4] 진실로 헤아리기 어렵습니다. 이윽고 번뇌에 깊이 물든 세속의 삶을 비로소 싫어하여 떠날 수 있었으니, 법왕께서 교화의 운을 열어 처음으로 보살을 교화하신 것은 비유컨대 해가 뜨면 제일 먼저 높은 산을 비추는 것과 같으며, 알맞은 근기에 맞추어서 권도를 방편으로 삼은 것은 마치 저 여러 물줄기들이 모두 큰 바다로 모이는 것과 같습니다.

제자는 과거의 적선을 승계하여 황실에 태어나 궁중의 가르침에 일찍 나아갔으며 태교(胎敎)에도 일찍이 젖어 들었으니[5] 복록이 모였기에 오묘한 심기心機를 깨닫고자 하옵니다. 소승에 막혀 헤맴을 부끄러워하고 대승에 넉넉히 노닐기를 희망하며 화성化城에서 쉬는 것을 비웃고 피안으로 배를 저어 갈 것을 맹세합니다.

다만 보살(開士)[6]의 육도만행에서 계를 잘 지키는 것이 우선이고, 보살의 십수十受[7]에서도 전일하게 지키는 것이 최상입니다. 비유컨대 궁실을

---

3 이수란 하늘의 도가 지극히 미묘하나 숫자로 인하여 그 이치를 밝힐 수 있으니, 대개 이 치는 숫자를 통해 드러나고 숫자는 이치를 의지해서 나오기 때문에 이치와 숫자는 서로 의지할 수 있으며 위배될 수 없다.
4 항하恒河는 '긍가하殑伽河'라고도 한다. 아뇩달지阿耨達池는 사면으로 각기 물줄기 하나씩을 내보내는데, 동쪽의 은우구銀牛口로는 긍가하를 유출한다. 그 모래가 지극히 미세하고도 많으니 과거에 받았던 삶의 숫자가 헤아리기 어려움을 비유한 것이다.
5 이貽는 『弘明集』에는 '태교胎敎'로 되어 있다. 『列女傳』에서는 "태임太妊이 임신을 하자 눈으로는 나쁜 색을 보지 않고, 귀로는 음란한 소리를 듣지 않았으며, 입으로는 거만한 말을 하지 않는 등 태교를 한 후 창昌을 낳았다."라고 하였으며 또 "임신했을 때 소경으로 하여금 북을 치고 악기를 연주하며 시를 읊게 하였다."라고 하였다.
6 (개사開士는) 열어 보여(開) 인도하는(導) 선비이니 보살을 말한다.
7 십무진계十無盡戒.*

지음에 반드시 토대에서 시작해야 하니, 한갓 허공에 가설한다면 끝내 이루지 못하는 것과 같습니다. 저의 몽매함을 헤아리지 못하고 또한 듣자오니, 공자와 노자와 석가 문중이 모두 녹여서 주조하는 것을[8] 바탕으로 하는데, 법칙과 위의가 없다면 누가 장차 우러러보겠습니까?

참으로 석가능인께서는 본래 화상이시고 문수사리께서도 일찍이 아사리가 되셨듯이, 반드시 인간의 스승에 의지하여 훌륭한 가르침을 나타내어 전하셔서 가까이로부터 먼 곳에 이르기까지 감응해서 마침내 통해질 것입니다.

살타파륜薩陀波崙[9]은 무갈無竭[10]에게 골수를 뽑아 주었고 선재동자는 법계에서 자신의 몸을 잊었으니, 경전에 분명한 문장이 있는데 감히 억지 얘기를 하겠습니까? 부처님의 말씀을 깊게 믿고 마침내 밝은 인도를 따를 뿐입니다.

천태 지의 선사는 불법 중의 용상龍象이라, 동진으로 출가하여 계행의 구슬이 원만하고 청정하며(因淨)[11] 나이가 예순(耳順)이 될 무렵에[12] 선정의 물결이 깊고도 맑아 그 고요함으로 인해 지혜가 나타나서 걸림 없는 변재에 편안하고 남을 앞세우고 자기를 뒤에 놓아 성대한 덕풍을 겸손하게 사양하셨으니, 명성이 널리 알려져 많은 사람들이 아는 바입니다.

제자가 그런 까닭으로 지극한 정성을 멀리까지 쏟아서 배를 보내 영접

＊십무진계十無盡戒 : 대승 보살이 지키는 십중대계를 말한다.
8 녹여서 틀에 부어 주조함이다.
9 한역하면 상제常啼이다.
10 갖추어 말하면 '담무갈曇無竭'이고, 한역하면 법기法起이다. 무갈이 중향성衆香城에서 반야경전의 가르침을 연설한다는 말을 상제가 듣고는 뼈를 두드려 골수를 뽑아내어 가서 가르침을 구하였다.
11 『弘明集』에는 '원정圓淨'으로 되어 있다.
12 『論語』에서는 "나이 60이면 (들리는 것이) 귀에 거슬리지 않는다."라고 하였으니, 소리가 들어오면 마음에 깨달아져서 거슬리는 바가 없고 사리를 모두 통달하여 귀에 들어오는 것이 도리를 따르지 않는 바가 없음을 말한 것이다.

하게 하였으나 매번 인연이 어긋나서 곤란을 당할까 두려워하였더니[13] 또한 (선사가 왕궁에) 머물게 되어서는 마음길이 활짝 열렸고, 구름과 안개 같은 법문을 해 주심에 이르러서는 번뇌가 사라지게 되었습니다.

삼가 개황開皇 11년(591) 11월 23일인 지금, 총관摠管 금성金城에서 천 명의 승려에게 소반疏飯을 베풀고 공경히 선사를 오시게 해서 보살계를 내려 주시도록 했습니다.

계는 '효孝'라 하고[14] 또는 '제지制止'[15]라 하니, 방편과 지도智度로[16] 어버이에게 귀의하여 받들기를 극진히 하고, 이러한 수승한 복으로써 받들어 존귀한 황후를 돕겠습니다. 그리하여 큰 장엄을 짓기를 여래의 자비와 같이 하고 모든 부처님의 사랑을 넓혀서 사생四生을 동등하게 보기를 마치 외아들처럼 여기도록 하겠습니다.

제자는 오늘로 라훌라의 업을 심어 세세생생 불가에 환생하기를 마치 일월등명불의 여덟 왕자나 대통지승여래의 열여섯 사미와 같이할 것이며, 권속의 인연으로 법답게 무리를 이루어 모두 유위의 흐름에서 벗어나 무위의 경지에 이르며, 육바라밀을 균등하게 하고 사등四等(사무량심)을 조화롭게 하여 다함없는 중생을 끊임없이 제도할 것입니다. 처음 시작하는 마음에서 큰 서원(僧那)을 맺어 마침내 큰 자비로써 위험한 중생에게 나아

---

13 왕이 보살계를 받고자 하여 서신을 보내 여러 번 청하였으나 선사가 처음에는 자신의 덕이 부족하다고 하였고, 다음에는 이름 있는 스님에게 양보하였다가 후에는 동학同學을 천거하였다. 세 번이나 사양하였으나 피하지 못하게 되어서야 비로소 궁궐에 나아갔다.

14 부모에게 효도로 순종하려면 반드시 선행을 닦아야 하니 선행이 이치에 어긋나지 않는 것이 바로 지계持戒이다.

15 제지는 계의 다른 이름이니, 선을 지어 실천하고 악을 그쳐 끊어지게 하는 것이다.

16 『淨名疏』에서는 "방편은 권지權智이니, 권지를 밖으로 써서 이루어지게 하는 것이 마치 아버지가 (자식의) 성장을 도모하는 것과 같다. 지도智度는 실지實智이니, 실지는 법신을 드러내는 힘이 있기 때문에 마치 어머니가 자식을 낳는 것과 같다."라고 하였다.
＊방편은~같다 :『維摩經略疏』권9(T38, 687c11~13).

가되[17] 법계와 같이 드넓고 멀리하며[18] 허공과 같이 끝까지 다하여[19] 구족하게 성취할 것이오니 모두가 서원의 바다를 원만하게 하여지이다.

양광楊廣이 합장하옵니다.[20]

晉王受菩薩戒疏【即隋煬帝】[1)]

使持節[2)]上柱國太尉公楊州摠管諸軍事, 楊州刺史晉王弟子楊廣, 稽首奉請十方三世諸佛·本師釋迦如來·當降此土補處彌勒·一切尊經無量法寶·初心以上金剛以降諸尊大權摩訶薩埵·辟支緣覺獨脫明悟二十七賢聖『釋籤』云: "阿含有十八學人·九無學人. 十八學人者: 一信行, 二法行, 三信解, 四見得, 五身證, 六家家, 七一種子, 八向初果, 九得初果, 十向二果, 十一得二果, 十二向三果, 十三得三果, 十四中般, 十五生般, 十六有行, 十七無行, 十八上流. 九無學人者: 一思, 二進, 三退, 四不退, 五不動, 六住, 七護, 八慧, 九俱." 此中, 信法二行是賢, 餘皆名聖.『輔行』·『成論』亦有二十七賢聖, 與此少異.}他心道眼, 乃至三有最頂十八梵王·六欲天子·帝釋天主·四天大王·天仙龍神, 飛騰隱顯, 任持世界, 作大利益, 守塔衛法, 防身護命, 護淨戒無量善神, 咸願一念之頃, 承佛神力, 俱會道場, 證明弟[3)]子誓願, 攝受弟子功德. 竊以識暗萌

---

17 두 구절(처음~나아가되)은『肇論』의 문장이다. 승나僧那는 한역하면 큰 서원이다.
18 끝이 없다.
19 다함이 없다.
20 왕이 계사戒師에게 의복과 물품 58가지와 비백飛白*과 제전諸篆**등의 40여 글자를 직접 쓴 용어龍魚를 베풀었다(襯).*** ○승려에게 공양을 겸하여 보시하는 것을 친친襯이라 한다. 비백飛白은 후한後漢의 채옹蔡邕이 만든 것이다.『歸田錄』에서는 "무릇 비백 필체는 물건의 형상을 점 찍어 표현하는데 오직 점 찍는 것이 가장 어렵다."라고 하였다.
 *비백飛白 : 한자 글씨체인 십체十體의 하나로 먹으로 채워지지 않는 흰 부분을 남기며 긋는 운필법이다. 중국 후한 때 채옹蔡邕이 만든 서체로 팔분八分과 비슷하지만 획을 나는 듯이 그어 그림처럼 쓴 글씨체이다.
 **제전諸篆 : 고문古文·대전大篆·주문籒文·소전小篆·예서隸書·장초章草·행서行書·팔분八分·비백飛白·초서草書 등 열 가지 서체에서 대전·소전 등을 말한다.
 ***왕이~베풀었다 : 이 주는 성화본『緇門警訓』에 그대로 나온다.

輿, 即如來性, 無明*俯墜, 本有未彰. 理數斯歸【理數者, 天道至妙, 因數可以明其理, 盖理因數顯, 數假理出故, 理數可相倚而不可違也.】, 物極則反, 欲顯當果, 必積于因. 是調御世雄, 備歷生死, 草木爲籌, 不可勝計, 恒沙集起,【恒河, 亦云殑伽河. 阿耨達池, 四面各出一河, 東銀牛口, 出殑伽河, 其沙極細而多, 以喩過去受生之數難量也.】固難思議. 深染塵勞, 方能厭離, 法王啓運, 本化菩薩, 譬[4]如日出先照高山; 隨逗根宜, 權[5]爲方便, 如彼衆流咸宗大海. 弟*子基承積善, 生在皇家, 庭訓早趍,[6] 胎敎夙漸,【胎, 『弘明集』作胎敎. 『列女傳』: "太妊有娠, 目不視惡色, 耳不聽淫聲, 口不言傲言, 能以胎敎子而生昌." 又"孕子時, 使瞽者鼓樂誦詩".】福理攸鍾, 妙機須悟. 耻崎嶇於小逕, 希優遊於大乘; 笑止息於化城, 誓舟航於彼岸. 但開土【即開導之土, 謂菩薩也.】萬行, 戒善爲先; 菩薩十受【十無盡戒.】, 專持最上. 諭造宮室, 必因基址, 徒架虛空, 終不成立. 弗揆庸懵,[7] 抑又聞之, 孔·老·釋門, 咸資鎔鑄【鎔融陶鑄也.】, 不有軌儀, 孰將安仰? 誠復釋迦能仁, 本爲和尙, 文殊師利冥作闍梨, 而必藉人師, 顯傳聖授, 自近之遠, 感而遂通. 薩陀波崙【此云常啼.】, 罄[8]髓於無竭,【其云曇無竭, 此云法起. 常啼聞無竭在衆香城說般若, 叩骨取髓而求之.】善財童子, 忘身於法界, 經有明文, 敢爲臆說? 深信佛語, 聿[9]遵明導. 天台智顗禪師, 佛法龍象, 童眞出家, 戒珠因淨【『弘明集』作圓淨.】, 年將耳順,【『論語』"六十耳順", 言聲入心通, 無所違逆, 事理皆通, 入耳無不順.】定水淵澄, 因靜發慧, 安無礙辯, 先物後已, 謙挹盛風, 名稱普聞, 衆所知識. 弟子所以虔誠遙注, 命檝遠延, 每畏緣差, 値諸留難.【王欲受菩薩戒, 致書累請, 師初陳寡德, 次讓名僧, 後擧同學, 三辭而不能免, 乃赴之.】亦旣至止, 心路豁然, 及披雲霧, 即消煩惱. 謹以今開皇十一年十一月二十三日, 摠管金城設千僧䟽飯, 敬屈禪師, 授菩薩戒. 戒名爲孝,【孝順父母, 必須修善, 善不違理, 即是持戒.】亦名制止【制止, 戒之別名, 制善令行, 止惡令斷.】, 方便智度【『淨名䟽』云: "方便是權智, 權智外用, 能有成辦, 如父營求長成. 智度即是實智, 實智有能顯出法身之力, 故如母能生."】, 歸親奉極, 以此勝福, 奉資至尊皇后, 作大莊嚴, 同如來慈, 普諸佛愛, 等視四生, 猶如一子. 弟子即日, 種羅睺業, 生生世世, 還生佛家, 如日月燈明之八王子, 如大通智勝十六沙彌, 眷屬因緣, 法成等侶, 俱出有流, 到無爲地. 平均六度, 恬和四等, 衆生無盡, 度脫不窮. 結僧那於始心, 終大悲以赴難.【兩句, 即『肇論』文. 僧那, 此云弘誓.】博遠如法界【無邊】, 究竟若虛空【無盡】, 具足成就, 皆滿願海. 楊廣和南.【王襯戒師, 衣物五十八事, 親書龍魚飛白諸篆四十餘字. ○供僧兼施曰襯. 飛白, 後漢蔡邕所造. 『歸田錄』曰: "凡飛白以點畫像物形, 唯點最難工."】

---

1) ㉠ 即隋煬帝 : 이 글자들은 원문의 협주이다. 2) ㉠ '節'은 '莭'로 되어 있는 곳도 있다. 3) ㉠ '弟'는 '第'로 되어 있는 곳도 있다. 아래에도 같다. 4) ㉠ '譬'는 '嚾'로 되어 있는 곳도 있다. 5) ㉠ '權'은 '攉'으로 되어 있는 곳도 있다. 6) ㉠ '趂'는 '趨'로 되어 있는 곳도 있다. 7) ㉠ '憎'은 '憯'으로 되어 있는 곳도 있다. 8) ㉠ '馨'은 '磬'으로 되어 있는 곳도 있다. 9) ㉠ '聿'은 '律'로 되어 있는 곳도 있다.

무주 좌계산 현랑 선사가 영가 대사에게 산에 살기를 권유한 글[1]

영계靈溪에 도착한 뒤로는 마음이 매우 편안하여
높고 낮은 산봉우리에 석장을 흔들며 항상 노닐고 있습니다.
돌집과 바위굴에 먼지를 털고 편안히 앉으니
푸른 솔과 맑은 못에 밝은 달이 저절로 생겨납니다.
바람이 흰 구름을 쓸어 감에 시선을 천 리 밖으로 던져 보니
이름난 꽃과 향기로운 과실을 벌과 새들이 물어 나르고
원숭이의 휘파람 소리는 길게 이어져 원근에서 모두 들려오니
호미 자루를 베개 삼고 가녀린 풀잎으로 포단을 삼습니다.
세속은 험악하여 남과 나를 다투니
마음을 통달하지 못했기에 이와 같을 뿐입니다.
만약 조금의 시간이라도 있으시면 부디 저를 찾아오시기 바랍니다.

婺州左溪山朗[1]**禪師召永嘉大師山居書**【溪山朗尊者, 東陽傳大士六世孫, 所居左縈碧澗, 故號曰左溪.】

自到靈溪, 泰然心意.

高低峯頂, 振錫常遊.

石室巖龕, 拂乎宴坐.

靑松碧沼, 明月自生.

風掃白雲, 縱目千里.

名花香果, 蜂鳥啣將.[2]

---

1 좌계산 현랑玄朗 존자는 동양東陽 부대사傅大士의 6세손이다. 거처하던 곳의 왼편으로 푸른 계곡이 둘러져 있었기에 호를 '좌계左溪'라 하였다.

猿嘯長吟, 遠近皆聽.

鋤頭當枕, 細草爲氈.

世上崢嶸, 兢爭人我.

心地未達, 方乃如斯.

儻有寸陰, 願垂相訪.

---

1) ㉮ '朗'은 '卽'으로 되어 있는 곳도 있다. 2) ㉯ '將'은 '捋'로 되어 있는 곳도 있다.

영가 대사의 답서

　작별한 이후로 지금까지 몇 해가 지났습니다. 멀리서 마음으로 그리워함에 때로는 근심스럽기도 하였는데, 보내 주신 편지를 문득 받아 보니 걱정이 없어졌습니다. 편지를 주신 뒤로는 존체가 어떠하신지요? 법미法味가 정신을 도우므로 응당 맑고 즐거우실 것입니다. 제가 잠깐 시간을 내어 스님의 말씀을 삼가 읊어 보니, 이는 말로써 표현할 수가 없습니다.[1]

　편지를 받아 보니, 절개와 지조를 품고 깊은 곳에 홀로 머물며 세속의 자취를 끊고 산골짜기에 몸을 숨겨 친한 벗과도 왕래를 끊고서 새와 짐승들과 때때로 노닐며, 밤새 끝없이 이어지고 아침까지 고요하여 보고 듣는 것이 모두 그침에 마음의 번뇌가 고요해져서 외로운 봉우리에 홀로 머물고 나무 그늘에 단정히 거처하며 번거로움을 쉬고 도를 음미한다 하시니, 진실로 그와 같을 것입니다.[2]

　그러나 바른 도는 고요하여 비록 수행하더라도 알기 어렵고, 삿된 무리는 떠들썩하여 익히지 않아도 가까이하기 쉽습니다. 만약 현묘한 종지에 견해가 계합하고 참된 뜻에 수행이 부합하는 자가 아니라면 한적하게 머물며 졸렬함을 안고서 일생을 살았다고 스스로 말할 수 없을 것입니다. 응당 선지식에게 널리 물음에 가슴 깊이(膺) 엎드려(伏)[3] 정성을 간절히 하고, 합장하여 무릎을 꿇은 채 생각과 용모를 단정히 하며, 아침저녁으로 피로함을 잊고서 시종일관 경건히 우러러 몸과 입의 업을 꺾고 태만함을 없애서 몸뚱이를 돌아보지 않고 지극한 도에 오로지 정미하게 한 자라야만 정신과 마음을 맑힌다고 할 수 있겠습니다.[4]

1　이상은 문안을 여쭈었고 아래는 (상대방의) 뜻을 이해함이다.
2　아래는 자기 자신을 살피고 벗을 구함이다.
3　(응膺은) 가슴이니, 머리를 가슴에 붙여 엎드리는 것이다.
4　아래는 은둔하여 거처하는 득실이니 먼저 이득을 밝혔다.

무릇 오묘한 이치를 얻고 현묘한 종지를 탐구하고자 하는 것은 실로 용이한 일이 아닙니다. 결단하여 선택할 때에는 마치 얇은 얼음을 밟듯이 하여 반드시 귀와 눈을 기울여 현묘한 법음法音을 받들고, 망정의 티끌을 말끔히 씻어 그윽한 이치를 맛보며, 말을 잊고 뜻을 편안히 하여 번뇌를 씻고 미묘한 이치를 맛보아 저녁에는 삼가고 아침에는 물어서 한 터럭만큼이라도 함부로 하지 말아야 합니다. 이와 같으면 몸뚱이를 산골짜기에 숨겨서 세속의 번거로움을 잠재우고 무리들과의 인연을 끊을 수 있을 것입니다.[5]

혹 마음길이 통하지 않아 외물을 대할 때마다 막힘이 생기는데도 시끄러움을 피해 고요함을 구하고자 한다면 온 세상에 그런 방법은 있지 않을 것입니다.

하물며 빽빽이 늘어선 숲과 우뚝 솟은 가파른 언덕에 새와 짐승이 슬피 울고 소나무와 대나무가 빽빽하며, 물속의 바위가 높이 솟아 있고 바람 부는 가지가 쓸쓸하며, 등나무가 얽혀 있고 구름과 안개가 자욱하며, 절기마다 사물이 피고 지며 아침저녁으로 어둠과 밝음을 반복하니, 이러한 갖가지 모습들이 어찌 시끄럽고 번잡한 것이 아니겠습니까? 그러므로 견혹見惑에 오히려 얽혀 있으면 부딪치는 길마다 막힘이 될 뿐임을 알 수 있습니다.[6]

그러므로 먼저 반드시 도를 알고 난 뒤에 산에 거처해야 합니다. 만약 도를 알지 못하고서 먼저 산에 거처하는 자는 단지 그 산을 볼 뿐 반드시 그 도를 잊을 것이고, 아직 산에 거처하지 않더라도 먼저 도를 아는 자는 단지 그 도를 볼 뿐 반드시 그 산을 잊을 것입니다. 산을 잊으면 도의 성품이 정신을 기쁘게 할 것이고, 도를 잊으면 산의 형상이 눈을 현혹시킬

---

5 아래는 손실을 밝혔다.
6 아래는 도道를 기준으로 해서 (산에 거처하는) 득실을 결론지었다.

것입니다. 그러므로 도만 보고 산을 잊은 자는 세속에서도 고요할 것이고, 산만 보고 도를 잊은 자는 산중에서도 시끄러울 것입니다.[7]

오음五陰에 아我가 없는 줄 요달해야 할 것이니, 무아인데 누가 세속에 머무는 것입니까? 만약 오음과 육입六入이 허공과 같은 줄 안다면, 허공이 모인 것인데 어찌 산골짜기와 다르겠습니까? 만일 삼독三毒을 떨쳐 버리지 못하고 육진六塵이 여전히 어지러우면 몸과 마음이 서로 모순될 것이니, 세속의 시끄러움과 산속의 고요함을 어찌 상관하겠습니까?[8]

또한 도의 성품은 텅 비어 공허하고 만물은 본래 얽힌 것이 아니며 참된 자비는 평등하니, 소리와 형색이 어찌 도가 아니겠습니까? 다만 보는 것이 전도되어 미혹이 생겨나서 마침내 윤회하게 되었을 뿐입니다. 만약 경계가 존재하는 것이 아님을 요달할 수 있으면, 눈에 보이는 것이 도량 아님이 없으며 요달할 것도 본래 없음을 알 것입니다. 그러므로 반연하지 않고서도 비출 수 있으니, 원융한 법계에 이해와 미혹이 어찌 다르겠습니까?

중생에게 나아가서 자비를 밝히고 상념想念에 나아가서 지혜를 밝히니, 지혜가 생기면 법을 응당 원만히 비출 터인데 경계를 떠나면 어떻게 볼 수 있겠습니까? 자비심이 일어나면 근기에 합당하게 통틀어 거두어야 하니, 중생과 어긋나면 어찌 제도할 수 있겠습니까? 중생을 다 제도하여야 자비가 크고 경계를 다 비추어야 지혜가 뚜렷해질 것이니, 지혜가 뚜렷하면 시끄러움과 고요함을 똑같이 볼 것이고, 자비가 크면 원수와 친한 이를 널리 구제할 것입니다. 이와 같다면 어찌 산골짜기에 오래 거처할 필요가 있겠습니까? 머무는 곳에 따라 인연에 맡길 뿐입니다.[9]

---

7 아래는 수행을 기준으로 해서 (산에 거처하는) 득실을 결론지었다.
8 아래는 자비와 지혜가 도道에 연유하였음을 밝혔다.
9 아래는 시끄럽고 고요함이 사람에게 달려 있으니 먼저 시끄럽고 고요함을 모두 따져서 밝혔다.

하물며 모든 만물은 텅 비고 원융하며 일체 마음은 적멸하여 본래부터 존재하지 않는데, 그 누가 굳이 '없다'고 하겠습니까? 무슨 시끄러움이 시끄럽다고 할 만한 것이며, 무슨 고요함이 고요하다고 할 만한 것이겠습니까? 만약 외물과 내가 하나임을 안다면 저곳이나 이곳이나 도량 아닌 곳이 없을 텐데, 다시 어찌 세속에서 시끄럽고 혼잡함을 좇으며 산골짜기에서 고요하고 쓸쓸함을 펼치겠습니까? 그러므로 움직임을 버리고 고요함을 추구하는 것은 목칼을 싫어하면서 쇠고랑을 좋아하는 격이고, 원수를 떠나고 친한 이를 가까이하는 것은 수레감옥을 싫어하면서 죄인덮개를 좋아하는 격입니다.[10]

만약 시끄러운 데에서 고요함을 사모할 수 있다면 저잣거리도 참선하는 자리 아닌 곳이 없으며, 역경계를 거두어 순경계로 받아들일 수 있다면 원수와 빚진 이도 본디 착한 벗일 것입니다. 이와 같다면 위협하여 빼앗거나 헐뜯으며 욕하는 자가 어찌 나의 본사本師가 아니겠습니까? 아비규환의 시끄럽고 번잡함도 적멸 아님이 없을 것입니다.[11]

그러므로 오묘한 도는 형상이 없으나 온갖 형상이 그 이치를 어기지 않으며, 진여는 적멸하나 모든 메아리가 그 근원을 달리하지 않습니다. 이를 미혹하면 견해가 전도되어 미혹이 생겨나고, 이를 깨달으면 역경계이든 순경계이든 자리할 곳이 없음을 알 수 있습니다. 고요하고 한적함은 존재하지 않으나 인연이 모이면 생겨날 수 있고, 높고도 높은 것은 없지 않으나 인연이 흩어지면 소멸될 수 있습니다. 소멸이 이미 소멸이 아닌데 무엇으로써 소멸을 소멸시키며, 생겨남이 이미 생겨남이 아닌데 무엇으로써 생겨남을 생겨나게 하겠습니까? 생겨남과 소멸이 텅 비고 나면 실상實相이 항상 머물 것입니다.[12]

---

10 아래는 그다음으로 시끄럽고 고요함을 함께 회통시켰다.
11 아래는 시끄럽고 고요함을 함께 결론지었다.
12 아래는 선정과 지혜에 근거하여 책망하였다.

그러므로 선정의 물줄기가 잠잠히 흐르면 어떤 망념의 티끌을 씻지 못하며, 지혜의 등불이 밝게 타오르면 어떤 미혹의 안개를 떨치지 못하겠습니까? 이것을 어기면 육취六趣에 순환할 것이고, 이것을 회통하면 삼악도에서 멀리 벗어날 것입니다. 이와 같은데 어째서 지혜의 배를 타고서 법의 바다에 노닐지 않고 산골짜기에서 바퀴축이 부러진 수레를 몰고자 합니까?[13]

그러므로 사물의 종류가 많지만 그 성품은 본래 하나이며 신령스러운 근원은 고요하지만 비추지 않고도 알 수 있으니, 실상은 본래부터 진실하며 신령한 지혜는 만든 것이 아님을 알 수 있습니다. 사람이 미혹하면 '잃었다' 하고 사람이 깨달으면 '얻었다' 하니, 얻고 잃음이 사람에게 달려 있을 뿐, 어찌 움직임과 고요함에 상관하겠습니까? 비유컨대 아직 배에 오를 줄 모르면서 그 물줄기가 굽은 것을 원망하려는 것과 같습니다.[14]

만약 현묘한 종지를 오묘하게 잘 알아 마음을 비워 그윽이 계합할 수 있다면 움직임과 고요함이 항상 법답고 말과 침묵이 늘 법다워서 고요하여 돌아갈 바가 있고 편안하여 끊어짐이 없을 것입니다. 이와 같으면 산골짜기에서 소요하고 성 밖 저잣거리에서 활달하게 다님에 몸가짐은 자유로우나 속마음은 고요하여, 편안함이 안에서 쉬고 한가로움이 밖으로 드날릴 것입니다. 그리하여 그 몸은 얽매인 듯하나 그 마음은 태연하여, 모습을 천하에 드러내고 그윽한 영혼을 법계에 잠기게 할 수 있습니다. 이와 같으면 근기가 감득하는 대로 응하여 저절로 맞아 따로 준칙이 없을 것입니다.[15]

편지에 답하여 이처럼 간략히 적으니 나머지 말을 다시 어찌 펼치겠습니까? 만약 뜻을 함께하는 벗이 아니면 어찌 감히 가볍게 범촉하겠습니

---

13 아래는 미혹과 깨달음에 근거하여 책망하였다.
14 아래는 종지를 결론지어 근기에 응함을 밝혔다.
15 아래는 겸손한 속내를 서술하였다.

까? 한적한 여가에 때때로 잠시 생각해 보시기 바랍니다. 저의 무례한 답변이 필시 그대에게 해당됨이 없을 것이니, 다 보고 난 뒤에 불쏘시개로 사용해 주십시오. 이만 줄이겠습니다.

도반 현각 합장.

永嘉答書

自別已來, 經今數載. 遙心眷想, 時復成勞, 忽奉來書, 適然無慮. 不委信後道體如何? 法味資神, 故應淸樂也. 粗得延時, 欽詠德音, 非言可述.【上問候, 下領旨.】承懷節操, 獨處幽棲, 泯跡人間, 潛形山谷, 親朋[1]絕往, 鳥獸時遊. 竟夜綿綿, 終朝寂寂, 視聽都息, 心累闃然, 獨宿孤峰, 端居樹下, 息繁餐道, 誠合如之.【下省己求友.】然而正道寂寥, 雖有修而難會; 邪徒喧擾, 乃無習而易親. 若非解契玄宗, 行符眞趣者, 則未可幽居抱拙, 自謂一生歟! 應當博問先知, 伏膺【膺也, 謂首俯伏於胸也.】誠懇, 執掌屈膝, 整意端容, 曉夜忘疲, 始終虔仰, 折挫身口, 蠲矜怠慢, 不顧形骸, 專精至道者, 可謂澄神方寸歟!【下隱居得失, 先明得.】夫欲採妙探玄, 實非容易. 決擇之次, 如履輕氷, 必須側耳目而奉玄音, 肅情塵而賞幽致, 忘言宴旨, 濯累餐微, 夕惕朝詢, 不濫絲髮, 如是則乃可潛形山谷, 寂累絕群哉!【下卞失.】其或心徑未通, 矚物成壅, 而欲避喧求靜者, 盡世未有其方. 況乎欝欝長林, 峩峩聳峭, 鳥獸鳴咽, 松竹森梢, 水石崢嶸, 風枝蕭索, 藤蘿縈絆, 雲霧氤氳, 節物衰榮, 晨昏眩晃, 斯之種類, 豈非喧雜耶? 故知見惑尙紆, 觸途成滯耳.【下約道結得失.】是以先須識道, 後乃居山. 若未識道而先居山者, 但見其山, 必忘其道; 若未居山而先識道者, 但見其道, 必忘其山. 忘山則道性怡神, 忘道則山形眩目. 是以見道忘山者, 人間亦寂也; 見山忘道者, 山中乃喧也.【下約行結得失.】必能了陰無我, 無我誰住人間? 若知陰入如空, 空聚何殊山谷? 如其三毒未袪, 六塵尙擾, 身心自相矛盾, 何關人山之喧寂耶?【下悲智由道.】且夫道性冲虛, 萬物本非其累; 眞慈平等, 聲色何非道乎? 特因見倒

惑²⁾生, 遂成輪轉耳. 若能了境非有, 觸目無非道場, 知了本無. 所以不緣
而照, 圓融法界, 解惑何殊? 以含靈而辨悲, 即想念而明智, 智生則法應圓
照, 離境何以能³⁾觀? 悲起則機⁴⁾合通收, 乖生何以能度? 度盡生而悲大,
照窮境以智圓. 智圓則喧寂同觀, 悲大則怨親普救. 如是則何假長居山谷?
隨處任緣哉!【下喧寂在人, 先雙蔽喧寂.】況乎法法虛融, 心心寂滅, 本自非
有, 誰强言無? 何喧擾之可喧, 何寂靜之可寂? 若知物我冥一, 彼此無非道
場, 復何徇喧雜於人間, 散寂寞於山谷? 是以釋動求靜者, 憎枷愛杻也; 離
怨求親者, 厭檻忻籠也.【下次雙會喧寂.】若能慕寂於喧, 市廛無非宴坐; 徵
違納順, 怨債由來善友矣. 如是則劫奪毀辱, 何曾非我本師? 叫喚喧煩, 無
非寂滅.【下雙結喧寂.】故知妙道無形, 萬像不乖其致; 眞如寂滅, 衆響靡異
其源. 迷之則見倒惑生, 悟之則違順無地. 聞寂非有, 緣會而能生; 裒嶷非
無, 緣散而能滅. 滅旣非滅, 以何滅滅? 生旣非生, 以何生生? 生滅旣虛,
實相常住矣.【下約定慧責.】是以定水滔滔, 何念塵而不洗? 智燈了了, 惑
霧而不祛? 乖之則六趣循環, 會之則三塗迥出. 如是則何不乘慧舟而遊法
海, 而欲駕折軸於山谷者哉?【下約迷悟責.】故知物類紜紜, 其性自一, 靈源
寂寂, 不照而知, 實相天眞, 靈智非造. 人迷謂之失, 人悟謂之得. 得失在於
人, 何關動靜者乎? 譬夫未解乘舟, 而欲怨其水曲者哉!【下結旨應機.】若能
妙識玄宗, 虛心冥契, 動靜常矩, 語默恒規, 寂爾有歸, 恬然無間. 如是則乃
可逍遙山谷, 放曠郊鄽, 遊逸形儀, 寂怕心腑, 恬澹息於內, 蕭散揚於外, 其
身兮若拘, 其心兮若泰, 現形容於寰宇, 潛幽靈於法界. 如是則應機有感,
適然無準矣.【下叙謙光.】因信略此, 餘更何申? 若非志朋, 安敢輕觸? 宴寂
之暇, 時暫思量. 予必誑言無當, 看竟, 廻充紙燼耳. 不宣. 同友玄覺和南.

---

1) ㉘ '朋'은 '明'으로 되어 있는 곳도 있다. 2) ㉘ '惑'은 '或'으로 되어 있는 곳도 있다. 3) ㉘ '能'이 없는 곳도 있다. 4) ㉘ '起則機'가 '悲智理'로 되어 있는 곳도 있다.
㉠ 이 부분이 『禪宗永嘉集』 언해본에는 '觀悲悲智理'로 되어 있는데, 훗날 함허 스님이 『禪宗永嘉集』에 설의說誼를 달면서 '能觀悲起則機'로 고쳤으니, 그 이후에 나온 문헌들은 두 가지 형태가 혼재하게 되었다.

천태 지원 법사의 참회문

내가 생각해 보니 시작 없는 겁으로부터
뚜렷이 밝은 성품을 잃고 번뇌를 일으켜
나고 죽는 윤회를 받아
갖가지 다른 형상과 모습으로 고초를 겪었도다.
숙세에 지은 작은 선행에 힘입어 인간 세상에 태어나서
유풍을 이어받아 출가하게 되었으니
먹물옷 입고 삭발한 사문의 모습이로되
계율과 재법齋法을 무너뜨리고 허물만 많도다.
살아 있는 생명을 해치며 자비로운 마음이 없고
육식을 하며 더러운 몸을 길렀고
여러 사람들의 재물과 음식을 함부로 침범하였고
삼보의 물건을 바꿔 쓴 적이 많도다.[1]

---

1 운개 수지雲盖守智 선사가 비 개인 어느 날 저녁에 차가운 달이 희미하게 비칠 때에 방장실에서 좌선하고 있었다. 막 이경(11~1시)이 되려 할 때 홀연히 고기 굽는 듯한 냄새를 맡았는데, 갑자기 칼과 차꼬 소리가 들리기에 문을 열어 보니 칼을 쓰고 포승줄을 둘러맨 채 칼 위로는 불길이 일어났다가 다시 사그라들며 방장실 앞에 서서 칼끝을 문턱에 기대고 서 있는 특이한 용모를 가진 이가 있었다. 수지 선사가 말했다. "그대는 누구시길래 어찌하여 이러한 고통을 받습니까?" 칼을 쓴 이가 말했다. "저는 전생에 이 산에 머물렀던 수옹守顒입니다." 수지 선사가 크게 놀라며 말했다. "스님이 이 산에 사실 때에 사원이 일신되고 도풍이 멀리까지 전파되었기에 사선천四禪天이 아니면 거처하기 부족할 것이라 생각했는데, 어찌하여 이와 같습니까?" 수옹이 말했다. "제가 사원을 수리하는 20년 동안 화주들이 승려에게 준 공양물을 서로 바꿔 쓰지 않았는데, 후에 승당을 지으며 승려들의 공양물을 바꿔 썼다가 아직까지 충당하지 못하였기에 고통을 받음이 이러한 지경에 이르렀습니다." 수지 선사가 말했다. "어떤 방편을 쓰면 고통을 면할 수 있겠습니까?" 수옹이 말했다. "바라건대 자비를 베푸시어 승당을 다시 매각하여 대중의 공양물을 원만히 충당하여 주십시오." 수지 선사가 말했다. "아주 오래된 일인데 어떻게 믿겠습니까?" 수옹이 말했다. "당시에 수리하는 일을 마치고 곧 충당해 넣으려 했는데 느닷없이 죽게 되었습니다. 낡은 대바구니에 단월의 이름을 채워 창고의 시렁 위에 놓아두었으니 아마도 지금 있을 것입니다." 다음 날 대중과 함께 창고에 가 보니

삿된 생활과 나쁜 방법으로 구함에 만족함이 없으며
음행에 빠지고 술을 좋아하여 더욱 피폐해졌으며
부처님을 업신여기고 승려를 무시하며 대승을 비방하였고
의리를 등지고 어버이를 저버렸으며 스승을 헐뜯었네.
허물을 꾸미고 잘못을 포장하여 자신의 덕을 드날렸고
재앙을 바라고 화를 즐거워하며 다른 사람의 재능을 덮었으며
거짓으로 속이고 사기 쳐서 이익과 명성에 전전긍긍하였고
시비를 싸워 얽어서 남과 나를 다투었네.
악한 생각과 삿된 망념을 잠시도 쉬지 않고
가볍게 들뜨고 요동치며 산란함을 그친 적이 없어
세상일을 좇는 것에는 더욱 정미롭게 하고
불경을 수지독송하는 것에는 오직 고달프기만 하였네.
밖으로는 위의를 드러내나 속임수만 더하였고
안으로는 아만심을 품어 더욱 거칠고 거만하였으며
훈습하여 닦는 일을 게을리하고 내키는 대로 잠을 잤으며
아끼고 질투하고 탐욕스러움에 부끄러워함이 없었네.

장목帳目(시주자의 이름을 기록한 대장)이 과연 있었다. 의발과 승당을 경매하여 마침내 충당하게 하였더니 5년 만에 충족되었다. 훗날 꿈에 수옹이 와서 사례하며, "선사의 힘을 입어 다행히 지옥의 고통을 면하고 사람 몸으로 태어났으니 삼생 후에는 다시 승려가 될 것입니다."라고 하였다. 이로써 보건대 승려의 공양물을 이용하여 승당을 짓는데 돌려주려 하였으나 그렇게 하지 못해서 오히려 이러한 과보를 받거늘, 지금에 인과를 무시하는 자가 재물의 이익을 바꿔 쓰고 심지어 상주물을 도둑질하여 자기의 소유로 삼으니 어떻게 되겠는가? 저 눈 밝은 이도 바꿔 쓴 죄(互用罪)를 입어 오히려 고통의 과보를 받았는데, 하물며 갖가지 번뇌에 속박된 사람이 삼보의 물건을 취하여 사사로이 쓴 죄가 어찌 가벼울 수 있겠는가? 또 동산東山 연공淵公은 행업이 고결하였는데, 동산으로부터 오봉으로 옮겨와서 부젓가락이 동산의 방장실에서 쓰던 것과 다름이 없음을 보고는 마침내 노비에게 말하였다. "동산 방장실의 물건이 아닌가?" 노비가 말했다. "그렇습니다. 피차가 상주물이라 해로울 게 없어서 가지고 왔습니다." 선사가 "무식한 너희들이 인과에 바꿔 쓴 죄가 있음을 어찌 알겠는가?"라고 하고는 급히 돌려보내게 하였다.

들판의 거친 나무를 어디에 쓸 것인가?
큰 바다는 떠다니는 시체를 오래 머물게 하지 않는다.[2]
이미 자신에게 도움이 될 만한 선행이 하나도 없으니
반드시 삼악도에 떨어져 많은 고통을 받을 것이다.
본사이신 무량수불과
관음·대세지보살과 현성승께 우러러 원하옵나니
위엄스런 광명을 함께 굴려 굽어 비추셔서
명훈가피를 함께 내리시어 다 같이 구제해 주소서.
무시이래 지금까지의 모든 업장과
육근과 삼업으로 지은 많은 허물들이
죄의 자성 공한 것을 한순간에 두루 살펴서
법계와 함께 다 같이 청정해지이다.

天台圓法師懺悔文

我念自從無始劫, 失圓明性作塵勞.
出生入死受輪回, 異狀殊形遭苦楚.
夙資少善生人道, 獲遇遺風得出家.
披緇削髮類沙門, 毀戒破齋多過患.
壞生害物無慈念, 啗肉餐膩養穢躬.[1)]
衆人財食恣侵瞞, 三寶資緣多互用.【雲盖智禪師, 一夕雨霽, 寒月微暎, 宴坐方

---

2 바다에 열 가지 덕이 있으니* 죽은 시신을 머물게 하지 않는 것이 그중 하나이다.
  * 바다에~있으니 : 『大方廣佛華嚴經』「十地品」(T10, 209a23)에는 바다의 열 가지 덕이 나오니 소개하면 다음과 같다. "첫째, 차차 점점 깊어진다. 둘째, 송장을 받아들이지 않는다. 셋째, 다른 물이 바닷속으로 들어가면 모두 본래의 이름을 잃어버린다. 넷째, 널리 똑같은 한맛이다. 다섯째, 무량한 보물이 있다. 여섯째, 바다에 닿을 수 없다. 일곱째, 광대하고 끝이 없다. 여덟째, 큰몸(大身)이 사는 곳이다. 아홉째, 조수가 기한을 어기지 않는다. 열째, 큰비를 널리 받아들이지만 넘치지 않는다."

丈. 將及二鼓, 忽聞炮炙之臭, 俄有枷鎖之聲, 開戶視之, 貌不常類, 荷枷帶索, 枷上火起而復滅, 立方丈之前, 以枷尾倚於門閫. 智曰: "汝是誰耶, 曷苦如此?" 枷下人曰: "我前住當山守顒也." 智大驚曰: "公居此山, 院宇一新, 道風遠播, 意非四禪不足處之, 云何若是?" 顒曰: "我修造二十年, 不互用化士供僧之物, 後造僧堂, 互用僧供, 猶未塡設, 受苦至此." 智曰: "作何方便可免?" 顒曰: "望以慈悲, 回賣僧堂, 塡圓衆供." 智曰: "浸久, 以何爲憑?" 曰: "當時意謂修造畢功, 即爲塡設, 無何至死. 嘗以破籠盛檀越名目, 置庫司暗閣上, 今幸存焉." 翌日集衆詣庫司, 帳目果在. 唱賣衣鉢賣僧堂, 遂爲塡設, 五年及足. 後夢顒來謝: "賴師之力, 得免獄苦, 得生人中, 三生後復爲僧." 以此而觀, 用僧供物, 造僧房屋, 願還不及, 尙受此報. 當今撥無因果者, 互用財利, 甚竊常住, 以爲己有, 爲如何哉? 彼明眼人, 被互用罪, 尙受苦報, 況具縛人取三寶物, 私用之罪, 豈可忽乎? 又東山淵公, 行業高潔, 自東山遷至五峯, 見火筯, 與東山方丈所用無異, 遂告其奴曰: "莫是東山方丈之物乎?" 奴曰: "然! 彼此常住無利害, 故將至矣." 師曰: "汝輩無識, 安知因果有互用罪?" 急令還送.】

邪命惡求無厭足, 躭淫[2)]嗜酒愈荒迷.

慢佛輕僧謗大乘, 背義孤親毀師長.

文過餙非揚己德, 幸災樂禍掩他能.

虛誑欺誣兢利名, 鬪搆[3)]是非爭人我.

惡念邪思無暫息, 輕浮掉散未嘗停.

追攀人事愈精專, 持誦佛經唯困苦.

外現威儀增諂詐, 內懷我慢更踈狂.

懶墮熏修恣睡眠, 慳嫉貪婪無愧恥.

野田穢木將何用? 大海浮屍不久停.【海有十德, 不蓄死屍, 即其一也.】

旣無一善可資身, 必墮三塗嬰衆苦.

仰願本師無量壽, 觀音勢至聖賢僧.

同軫威光俯照臨, 共賜冥加咸救拔.

無始今身諸罪障, 六根三業衆愆尤.

一念圓觀罪性空, 等同法界咸淸淨.
───────
1) ㉔ '舡'는 '軀'로 되어 있는 곳도 있다. 2) ㉔ '淫'은 '婬'으로 되어 있는 곳도 있다.
3) ㉔ '搆'는 '構'로 되어 있는 곳도 있다.

발원문

저는 원하옵건대 삶이 다하도록 다른 생각이 없고
아미타불만 따르겠으며
생각마다 늘 옥호의 광명에 매어 두고
매순간 금빛 상호를 떠나지 않으리이다.
제가 만약 다시 중생의 살점을 먹거나
술을 마시거나 음행을 하여 중죄를 짓는다면
이 몸이 산 채로 아비지옥에 떨어져서
만겁토록 구리물을 마시고 달군 쇠를 삼키리라.
원하옵건대 제가 임종 시에 질병의 고통 없이
때가 되었음을 미리 알아 혼미하지 않고
선근과 지혜로운 생각이 더욱 밝아져
업의 빚과 원수의 마군이 함께 적멸해지이다.
향기로운 법음과 천상의 음악이 허공에 가득하고
보배 궁전의 금빛 연화대가 생각대로 오며
여래의 무량한 광명을 직접 보고
일체의 성현들과 함께 이끌어서
손가락 튕기는(彈指) 순간에[1] 안락국에 올라가서는
미묘한 법문을 듣고 무생법인을 깨달아
가없는 불국토를 두루 다니면서
공양 올리고서 친히 받들어 수기를 받으리이다.
몸을 나누어 항하사 수의 세계에 두루 이르러
미진겁을 지나도록 중생을 제도하고

---

1 『僧祇律』에서는 "20념念이 일순간一瞬間이고 20순간이 일탄지一彈指이다."라고 하였다.

맹세코 사바세계의 오탁악세五濁惡世에 들어가서²
미혹한 중생들을 널리 제도하여 정각을 이루도록 하여지이다.
중생의 업이 다하고 허공계가 다하더라도
저의 서원은 끝내 변하지 않으리이다.
나아가 지금의 몸이 미래제에 이르도록
매순간 끊어짐이 없이 원만하게 닦되
삼업으로 선행을 닦아
허공계와 법계에 두루 회향하여
사은과 삼유의 여러 원수와 친한 이들을
고통의 윤회에서 함께 벗어나 정토에 태어나도록 하리이다.

發願文

我願盡生無別念, 阿彌陁佛獨相隨.
心心常繫玉毫光, 念念不移金色相.
我如再食衆生肉, 飮酒行婬作重罪.¹⁾
現身生陷大阿鼻, 萬劫洋銅吞熱鐵.
願我臨終無疾苦, 預知時至不昏迷.
善根慧念轉增明, 業債寃魔咸寂滅.
異香天樂盈空至, 寶殿金臺應念來.
親覩如來無量光, 一切聖賢同接引.
彈指『僧祇』云: "二十念爲一瞬, 二十瞬爲一彈指." 已登安樂國, 即聞妙法悟無生.
遊歷無邊佛土中, 供養親承蒙授記.
分身徧至河沙界, 歷微塵劫度衆生.

---

2 『悲華經』에서는 "사람의 수명은 8만 세인데, 3만 세에 이르기까지는 오탁악세가 있지 않다가 5만 세에 이르러서 오탁악세가 시작된다."라고 하였다.

誓入娑婆五濁中,【『悲華經』云: "人壽八萬歲, 至三萬歲, 亦末有五濁, 至五萬歲, 爲五濁之始."】普化群迷成正覺.

衆生業盡虛空盡, 我願終當不動移.

乃至今身極未來, 念念圓修無間斷.

仍將三業修行善, 回施虛空法界中.

四恩三有衆冤親, 同脫苦輪生淨土.

---

1) ㉔ '罪'는 '非'로 되어 있는 곳도 있다.

형계 대사의 송경회향문[1]

한 구절이라도 마음(神)을 물들여서 피안에 이르는 바탕이 되고[2]
사유하고 닦아 익혀서 고해를 건네주는 배로 쓰리라.[3]
보고 들은 대로 따라 기뻐하며 항상 주체와 짝이 되어서[4]
취하거나 버리거나 간에 귀를 스치면 인연이 되고
따르거나 어기거나 간에 인因을 마쳐서 해탈하리라.[5]
원하옵건대 해탈하는 날에 의보依報와 정보正報에서 늘 『법화경』을 연설하며
한 찰토와 한 티끌에서도 중생을 이롭게 하지 않음이 없으리라.[6]

---

1 담연湛然 선사의 네 가지 보시 발원문이다. 일여법사一如法師가 주해한 것을 지금 온전히 인용한다.
2 처음은 삼혜三慧를 보시하는 발원이니, 첫 두 구절은 문혜聞慧의 발원이다. 신神은 심신心神을 말하니, 법음法音이 귀에 스치서 마음을 물들게 하면 인연의 종자가 되어서 반드시 삼덕三德의 피안에 이를 것이다. 한 구절이라 말한 것은 작은 것으로써 많은 것을 비유하였다.
3 다음 두 구절은 사혜思慧·수혜修慧의 발원이다. 만약 듣고 사유할 수 있으며 사유하고서 닦을 수 있다면 인因으로부터 과果에 이르기까지 생사의 큰 바다를 건네주는 배가 될 것이다.
4 다음은 보고 들은 대로 따라 기뻐함을 보시하는 발원이다. 만약 보고 들은 대로 따라 기뻐하면 이 세계의 다른 지방과 현생의 다른 세계에 늘 주체와 짝이 되어 이 경을 연설할 것이다.
5 '취하거나(若取)' 아래는 취하고 버리고 어기고 따르는 것을 베푸는 발원이다. 취하고 버리고 어기고 따르고를 따지지 않고 모두 종자를 이룰 수 있으니, 버리고 어기는 것도 오히려 그러하거늘 하물며 취하고 따를 것을 말해서 무엇 하랴? 이상은 인因을 보시하기를 발원함이다.
6 '원하옵건대 해탈' 아래는 과果를 보시하는 발원이다. 의보에서 설법한다는 것은 『敎行錄』에서 "태태 선사가 사명 법지四明法智 존자에게 물었다. '무정설법 중에 시방에서 나란히 설법하고 시방에서 나란히 들으며, 삼세에서 모두 연설하고 삼세에서 모두 듣는다고 했는데, 이미 나란히 설법했다면 또 어째서 나란히 듣습니까? 이미 나란히 연설했다면 또 어째서 나란히 듣습니까?' 사명이 답하였다. '마땅히 알아라. 모든 찰토와 티끌에서 다 설법하고 다 들으며 설법과 듣는 것이 동시여서 마침내 다를 것이 없다. 오묘하도다. 이런 경계여! 말과 생각으로써 구할 수 없으며 범부의 생각으로는 헤아릴 수 없으

오직 원하옵건대 모든 부처님께서 명훈가피를 내리시고
일체 보살은 위엄과 영험을 은밀히 주시어
가는 곳마다 설법하지 않은 곳에서는 모두 권청勸請할 것이고
설법하는 모든 곳에서는 친히 받들어 공양하리라.
한 구절과 한 게송마다 보리를 증진시킬 것이며
한 색과 한 향기에도 영원토록 물러남이 없으리라.[7]

荊溪大師誦經普回向文【湛然師四施願文. 一如法師所注, 今全引.】

一句染神, 咸資彼岸.【初施三慧願, 初二句聞慧願. 神謂心神, 法音經耳, 入染於心, 便爲緣種, 必臻三德彼岸. 言一句者, 以小況多.】

思惟修習, 求用舟航.【次二句, 思修慧願, 若聞而能思, 思而能修, 即從因至果, 爲渡生死大海之舟航.】

隨喜見聞, 恒爲主半.【次施隨喜見聞願. 若隨喜見聞, 此界他方, 現生他世, 恒爲主伴, 宣說是經.】

若取若捨, 經耳成緣.

或順或違, 終因斯脫.【若取下, 施取捨違順願, 不論取捨違順, 皆能成種, 捨違尙爾, 況取順何言? 已上施因願.】

願解脫之日, 依報正報, 常宣『妙經』.

一利一塵, 無非利物.【願解脫下, 施果願. 依報說法者, 『敎行錄』云: "泰禪師問四明法智尊者: '無情說法中云: 十方齊說, 十方齊聞. 三世俱宣, 三世俱聽. 旣齊說, 又如何齊聞? 旣齊宣, 又如何齊聽?' 答: '當知利利塵塵, 俱說俱聽, 說聽同時, 了無

니, 이는 대총상법문大摠相法門이며 고요하면서도 늘 비추는 것이다.'"*라고 하였다.
  * 태태 선사가~것이다: 『四明尊者敎行錄』 권4(T46, 894a23~b1).
7 '오직 원하옵건대唯願' 아래는 가피를 구하여 유통시킴이다. 한 구절과 한 게송은 경전에서 능전能詮의 가르침이고, 한 색과 한 향기는 경전에서 소전所詮의 이치이다. 이는 제불께서 이미 증득하신 것이고 중생의 성덕性德이니, 더욱 정진하여 물러나지 않기를 널리 발원한 것이다.

異趣. 妙哉此境! 不可以言想求, 不可以凡情測, 是大摠相法門, 寂而常照者也.'"】

唯願諸佛, 冥熏加被.

一切菩薩, 密借威靈.

在在未說, 皆爲勸請.

凡有說處, 親承供養.

一句一偈, 增進菩提;

一色一香, 永無退轉.【唯願下, 求加流通. 一句一偈, 卽經能詮敎; 一色一香, 卽經所詮理. 是諸佛之已證, 是衆生之性德, 普願增進而不退也.】

파초 곡천 선사가 대중에게 법어를 보이다[1]

운수납자는 잠시도 쉬지 않는데
그대에게 묻노니 무엇 때문인가?
타향에서는 피차간에 모두 객이니
서로 간섭할 일이 없고 나서지도 말아야 한다.
가고 머물거나 앉고 눕는 모든 때에
두 쪽의 입술을 움직일 뿐
시시비비가 누군들 없겠는가마는
또한 자기의 허물을 점검해야 한다.
출가자는 이로운 옷을 입나니
가사를 경솔하게 걸쳐서는 안 된다.
뽕과 밭을 경작하지도 않고 부모를 봉양하지도 않으니
도업을 닦지 않고 다시 무엇을 하리오?
염라노자가 두렵지 않은가?
그대가 지은 원인대로 그대가 지은 과보를 받는다.
열반당 안에서 소리쳐 아버지를 부르지만
가고자 하여도 갈 수 없고 앉고자 하여도 앉을 수 없을 때
바로 이러한 때에, 그대인가? 나인가?

芭蕉泉禪師示衆【郢州芭蕉山谷泉禪師, 嗣汾陽昭公.】
雲水之人不暫休, 問君着甚苦來由?
異鄉彼此皆爲客, 無事相干且縮頭.
行與住坐與臥, 兩片唇皮只管搖.

---

1 영주郢州 파초산芭蕉山 곡천谷泉 선사는 분양 선소汾陽善昭의 법을 이었다.

是是非非誰箇無? 也須檢點自家過.

出家兒着便宜, 袈裟不是等閑披.

桑田不耕親不養, 不修道業更何爲?

閻老子不擔攔?

據你所作因, 還你所作果.

涅槃堂裏叫阿爺,

要行不得行, 要坐不得坐.

正與麽時, 是你是我?

불안선사의 열 가지 행실에 대한 열 가지 게송【서문을 병기함】

화엄은 십법계로써 여러 법문을 총괄하여 거두어 다함없는 이치를 보였고, 선문에서는 십현담이 있어 도를 밝혔고, 동산洞山에게는 십불귀十不歸가 있어 초월해서 증득함을 나타내었는데, 산승은 열 가지 행실을 서술하여 후학들에게 보여서 도에 도움되기를 바라노라. 비유하자면 쑥이 삼밭에서 생겨남에 붙들지 않아도 저절로 곧아지고, 또 좋은 향기에 물든 사람은 좋은 향기가 나는 것과 같으니 조금이라도 이익이 있을까 해서 이를 아래에 쓰노라.

연좌

맑고 텅 빈 이치는 끝내 형상이 없으니
한순간 근본으로 돌아가면 만법이 평등하리라.
상대와 나를 단박에 잊고 전체가 드러나면
그 속에서는 공정功程을 전혀 기억할 필요 없으리라.

입실

도를 물을 때에는 스승에게 나아가 자기 마음을 인가받고
불문에 들어오면 반드시 지음知音을 방문해야 한다.
이생에 조계의 길을 밟지 않으면
늙어서는 무엇으로 고금을 초월하리오?

보청

땔나무를 줍고 나물을 캘 때에도 선배를 스승 삼아야 하니
학업을 증진시키고 자신을 수행할 때에는 옛사람을 살펴야 한다.
제방에 이르거든 자세하고 진실해야 하니
나(龍門)의 이 법은 모든 곳에 통하는 법칙이다.

죽반

세 번 운판이 울림에 생사가 끊어지고
열 번 부처님 명호를 부름에 예와 지금이 통한다.
발단을 펼치고 발우를 펴고선 (공양의 은혜를) 분명히 알고 먹을지언정
거친 마음으로 고苦와 공空에 어두워서는 안 된다.

땅을 쓸다

도량에 먼지가 있으면 곧바로 청소하고
방사와 행랑에는 말끔히 물 뿌려 쓸고 함께 편안히 거처한다.
향 피우고 땅을 쓸고 난 후[1] 다른 일이 없으면

---

1 『根本部』에서는 "급고독원의 장자가 매일 아침마다 서다림에 가서 세존께 예배하고 경내의 땅을 쓸었다. 훗날 어느 때에 장자가 다른 일로 절에 들어갈 겨를이 없었는데 세존께서 경행하다가 땅이 깨끗하지 못한 것을 보고 직접 땅을 쓸었다. 이 일로 인하여 다섯 가지 공덕을 말씀하셨다. 첫째, 자기 마음이 청정해지고, 둘째, 타인의 마음이 청정해지게 하고, 셋째, 제천이 환희하며, 넷째, 단정한 업을 이루고, 다섯째, 임종 후에 천상에 태어날 것이다."라고 하였다.
  *급고독원의~것이다 : 『根本說一切有部毘奈耶雜事』 권14(T24, 266b26~c14)에는 다음과 같이 나온다. "時給孤獨長者, 每於晨朝往逝多林禮世尊足, 禮已掃寺內地. 後於一時, 長者他緣不遑入寺, 世尊經行見地不淨, 起世俗心作如是念: '如何令彼帝

감추어진 심광心光을 묵묵히 비추어 지혜의 구슬을 보인다.

옷을 빨다

흐르는 물가에서 옷을 빨 때엔 대충하지 말라.
대중과 함께할 때에 옷이 더러워서는 안 된다.
어깨 쪽 위아래는 오래 삶아야 하니
몸과 마음이 망념에 움직인다면 어찌 묵은 때를 녹이랴?

경행[2]

반석 위 숲 사이로 오솔길이 평평하니
공양 후 여가에 일없이 가볍게 경행하네.
돌아와선 마음 맞는 도반에게 묻노니
오늘은 어떠했고, 무엇을 했는가?

釋天主, 從香醉山持篲來至.' 諸佛常法起世俗心, 乃至蟻子咸知佛意; 若起出世心, 聲聞獨覺尙不了知. 況餘能測. 時天帝釋旣觀知已, 便作是念: '大師何故起世俗心?' 乃見世尊躬欲掃除逝多林地. 旣知佛念, 便詣香醉山中, 取五百上妙掃篲輕軟如綿, 至佛前住. 爾時世尊意欲令彼樂福衆生, 於勝田中植淨業故, 卽自執篲欲掃林中. 時 舍利子·大目乾連·大迦攝波·阿難陀等諸大聲聞見是事已, 悉皆執篲共掃園林. 時 佛世尊及聖弟子, 遍掃除已入食堂中就座而坐. 佛告諸苾芻: '凡掃地者有五勝利. 云何爲五? 一者自心淸淨, 二者令他心淨, 三者諸天歡喜, 四者植端正業, 五者命終 之後當生天上.'"

2 율장에서는 "부처님께서 경행당經行堂을 짓는 것을 허락하셨으니 경행에 다섯 가지 이로움이 있다. 첫째, 멀리 가는 것을 감당할 수 있고, 둘째, 사유할 수 있고, 셋째, 병이 적으며, 넷째, 음식을 소화시키며, 다섯째, 선정에 오래 머물 수 있다."라고 하였다.

송경

고요한 밤 깊은 삼경에 스스로 경전을 독송하니
마음속에 번뇌 없고 수마睡魔에서 깨어나네.
비록 어두운 방에 보는 이가 없으나
용신 천신 본래 있어 귀 기울여 듣는다네.³

예배⁴

예불은 교만의 때를 없애기 위함이니
그로 인해 신업이 청정함을 얻는다네.
경전에 이 말씀이 있어 귀경할 만하니
다름 아닌 네 자신이 이참사참 얻는다네.

도를 이야기함

서로 만나 도를 말할 적에 쓸데없이

---

3 옛날에 개산 안開山安 선사가 선정 중에 두 승려를 보았는데, 먼저 불법을 말할 때에는 천신과 용신이 두 손을 맞잡고 듣더니 뒤에 세속의 이야기를 말할 때에는 귀신이 자취를 없앴다. 선악이 분명하거늘 어찌 거친 행동을 할 수 있겠는가?

4 『業報差別經』에서는 "예불하며 한 번의 절을 할 때에 그 무릎 아래로부터 금강제에 이르기까지 한 티끌로 윤왕의 지위를 한 번 바꾸고 다시 열 가지 공덕을 얻는다. 첫째, 오묘한 색신을 얻고, 둘째, 말을 함에 남들이 믿으며, 셋째, 대중 속에 있어도 두려움이 없고, 넷째, 부처님이 호념해 주시며, 다섯째, 큰 위의를 갖추고, 여섯째, 대중들이 가까이 따르며, 일곱째, 제천이 아끼고 공경하며, 여덟째, 큰 복덕을 갖추고, 아홉째, 목숨을 마치면 왕생극락하고, 열째, 열반을 속히 증득한다."*라고 했으니, 한 번 절하는 것도 이와 같은데 많이 절함에 있어서랴?
*예불하며~증득한다 :『佛爲首迦長者說業報差別經』(T1, 894c1~6).

큰소리치며 선배들을 비웃지 말라.
말끝에 근본과 지말을 궁구할 수 있다면
어찌 무의미한 말로 붕우를 맺으랴?

佛眼禪師十可行十頌【并序】

華嚴以十法界, 捴攝多門, 示無盡之理; 禪門有十玄談, 以明*唱道; 洞山有十不歸, 以表超證; 山僧述十可行, 以示後生, 庶資助道. 譬諸蓬生麻中, 不扶而直, 又如染香之人, 亦有香氣, 有少益者, 書之于后.

宴坐

清虛之理竟無形,[1] 一念歸根萬法平.
物我頓忘全體露, 箇中殊不記功程.

入室

問道趨師印自心, 入門端的訪知音.
此生不踏曹溪路, 到老將何越古今?

普請

拈柴擇菜師先匠, 進業修身見古人.
若到諸方須審實, 龍門此法是通津.

粥飯

三下板鳴生死斷, 十聲佛唱古今通.
開單展鉢親明取, 不可䭞心昧苦空.

掃地

田地生塵便掃除, 房廊蕭洒共安居.

裝香掃地【『根本部』云: "給孤長者, 每於晨朝, 徃逝多林禮世尊, 掃寺內地. 後於一時, 長者他緣, 不遑入寺. 世尊經行, 見地不淨, 即自掃地. 因說五種功德: 一自心清淨, 二令他心淨, 三諸天歡喜, 四端正業, 五命終後當生天上."】無餘事, 默耀韜光示智珠.

洗衣

臨流洗浣莫踈慵, 入衆衣常[2)]垢不中.

上下隣肩薰炙久, 身心動念肯消鎔?

經行【律: "佛聽作經行堂, 經行有五利: 一堪遠行, 二能思惟, 三少病, 四消飲食, 五得定久住."】

石上林間鳥道平, 齋餘無事略經行.

歸來試問同心侶, 今日如何作麽生?

誦經

夜靜更深自誦經, 意中無惱睡魔惺.

雖然暗室無人見, 自有龍天側耳聽.【昔開山安禪師禪定中, 見二僧先談佛法, 天龍拱聽; 後談世諦, 鬼神掃迹. 善惡昭然, 豈可旄行耶?】

禮拜【『業報差別經』云: "禮佛一拜, 從其膝下, 至金剛際, 一塵一轉輪王位, 復獲十種功德: 一得妙色身, 二出語人信, 三處衆無畏, 四佛所護念, 五具大威儀, 六衆人親附, 七諸天愛敬, 八具大福德, 九命終徃生, 十遠證涅槃." 一拜尙如是, 況多拜乎?】

禮佛爲除憍慢垢, 由來身業獲淸涼.

玄沙有語堪歸敬, 是汝非他事理長.

道話

相逢話道莫虛頭, 大語高聲笑上流.

言下若能窮本末, 肯將無義結朋儔?

---
1) ㉑ '形'은 '身'으로 되어 있는 곳도 있다. 2) ㉑ '常'은 '裳'으로 되어 있는 곳도 있다.

선승에게 심요를 보이다

근래에 문답으로 선가의 가풍을 삼는 이가 많은데, 고인의 일대사는 밝히지 않고 한결같이 지말만 좇으며 반조하지 않으니, 괴이하고 괴이하도다! 옛사람들은 미혹함이 원인이 되어 물었기 때문에 묻는 곳에서 증득함을 구하여 한두 마디 구절만 얻어도 그것으로 일대사를 규명하여 투철하게 하였으니, 요즘 사람들이 어지럽게 물으며 말대답을 좇아서 통달한 이들의 비웃음을 사는 것과는 같지 않다.

示禪人心要

近世多以問答, 爲禪家家風, 不明*古人事, 一向逐末不反, 可怪可怪! 昔人因迷而問故, 問處求證入, 得一言半句, 將爲事究明令徹去, 不似如今人胡亂問趁口答, 取笑達者.

화두 묻는 것을 경계하다

근래에 화두를 묻는 선객들이 비방을 많이 받는 것은 질문과 의심과 되물음의 뜻을 알지 못하기 때문이다. 후학들도 이를 이어받아 시류를 따르는 말을 쓰니, 모두 선종의 가르침에서 세운 것이 아니다.

옛사람이 묻기를, "어떻게 하여야 삼계三界를 벗어날 수 있습니까?"라고 하거나 또 "소리(聲)와 색色을 어떻게 깨달을 수 있습니까?"라고 하거나 또 "이곳의 가르침을 화상께서는 어떻게 말씀하시겠습니까?"라고 하였는데, 모두 대중에서 나와 그 자리에서 결단하여 밝힌 것이다.

근세의 선승들은 핵심(巴鼻)^{i}이 없는 십전어十轉語와 오전어五轉語를 굴리며, 혹은 벼슬아치 관원들에게 올리거나 혹은 장엄하게 꾸며서 시주자들에게 이를 베푸는데, 모두 선가의 태도가 아니다.

또 대중에서 나와 몇 구절을 말하되, 어떤 때에는 "나는(某甲)^{ii} 이렇게 말하지 않는다."라고 하거나 또는 "화상께서는 어째서 말하지 않습니까?……"라고 하는데, 질문을 하는 것은 현묘한 극칙을 드날리는 것이니 많은 말을 주고받는 데에 있지 않고 두세 차례 말을 던지면 될 뿐이다. 남을 믿게 하는 것이 귀할 뿐, 방탕하게 떠돌며 속인들의 비웃음이나 사는 데에 이르러서는 안 된다.

誡問話

近代問話, 多招譏謗, 盖緣不知伸問·致疑·咨請之意. 後生相承, 多用祝贊順時語, 並非宗乘中建立. 如古人問: "若爲得出三界去?" 又問: "聲色如何透得?" 又問: "此間宗乘, 和尙如何言論?" 並是出衆當場決擇. 近時兄弟,[1] 進十轉五轉沒巴鼻語, 或奉在座官員, 或莊嚴修設檀信, 俱不是衲僧家氣味. 又抽身出衆, 便道數句, 或時云: "【某甲】[2] 則不恁麼道." 又云: "和尙何不道? 云云." 夫問話者, 激揚玄極也, 不在多進語, 三兩轉而已. 貴得生人

• 163

信, 不至流蕩取笑俗子也.

1) ㉮ '弟'는 '第'로 되어 있는 곳도 있다. 2) ㉮ '某甲' : 이 글자들은 원문의 협주이다.

주

i 핵심(巴鼻) : 파비巴鼻는 선가에서 여러 가지 의미로 쓰이는데, 사람의 중심이란 뜻으로 즉 본분, 핵심, 본래면목, 본질을 의미한다.
ii 나는(某甲) : '모갑'은 '모가비'를 이두식 한자로 쓴 말이다. 막벌이꾼이나 사당패, 선소리패 따위를 이끄는 우두머리를 말한다.

대수사 신조 법진 선사의 상당법어[1]

선사가 말했다.

"노승은 명예와 이익을 위해 여기에 온 것이 아니라 다만 사람을 얻고자 할 뿐이다. 청산과 백운[i] 속에서 시비를 좇아서는 안 되니, 장래에 업보로 받은 이 몸을 버린 후에는 풀 한 포기도 먹지 못하여서 몇몇 금모사자金毛獅子가 질문하더라도 나귀 울음과 말소리를 낼 것이다.

여러분들이여! 내가 행각할 때에 제방에 가 보면 많게는 천 명, 적어도 5백 내지 7백 명의 대중이 있었다. 그곳에서 동안거·하안거를 보내면서도 적절한지 헛되이 보내는지 여부를 살피지 않았으니, 위산潙山 스님 회상에서 7년간 밥을 짓기도 하고 동산洞山 스님 회상에서 3년간 부목살이를 하면서 나를 중하게 대하는 곳은 곧바로 먼저 떠나갔다. 오직 자신이 때에 적절한가만을 알 뿐, 남의 무슨 일을 상관하리오?

여러 불보살님이 모두 부지런히 애쓴 겁수를 헤아릴 수 없으며, 금륜왕의 보배 지위와 머리·눈·골수·뇌와 아끼던 물건, 도성과 처자식까지 버린 것을 다 셀 수가 없으니, 그러므로 비로소 부처라 할 수 있다. 여러분들은 일찍이 무엇을 버렸으며 얼마만큼 고생을 했길래 '나는 출세간법을 안다.'라고 하는가? 세간법도 오히려 알지 못해서 조그마한 경계라도 닥치면 스스로 눈썹을 치켜뜨고 눈을 부라리며 용납하지 못하는데, 무슨 해탈법을 말하겠는가?

기다란 선상禪牀에 앉아 열 손가락을 움직이지도 않고 신도들의 시줏물을 받아먹으면서 눈을 감고 입을 다물고 '내가 수행하고 도를 닦아 이러한 과보를 받았으니 합당히 소비할 만하다.'라고 하니, 이는 자신을 속

---

1 익주益州 법진法眞 선사는 재주梓州 왕씨王氏의 자손으로 대수사大隋寺에 주지로 있었다. 촉蜀의 군주가 신조神照라는 법호를 하사하였다. 그는 서선 나안西禪懶安 화상의 법을 이었다.

이는 것이다. 예컨대 백장 화상이 당우를 시설한 것은 그저 일대사에 힘쓰는 사람을 필요로 한 것인데, 여러분들은 도리어 어떤 일에 힘쓸 수 있길래 그 속에서 손과 몸을 움직이지도 않고 날마다 만냥의 황금을 소비할 수 있단 말인가? 만약 소비할 수 있다면 어찌 이 같은 견해를 지을 수 있겠는가? 어머니 뱃속에서 나와서 이와 같아서는 안 된다. 다만 세간법을 깨닫는다면 이것을 바로 '출세간법'이라 하니, 세간법도 오히려 알지 못하면서 어찌 불법을 논하겠는가?

일대장교가 다 부처님께서 말씀하신 것이며 여래의 비밀한 가르침인데, 너의 입속에서 염송한 것은 모두 마군의 말이 되니 어찌 깨달을 수 있겠는가? 무엇 때문에 깨닫지 못하는가? 만약 깨달았다면 달마가 서쪽에서 오지 않았을 것이다. 달마가 아직 이 땅에 오지 않았을 때에도 불법이 있었는가? 어찌 없다고 말할 수 있겠는가? 비유하자면 사람에게 하나의 보배가 있는데, 진흙 속에 묻혀 있어 여러 겁 동안 부지런히 고생하여도 찾지 못하다가 어떤 사람이 보배 있는 곳을 잘 알아서 곧바로 진흙 속에서 이 보배를 꺼내어 보배를 잃은 사람에게 보여 주면, 보배를 잃은 사람이 한 번 보고서 이것이 자기의 물건인 줄 알아 끝내 얻고 잃음이 없는 것과 같다.

달마가 서쪽에서 온 것도 이와 같아서 '나만 선지식이다.'라고 할 수는 없으니, 온 나라의 중생이 다 선지식이다. 그저 견문각지가 밝지 못한 것일 뿐, 너에게는 없다고 할 수가 없다. 만약 있다고 말한다면 지금 모든 사람들이 꿈틀거리는 벌레에게도 기꺼이 예배하며 부처라 해야 할 것인가? 비유하자면 밝은 구슬이 진흙 속에 묻혀 있으나 올바른 사람을 만나지 못하면 어찌 그 속에서 벗어날 기약이 있겠는가? 이러한 중생을 비유하면 무정물과 같으며 또한 단단한 물건과 같다.

이미 삼의三依(승려가 걸치는 세 가지 가사)를 입은 몸이라면 반드시 선지식을 가까이해야 하니, 일찍이 몇 생을 닦아야 비로소 이와 같을 수 있겠는가? 윤회하는 육취 속으로 다시 들어가서는 안 된다. 만약 자재한 사람이라면 무슨 확탕·노탄·도산·검수지옥이나 사생육도를 논하겠는가? 여기에서도 맛난 음식을 먹는 것과 같은 맛이 있겠지만 아직 이러한 경지를 얻지 못했다면 이런 과보를 여실하게 받을 것이다.

한번 사람 몸을 잃으면 다시 지금과 같은 몸을 받고자 해도 만에 하나도 안 될 것이다. 아직 얻지 못했으면서도 얻었다고 하거나, 증득하지 못했으면서도 증득했다고 하거나, 듣지 못했으면서도 들었다고 하여 스스로를 속이면서 시간을 허비하고 세월을 헛되이 보내지 말라. 그저 무명의 짐이 무거워지리니, 문득 세속 사람들을 위해 되는 대로 따라가서 세월을 보내 버린다면 도리어 수행이 없어지게 될 것이다.[2]

지금 사문이 된 것도 매일 업이 있으니, 무슨 업이 있는가? 밟는 땅도 국왕의 땅이고, 입는 옷도 신도들의 옷이며, 먹는 음식도 신도들의 음식이고, 뼈와 살도 부모가 주신 몸이다. 만약 깨닫지 못한다면 무엇으로 보답하겠는가? 그러므로 업이 있다고 하는 것이다. 나 같은 늙은 중은 깨달은 사람이 아니다. 과보로 받은 이 몸을 버린다면 업을 따라갈 것이니, 결정코 얻을 것이라고 누가 말하겠는가? 오직 부처님과 부처님만이 알 수 있다."

그때에 어떤 승려가 묻기를, "언구를 빌리지 않고 어떻게 알 수 있습니까?"라고 하기에 선사가 말하였다. "언구를 빌리더라도 오히려 알지 못

---

2 『涅槃經』에서는 "부역을 피해 출가했으나 도에 이를 마음이 없는 사람은 내가 마땅히 그들을 환속시켜 왕의 책사策使가 되게 하겠다."*라고 하였고, 『迦葉經』에서는 "그때에 5백 명의 비구가 문수에게 아뢰었다. '저희들은 정진할 수가 없으니 신도들의 시줏물을 소화시키지 못할까 염려스럽습니다. 환속하기를 청하옵니다.' 문수가 말하였다. '만약 정진하지 않으면 신도들의 시줏물을 소화시킬 수 없다. 차라리 하루에 수백 명을 환속시킬지언정 하루라도 저 신도들의 시줏물을 받을 수 없다.'"라고 하였다.

*부역을~하겠다 : 『大般涅槃經』권1(T12, 367c7~8)에서는 "若有出家毀禁戒者, 我當罷令還俗策使."라고 하였다.

한다.”

승려가 말없이 절하였다.

大隋神照眞禪師上堂【益州法眞禪師, 梓州王氏子, 住大隋寺. 蜀主賜號神照. 嗣西禪懶安和尙.】

師云: "老僧不爲名利來此, 須要得箇人, 不可靑山白雲中, 趁爾是非, 將來之世, 捨一報身後, 草也無喫. 多少金毛獅[1]子問着, 便作驢鳴馬喊. 諸人者! 似老僧行脚時, 到於諸方, 多是一千, 少是七百五百衆. 或在其中, 經冬過夏, 未嘗[2]時中空過, 向僞[3]山會裏, 做飯七年, 於洞山會中, 做柴頭三年, 重處卽便先去, 只是了得自己時中, 干他人什麼事? 如諸佛菩薩, 盡是勤苦, 不計劫數, 捨金輪王寶位, 及頭目[4]髓腦, 所愛之物, 國城妻子, 不可筭數, 所以始得名爲佛. 似諸闍梨還曾捨得箇什麼, 作得箇什麼勤苦, 便道我會出世間法? 世間法尙不會, 些些子境界現前, 便自張眉督[5]目, 消容不得, 說什麼解脫法? 長連牀上坐, 不搖十指, 喫他信施了, 合眼合口, 便道: '我修行修道, 感果如是合消得.' 只是謾自己. 如百丈和尙置於堂宇, 只要辦事底人, 諸闍梨還辦得箇什麼事, 其中有不動身手, 日消得萬兩黃金? 若是消得者, 豈可如此見解? 不可從母腹中來如是邪. 但會得世間法, 是則名爲出世間法. 世間法尙乃不會, 豈況佛法? 只如一大藏敎, 盡是金口所宣, 如來秘密, 汝口裏念將來, 總成魔語, 豈得了? 爲什麼不了? 若了時, 達摩[6]不從西來也. 只如達摩*未來此土時, 還有佛法也無? 又爭得道無? 譬如人有一寶, 墜在淤泥中, 勤苦累劫, 尋求不得. 或有一人, 善知寶所, 直從泥中, 指出此寶, 以示失寶之人, 失寶之人一見, 便識是我本物, 了無得失. 達摩*西來, 亦復如是, 不可只是老僧是善知識邪. 遍地衆生, 總是善知識, 只是見覺未明,* 不可道伊無也. 若言有, 時諸人肯禮蠢蠢之徒, 作佛麼? 譬如明*珠墮在泥中, 未遇其人, 豈有出期? 有此衆生, 比如無情, 還同頑物. 旣在三依之下, 直須親近知識. 早是幾生修來, 始得如此? 不可却入輪迴六趣去也. 若是得自在底人, 論箇什麼鑊湯爐炭刀山釰⁷⁾樹四生六道? 於中如喫美食, 若未得如是, 便實受此報, 一失人身, 再求欲似如今者, 萬中無一. 莫未得謂得, 未證謂證, 未聞謂聞, 自謾自誑, 失却光陰, 虛延日月展轉. 只是無明擔重, 乍可爲俗, 隨所任運, 遣過時日, 却乃無業.【『涅槃』云: "避役出家, 無心至道. 我當罷令還俗, 爲王策使." 『迦葉經』云: "時有五百比丘, 白文殊言: '我等不能精進, 恐不能消信施, 請乞歸俗.' 文殊言: '若不精進, 不能消信施, 寧可一日百數歸俗, 不可一日受他信施.'"】如今作沙門, 每日有業, 有什麼業? 踏底是國王地, 着底是檀信衣, 喫底是檀信食, 骨肉是父母之體. 若也未了, 將何酬答? 所以言有業. 只如老僧, 不可是了底人. 捨此一報身, 隨業而行, 誰言之得? 除佛與佛, 乃能知之." 時有僧問: "不假言句, 如何得知?" 師云: "假言句, 尙乃不知." 僧無語禮拜.

---

1) ㉑ '獅'는 '師'로 되어 있는 곳도 있다. 2) ㉑ '詧'은 '省'으로 되어 있는 곳도 있다. ㉂ '省'이 문맥상 잘 통한다고 판단되어 번역은 '省'으로 하였다. 3) ㉑ '僞'는 '爲'로 되어 있는 곳도 있다. ㉂ '僞'는 '潙'의 오기인 듯하다. 4) ㉑ '目'은 '日'로 되어 있는 곳도 있다. 5) ㉑ '督'는 '努'로 되어 있는 곳도 있다. 6) ㉑ '摩'는 '磨'로 되어 있는 곳도 있다. 아래에도 같다. 7) ㉑ '釰'은 '劒'으로 되어 있는 곳도 있다.

■ 주

i   청산과 백운 : 대중 스님들을 표현한 말이다. 청산은 옮겨가지 않는 것을 상징하였으니 그 절에 상주하는 승려를 말하고, 백운은 떠다니는 것을 상징하였으니 수행을 위해 각처에서 모여든 외부의 승려를 말한다.

상당법어

부처님의 자식인 사문은 있는 것과 없는 것을 같다고 보아야 한다. 모든 때에 범부와도 성인과도 같으며 해탈의 상태와도 같아야 비로소 조금 벗어날 곳이 있으리라. 그렇지 못하다면 크게 어렵고 크게 어려울 것이다. 몸조심 하시오!

上堂

夫沙門釋子, 見有如無始得. 向一切時中, 與凡聖等, 與解脫等, 方有少許出處. 若不如此, 大難大難. 珍重!

운봉 문열 화상이 방안에서 고인의 말을 거론하다

고인이 "삭발하고 가사를 입었으면 마땅히 성인의 도를 행해야 한다. 그 밖에 한가롭고 잡된 일은 모두 생사의 원인이 된다."라고 한 것을 거론하고서 선사가 말하였다.

"여러분들은 주장자를 비껴 메고서 풀숲을 헤치고 바람을 맞으며 천하를 두루 행각할지니, 우선 말해 보라! 일찍이 근본자리를 밟은 적이 있는가?"

대답하는 승려가 없었다. 선사가 말하였다.

"헛되이 살고 헛되이 죽는 놈들이다."

雲峯悅和尙室中擧古

擧古者道: "剃髮着袈裟, 宜應行聖道. 自餘閑雜事, 俱爲生死因." 師云: "汝等諸人, 橫擔柱杖, 撥草瞻風, 遶天下行脚. 且道! 還曾踏着田地也無?"

僧無對. 師云: "虛生浪死漢."

금릉 보령 인용 선사가 대중에게 법어를 보이다

몸에 가사를 쉽게 입어서는 안 되며, 발우 속의 음식을 가볍게 받아먹어서는 안 된다. 가볍게 받아먹으면 종종 물 한 방울도 소화시키기 어렵고, 쉽게 받아 입으면 끝내 출가한들 무엇을 할 수 있겠는가? 곧은 마음과 진실한 수행으로 기강을 잡을 수 있다면, 한 알의 구슬이 뚜렷이 밝아 겉과 속이 없을 것이다. 평범한 가벼운 무리들이 평소에 거만하게 허풍 떠는 것을 배우지 말라. 탐하고 성냄을 함부로 하고 부끄러워할 줄 모르면 선과 악이 분명하여 피하기 어려울 것이다. 삼악도와 육도윤회가 아득히 펼쳐져 있으니 또한 머리 돌려 스스로 보아야 한다.

金陵保寧勇禪師示衆

身上之衣, 不容易披; 鉢中之食, 莫等閑喫. 等閑喫, 徃徃難銷水一滴, 容易披, 究竟出家, 何所爲? 直心實行能綱紀, 一顆圓光無表裏. 莫學尋常輕薄流, 平生涉獵誇唇嘴. 恣貪嗔沒慙愧, 善惡昭然難躱避. 三塗六道正茫茫, 也好回頭自瞥地.

고덕의 갈열행

해(金烏)는 분노하듯 번뜩거리며 날아가고
구름(火雲)은 화염을 일으키며 불꽃처럼 기세등등 타오른다.
강과 호수는 지글지글 타들어 가고
풀과 나무는 절반이 누렇게 시들어 가네.
진짜 쇠도 녹아 버리고 큰 돌은 깨지려 하며[1]
사나운 범도 헐떡거리고 독룡도 축 늘어졌네.
문 앞에는 쑥과 풀이 있을 뿐, 집에는 기와조각조차 없고
침실에는 휘장도 없고 아이들 우는 소리만 많을 뿐.
김매는 일에 게으름이 없고
물 퍼 올림에 피로함을 잊었으니
얼굴은 새까맣게 타 버렸고
등짝은 거북 껍질마냥 갈라졌네.
아! 그대 승려들이여!
마땅히 살펴야 할지니
밭 갈지 않고 먹으며
누에를 치지 않고 입는구나.
가옥으로는 화려한 당우와 빈 방이 있고
욕실로는 맑은 물과 굽은 연못이 있으며
휘장은 비취색을 드리우고
대자리는 유리를 펼친 듯하네.[2]
한가로이 샘물의 돌을 찾아 제멋대로 다니며 앉고

---

[1] 뜨거운 돌과 녹아 흐르는 쇠의 열기를 말한 것이다.
[2] 한퇴지의 「味簟詩」에서는 "한 관청에서 돌려보니 노란 유리이네."라고 하였다.

고요히 바람과 달을 마주하며 스스로 노래하고 기뻐하는구나.
머리 돌려 속세 일을 한번 돌아볼진댄
물마시며 세월 보냈음을 알아야 한다.
풍백風伯ⁱ에게도 한탄하지 말고
우사雨師ⁱⁱ에게도 화내지 말라.

古德渴熱行

金烏震怒兮爍爍如飛, 火雲發炎兮騰騰若炊.

江湖競熬煮, 草木半黃萎.

眞金銷爍兮大石欲裂,【謂爍石流金之熱.】猛虎喘息兮蛟龍唾垂.

門有蓬蓽兮屋無片瓦, 寢¹⁾無帳席兮哭有多兒.

耘苗匪倦, 戽水忘疲.

顔容抹漆墨, 背脊坼龜皮.

咨爾釋氏! 宜以審之.

不耕而食, 不蠶而衣.

屋有畫堂虛室, 浴有淸流曲池.

帳垂翡翠, 簟展琉璃.【退之「味簞詩」云: "一府傳看黃琉璃."】

閑尋泉石兮恣行恣坐, 靜對風月兮自歌自怡.

回頭一顧人間事, 飮水須知可度時.

無更恨風伯, 休顚嗔雨師.

───────
1) ㉑ '寢'은 '寑'으로 되어 있는 곳도 있다.

주

i 풍백風伯 : 바람을 관장하는 신이다.
ii 우사雨師 : 비를 관장하는 신이다. 『周禮』「大宗伯」에서는 "희생犧牲을 쌓아 놓은 섶 위에 올려놓고 태워서 사중司中·사명司命·풍사觀師·우사雨師에게 제사를 지낸다."라고 하였다.

각범 덕홍 선사가 걸식하러 가는 승려를 보내며 쓴 서문[1]

조계 육조는 처음에 거사의 옷차림으로 황매산(5조 홍인 대사의 문하)에 이르러 밤중에 방아를 찧을 적에 돌을 허리에 매달았고(隆),[2] 우두 법융은 대중들의 양식이 떨어지면 단양에서 구걸하여 직접 쌀 18말을 짊어지고 80리 길을 걸어서 아침에 갔다가 저녁에 돌아오기를 일상사로 여겼고, 융화 혜만은 이르는 곳마다 장작을 패고 짚신을 삼았으며,[3] 백장 열반은 밭을 개간하면 대의大義를 설해 주었다.[4]

허리에 매달았던 돌은 아직도 동산東山에 남아 있고, 장작을 패던 도끼는 여전히 업진鄴鎭에 있으며, 강릉의 서쪽에 쌀을 짊어졌던 촌락이 있고, 거륜산車輪山 아래에는 대의석大義石이 남아 있다. 납자들이 매번 만행할 때 찾아보는 곳이니 속일 수가 없다.

세대가 멀어지고 불도가 쇠퇴하자 망령되고 용렬하며 곤궁하여 빌어먹는 무리들이 우리 불법 문중에 들어오니, 그들의 식견이 오히려 욕심을 바로잡기에도 부족하거늘 어찌 크나큰 법을 짊어질 수 있겠는가? 바야흐로 꽃무늬 장식을 겹겹이 수놓아 버선을 만들고 그것으로써 버선코 장식(絢)을 도우니(副),[5] 그러고도 밤중에 방아를 찧을 수 있겠는가? 가는 비단

---

1 선사는 처음에 이름이 혜홍惠洪이었다가 후에 덕홍德洪으로 고쳤으며 자는 각범覺範이다. 서주 팽씨의 자손으로서 진정 극문眞淨克文 화상의 법을 이었다.
2 추隆는 추縋와 같다. 『說文解字』에서는 "꼬아서 만든 줄에 매달린 것이 있다."라고 하였다.
3 상주相州 융화사隆化寺의 혜만惠滿 선사는 영양榮陽 장씨張氏의 자손으로서 항상 걸식을 행하였고 머물렀던 곳에서 이틀 밤을 묵지 않았으며 도착하는 가람마다 장작을 쪼개고 짚신을 삼았다.
4 백장산百丈山 열반 법정涅槃法正 화상은 항상 『涅槃經』을 독송하였기에 당시에 열반화상이라 불렸다. 하루는 대중들에게 "너희들이 나와 함께 밭을 개간하면 내가 너희들에게 대의를 말해 주겠다."라고 하였다.
5 『禮記』에서는 "노끈으로 엮은 미투리는 꾸미개(絢)가 없다."라고 하였으니, 구絢는 신코

으로 장삼을 만들어 편의에 따라 소매를 줄이니, 그러고도 장작을 팰 수 있겠는가? 아홉 길의 험준한 곳을 오르는데 노복들이 피땀을 흘려도 가마에서 내리려 하지 않으니, 그러고도 쌀을 짊어질 수 있겠는가? 바야흐로 그 문에 크게 써 놓기를 "이 절은 이제 방부 들이는 것(掛搭)ⁱ을 중지합니다."[6]라고 하니, 그러고도 밭을 개간하며 대의를 설할 수 있겠는가? 내가 일찍이 마음이 아파 가슴을 두드리며 한탄하던 바이다.

여러 번 불법을 넓히려다가 화를 초래하여 결국에 폐인이 되었다가 다행히 살아 돌아와[7] 산골짜기로 도망쳐 은둔하였는데, 납자들이 오히려 일찍이 운암 선사[8]를 친히 섬겼다 하여 일부러 찾아와서 나를 따르려 하니, 내가 그들을 돌봐 주는 것도 정의롭지 못하고 거절하는 것도 옳지 않으므로 문을 닫아걸고 누웠는데, 어떤 이가 그 문을 두드리며 다음과 같이 말하였다.

"운암은 법보시를 지각 선사[9]처럼 하고 대중 사랑하기를 설봉 선사[10]처럼 하였는데, 그 문하에서 나온 승려들은 지금 모두 그렇지 않습니다. 도는 높지 않으면서 사람들이 자신을 귀하게 여겨 주길 바라고, 명성은 빛나지 않으면서 사람들이 자신을 밀쳐 낼까 두려워하며, 참선하는 자들을 멸시하기를 마치 백세의 원수같이 하고, 권세와 부귀가 있는 자에게 아첨하여 섬기기를 마치 누겁의 어버이같이 합니다. 그러나 선사께서는 모두 비웃으며 이러한 더러움을 밟고서 가셨으니 아마도 운암의 가장 제일가

를 꾸미는 노끈으로서 신발의 장식품이다. 부副는 돕는다는 것이다.
6 탑搭은 부착하는 것이며 또는 걸어 놓는 것이다.
7 선사가 처음에 강녕江寧 청량사淸凉寺에 머물다가 미친 승려의 무고에 연루되어 죄를 받았다. 장승상이 국정을 맡자 다시 득도하여 승려가 되면서 이름을 덕홍이라 고쳤다. 후에 황룡산에 머무를 때 마침 승상이 자리에서 물러나자 선사를 다시 남해의 섬으로 귀양을 보냈는데 3년 만에 사면을 받았다.
8 진정 극문 화상.
9 영명사 지각 연수 선사.
10 설봉 의존 선사.

는 제자일 것입니다."

내가 이에 벌떡 일어나서 말하였다.

"그렇지만 먹을 음식이 없는 것을 어찌 하겠는가?"

그가 말하였다.

"응당 청정한 단월에게 걸식해야 하니 또한 석가여래께서 남기신 법도입니다. 노스님께서 기꺼이 (문빗장을 열고) 나오신다면 아마도 총림으로 하여금 운암의 법도(典刑)[11]가 아직 남아 있음을 알게 할 것입니다."

내가 그 말을 가상히 여겨 그 인연으로 옛스님의 일을 써서 그 뜻을 위로하니, 훗날 이 말을 알아듣는 자가 있을 것이다.

覺範洪禪師送僧乞食序【師初名惠洪, 後改名德洪, 字覺範, 瑞州彭氏子, 嗣眞淨克文和尙.】

曹溪六祖初以居士服, 至黃梅, 夜舂以石墜腰.【墜與縋同.『說文』: "以繩有所懸也."】牛頭衆乏粮, 融乞於丹陽, 自負米斛八斗, 行八十里, 朝去暮歸, 率以爲常. 隆化惠滿, 所至破柴制屨.【相州隆化寺惠滿禪師, 榮陽張氏子, 常行乞食, 住無再宿, 所至伽藍, 枊薪制屨焉.】百丈涅槃, 開田說義.【百丈山涅槃法正和尙, 常誦『涅槃經』, 時呼涅槃和尙. 一日謂衆曰: "汝等與我開田, 我與汝說大義."】墜腰石尙留東山, 破柴斧猶存鄴鎭, 江陵之西有負米莊, 車輪之下有大義石. 衲子每以爲遊觀, 不可誣也. 世遠道喪, 而妄庸寒乞之徒, 入我法中, 其識尙不足以匡欲, 其可荷大法也? 方疊花制韈, 以副絲絢,【『禮』: "繩履, 無絇." 絇, 履頭繩, 履餙也. 副, 佐也.】其可夜舂乎? 纖羅剪袍, 以宜小袖, 其可破柴乎? 升九仭之峻, 僕夫汗血, 不肯出輿, 其可負米乎? 方大書其門云: "當寺今止掛[1]搭.【搭, 附也. 又掛也.】其肯開田說義乎? 余嘗痛心撫膺而嘆者也. 屢因弘法致禍, 卒爲廢人, 方幸生還【師初住江寧淸涼寺, 坐爲狂僧誣告抵

---

11 (전형典刑은) 법도이다.

罪. 張丞相當國, 復度爲僧, 易名德洪. 後住黃龍山, 會丞相去位, 復竄師南海島上, 三年遇赦.} 逃遁山谷, 而衲子猶以其嘗親事雲庵【眞淨克文和尙】, 故來相從, 余畜之無義, 拒之不可, 即閉關堅臥. 有扣其門而言者曰: "雲庵法施如智覺【永明寺智覺延壽禪師】, 愛衆如雪峰【雪峯義存禪師】, 出其門者, 今皆不然, 道未尊而欲人之貴己, 名不曜而畏人挨己, 下視禪者, 如百世之寃, 諂事權貴, 如累劫之親. 師皆笑踏此污而去, 庶幾雲庵爪牙矣." 於是蹶然而起曰: "然則無食奈何?" 曰: "當從淨檀行乞, 亦如來大師之遺則也. 老人肯出, 則庶使叢林, 知雲庵典刑【法度也.】尙存." 余嘉其言, 因序古德事, 以慰其意, 當有賞音者耳.

---

1) ㉑ '掛'는 '挂'로 되어 있는 곳도 있다.

• 181

주

i 방부 들이는 것(掛搭) : 승당에 기거를 허락받은 승려가 승당 안의 고리(搭鉤)에 석장과 걸망 등을 거는 것이니 선원에서 선객을 받아들이는 것을 말한다.

승려가 되어 십과에 참여하지 않으면 부처님을 섬겨도 한갓 일생을 허비할 뿐이다[1]

경전을 번역함

범어를 중국어로 바꾸니
범부를 통달하여 성인으로 들어간다.
법륜을 굴리는 것이며
제불을 스승 삼는 것이다.

의리를 이해함

문장을 찾아 의리를 살핌에
뜻을 얻고 말을 잊는다.
삼혜三慧를 온전히 할 수 있고
이의二依를 항상 굴린다.[i]

선법을 익힘

수행해서 무념에 이르러
선과 악을 모두 잊고
잊는 대상까지도 없어져서
안락함에 항상 머문다.

---

1 『高僧傳』에 나온다.*
  *『高僧傳』에 나온다 : 이 주는 성화본 『緇門警訓』에 그대로 나온다.

계율에 밝음

계율에 엄격하여 은애가 적더라도
바르고 굳건히 지킨다.
삼업을 일찍부터 지키기를
저 금성탕지金城湯池[ii]처럼 견고하게 한다.

불법을 호지함

집안에 훌륭한 관리가 있으면
지키는 것을 어찌 걱정하랴!
법에 눈 밝은 스승이 있으면
밖에서 오는 모욕을 막을 수 있다.

감응하여 통함

일상의 도리를 거슬러
감응하여 마침내 통하니[iii]
세상을 교화하나
이를 봄이 헤아리기 어렵도다.

몸을 버림

버리기 어려운 것을 쉬이 버리는 것이
보시 중 제일이니
더럽고 혼탁한 몸을

금강신에 회향한다.

독송

열 종류의 법사 중에
독송 법사가 가장 위대하니
구연수의 꽃을 물들이면
열매가 익었을 때 귤처럼 붉다.²

복을 일으킴

자기를 위하고 남을 위하면
복이 생겨나고 죄가 소멸할 것이니
유위법의 선행일지라도
그 이로움이 드넓을 것이다.

잡과

여러 과목을 통섭해서
고상한 데로 함께 돌아가니
창도唱導하는 장인으로³
부처님의 교법을 빛나게 하리라.

---

2 구연수枸櫞樹는 이름이 교지交趾에서 나왔는데 열매는 귤과 같다. 꽃필 때에 그 꽃을 붉게 물들이면 과실도 붉으니 물들이지 않으면 그렇게 되지 않는다.
3 불법의 이치를 선창하여(唱) 중생들의 마음을 열어 준다(導). 또는 법문을 여는 것이 창唱이고 중생들을 이끌어 제접하는 것이 도導이다.

爲僧不預於十科事佛徒消於百載【出『高僧傳』[1)]】

譯經
變梵爲華, 通凡入聖.
法輪所轉, 諸佛所師.

義解
尋文見義, 得意忘言.
三慧克全, 二依常轉.

習禪
修至無念, 善惡都亡.
亡其所亡, 常住安樂.

明律
嚴而少恩, 正而急護.
嬰守三業, 固[2)]彼金湯.

護法
家有良吏, 守藏何虞!
法有明師, 外禦其侮.

感通
逆於常理, 感而遂通.
化於世間, 觀之難測.

遺身

難捨易損, 施中第一.

以穢濁體, 廻金剛身.

讀誦

十種法師, 此爲高大.

染枸櫞花, 果時穰赤.【枸櫞樹, 名出交趾, 果似橘. 花時以朱染其花, 則結果亦赤, 否則不然.】

興福

爲己爲他, 福生罪滅.

有爲之善, 其利博哉!

雜科

統攝諸科, 同歸高尙.

唱導之匠,【宣唱法理, 開導衆心. 又啓發法門爲唱, 引接物機爲導.】光輝佛乘.

---

1) ㉺ 高僧傳 : 이 글자들은 원문의 협주이다. 2) ㉺ '固'는 '同'으로 되어 있는 곳도 있다.

주

i   삼혜三慧를 온전히~항상 굴린다 : 삼혜는 문혜聞慧·사혜思慧·수혜修慧이고, 이의二
    依는 '능의能依'인 경전과 '소의所依'인 그 속의 이치를 가리킨다.
ii 금성탕지金城湯池 : 난공불락의 요새지를 뜻한다.
iii 감응하여 마침내 통하니(感而遂通) : 『周易』「繫辭傳上」에서 "역은 생각이 없고 하는
    것도 없어 적막하게 움직이지 않다가 느낌이 있음에 미쳐서는 마침내 천하의 일을 통
    한다.(易无思也无爲也, 寂然不動, 感而遂通天下之故.)"라고 한 데서 온 말이다.

혹암 사체 선사의 상당법문[1]

납승의 행동이 어찌 평범하겠는가?
칼집에서 나온 취모검은 감추어지지 않는다.
음식을 빼앗고 경작하는 소를 몰아[2] 바른 명령을 온전하게 하니
어디에도 귀신의 몫은 없다.[3]

或庵體禪師上堂【焦山或庵師體禪師, 台州羅氏子, 嗣護國景元禪師.】
衲僧行李豈尋常? 出匣吹毛不隱藏.
奪食驅耕【奪飢人之食, 駈耕夫之牛, 祖師正令, 沒情解也.】全正令, 東西無復鬼分贓.【南泉遊莊舍事.】

---

1 초산焦山 혹암 사체或庵師體 선사는 태주台州 나씨羅氏의 자손으로 호국 경원護國景元 선사의 법을 이었다.
2 굶주린 자의 밥을 빼앗고 밭을 가는 농부의 소를 모니 조사의 바른 명령이 알음알이를 없앤다.
3 남전南泉이 장사莊舍를 유람하던 일이다.*
  * 남전南泉이~일이다 : 『宗門拈古彙集』 권9(X66, 53a2~a6)에 다음과 같은 일화가 나온다. 남전 선사가 장원에 갔는데 장원의 주인이 미리 준비해 놓고 스님을 영접하였다. 남전이 말했다. "노승은 평소에 출입을 할 때면 다른 사람들이 알지 못하도록 하였는데 어찌하여 이렇게 일찍이 준비하였는가?" 장원의 주인이 말했다. "지난밤에 토지신이 와서 알려 주었습니다." "왕노사가 수행력이 부족하여 귀신들이 엿보게 되었구나." 시자가 곧 물었다. "이미 큰 선지식인데 어찌서 도리어 귀신이 엿보게 되었습니까?" 남전이 말했다. "토지신 앞에 밥 한 그릇을 더 놓아라."

대중에게 법어를 보이다

남몰래 이주驪珠를 뿌려도 기와조각이 되고[1]
한가롭게 짐독鴆毒을 부어도 제호醍醐가 된다.[2]
원수를 은혜로 보답하여 오랑캐 종자를 소멸시키면
보는 이마다 친한 이 없는 참된 장부이다.[3]
아무도 가지 않은 불모지를 다니며
안주하여 머물지 말고 무심하게 다녀라.[4]
바람을 맞으며 활발하게 입에 발린 말을 지껄이니
온 집안사람들을 불구덩이에 들어가게 할 것이다.[5]
배움을 끊고 하는 일 없어도 통달했다고 은밀히 불리니
하늘보다 앞서고 땅보다 뒤서는 활발한 허공이로다.[6]
조사의 뜻을 이리저리 누설하니
어찌 온 집안사람들이 깨치지 않을 수 있으랴![7]
어머니로부터 물려받은 옷을 찢어 버리고(搽)[8] 가사를 입어

---

1 명월주明月珠와 야광벽夜光璧을 어두울 때 사람에게 던지니 검을 만지며 서로 살피지 않음이 없다.
2 윗구절은 삿된 사람이 바른 법을 연설하는 것과 같고, 아랫구절은 바른 사람이 삿된 법을 연설하더라도 삿된 법이 다 바른 데로 돌아가는 것과 같다.
3 이 두 구절은 불법의 두 견해에 떨어지지 않아서 원수와 친한 이가 평등한 몰량대인沒量大人*이다.
  *몰량대인沒量大人 : 진리를 크게 깨쳐 살활자재·생사자유하는 큰 도인을 일컫는 말이다. 보통 사람으로서는 도저히 측량할 수 없을 정도로 큰 인물이란 뜻이다. 몰량한 沒量漢이라고도 한다.
4 위 두 구절은 종적을 소멸함이다.
5 가풍을 드날림이다. 만약 단공斷空을 말한다면 수많은 사람들을 밑 없는 구덩이로 빠트릴 것이다.
6 살리기도 하고 죽이기도 하며 종횡무진할 수 있다.
7 조사의 바른 명령을 제시하니 누구인들 허락하지 않겠는가?
8 (차搽는) 음이 차借이니 찢어 버리는 것이다.

한쪽 어깨 여며서 소매를 드러내어도 부끄럽지 않도다.

호인胡人이 오고 한인漢人을 나타냄이ⁱⁱⁱ 어려운 것이 아니니

일대사를 누구에게 짊어지게 할 것인가?⁹

설익고 거친 사람은 특별히 대개 촌스러우니

선배들을 품평하고 후학들을 업신여긴다.

우뚝 솟은 봉우리에서 머리를 흔들고 손을 놓으니¹⁰ 어찌 죽일 수 있겠는가?

몽둥이에 눈이 있어 하늘과 땅을 덮는다.¹¹

태평시대에 전쟁이 그쳤으니

아이들이 많아짐을 어찌하랴!

급한 물살의 여울가에서 곧은 낚싯바늘을 던지니

비단잉어는 만나지 못하고 쓸데없이 그물만 많네.¹²

남아의 발걸음 장안에 통하니

앉거나¹³ 옷을 걸침에¹⁴ 어찌 자만하겠는가?

석 자(三尺) 되는 검의 서늘한 빛이 밤하늘의 달을 비추고

한 줄기 가을 물이 사람의 추위를 쫓는다.¹⁵

눈먼 나귀가 뿌린 씨에 의지하지 말고¹⁶

---

9 근기에 맞추어 중생을 제도함이 밝은 거울이 대에 걸려 있는 것과 같으니 일대사를 짊어지는 것은 오직 당사자에게 달려 있다.
10 머리를 흔들고 손을 놓다.
11 높은 봉우리에 홀로 머물지 말고 반드시 향기 나는 풀 언덕으로 가야 한다.
12 당나라 장지화張志和는 호가 연파조도烟波釣徒이다. 곧은 낚싯바늘에 미끼를 물리지 않았으니 고기를 잡는 데에 뜻이 있지 않았다. 『楚辭』에서는 "곧은 바늘로 낚싯바늘을 삼으니, 어떤 고기를 낚겠는가?"라고 하였다.
13 증득하는 문.
14 교화하는 문.
15 석 자와 한 줄기가 어찌 삼구三句와 일구一句를 말한 것이겠는가? 칼과 물과 달이 모두 큰 지혜가 홀로 드러나 있음을 말한 것이다.
16 눈먼 종사가 한 설법을 의지해서는 안 된다.

옛 누각의 깊은 빗장을 침 묻은 손으로 여노라.17
편안한 태평시대에 또한 혼자 걸으니
고래처럼 피를 뿜는 한마디 칼날에 공력을 돌리노라.18
몸을 가르고 목숨을 바쳐 원수19를 토벌하니
뜨거운 피가 솟아남에 어찌 쉴 수 있겠는가?
큰집에 다시 이르렀으나 자투리땅도 없으니
빈손으로 가서 구름이나 차지하네.20
대용大用을 온전히 제시해도 새를 잡는 그물이고21
비춤을 끊고 기략을 잊어도 거북이가 짊어진 지도로다.22
이 선문禪門에 들어오면 모두가 옳지 않으니23
어떻게 누린내 나는 늙은 오랑캐(달마대사)가 왔다 감이 있겠는가?
자신의 일상생활에서 온전한 진리를 드러내니
무슨 행운行雲과 곡신谷神을 선택하겠는가?24
합장하고 고개 숙이며 차수하는 곳에
거친 말과 자세한 말이 그 사람에게 달려 있다.25
형상을 떠나고 이름을 떠나니 실다운 법이 없고
마음도 아니고 부처도 아니라니 의심스럽도다.

---

17 무명無明의 장식藏識을 한 주먹으로 타파한다.
18 바다 같은 마음이 고요하고 맑으면 공력이 한 자루의 칼에 있다.
19 무명번뇌의 도적.
20 적장을 잡아죽이고서 소굴을 소탕하고 그때 홀로 걸으며 하늘 밖으로 벗어난다.
21 새가 그물에 갇힌 것과 같으니 어찌 자유를 얻겠는가?
22 우임금이 물을 다스릴 때에 신이한 거북이가 지도를 짊어지고 호수濠水에서 나왔는데 죽음에 이르렀으니, 어찌 상쾌하지 않겠는가?
23 한 구석에 막히지 않고 대기와 대용을 나란히 베푼다.
24 『老子』에서는 "곡신은 죽지 않는다."라고 했는데, 곡谷은 기름(養)이다. 행운과 곡신은 체와 용이다.
25 유有를 말하든 공空을 말하든 그 사람으로부터 나온다.

지극한 도리를 분명히 알았어도 전해 주기 어려우니
자기도 모르는 사이에 소리에 섞여 내보낸다.[26]
지랑支郞[27]이 낙양에 들어가 많은 이야기를 만들어 내니
목구멍(咽喉)[28]을 찍어 누름에 어찌하랴!
몸을 바꾸고 기개를 더하였으나
가련하도다! 매가 새로운 그물을 뚫고 이미 지나가 버렸다.[29]

示衆

暗撒驪珠成瓦礫【明月之珠, 夜光之璧, 以暗投人, 則莫不按釰相眄.】閑傾鴆毒是醍醐.【上句, 如邪人說正法, 正法悉歸邪. 下句, 正人說邪法, 邪法悉歸正.】
冤將恩報滅胡種, 擧眼無親眞丈夫.【此二句, 不落佛法二見, 冤親平等沒量大人.】
着脚孤危草不1)生, 勿棲2)泊處等閑行.【上二句, 沒蹤由也.】
臨風闊却噇空口, 斷送3)渾家入火坑.【發揚家風. 若說斷空, 使無窮人, 墮無底坑.】
絶學無爲暗號通, 先天後地活虗空.【能殺·能活·能縱·能橫.】
縱橫漏泄祖師意, 爭得渾家不點頣!【提挈祖令, 孰不肯許?】
撘【音借, 裂開也.】破孃生怙肉衫, 袒肩赤膊不羞慚.
胡來漢現非難易, 大事敎誰更荷擔?【當機接物, 若明鏡當臺, 荷擔大事, 只在當

---

26 사람을 놀라게 하는 한마디 소리가 자기도 모르는 사이에 입에서 나온다.
27 월지국月支國의 거사 지겸支謙이 처음에는 낙양에 들어가서 지량支亮에게 수업받았고 지량은 지섬支纖에게 수업받았으니 세간에서는 "천하의 박식한 자도 삼지三支를 벗어나지 못한다."라고 하였다. 지겸은 눈에 흰자위가 많고 눈동자가 노란색이었으니 사람들이 "지랑의 눈동자가 노랗다."라고 하였다.
28 「醫經」에서는 "인咽이라는 것은 물을 삼키고 후喉라는 것은 기운을 삼킨다."라고 하였다.
29 언어에 막혀 있는 자에게 불립문자의 소식을 보여 주니, 그가 비록 곧바로 맞추려고 하나 불도와는 멀고도 멀 뿐이다.

人.】

生獰別是一般村, 品藻先賢薄後昆.

掉放【掉頭放手.】孤峯爭合殺? 棒頭有眼盖乾坤.【不可獨宿高峯, 須行芳草岸頭.】

清平世界罷干戈, 無奈兒曹籍甚何!

急水灘頭抛直釣, 錦鱗不遇枉多羅.【唐張志和, 號烟波釣徒, 直鉤不設餌, 志不在魚.『楚辭』: "以直針而爲鉤, 維何魚之能得?"】

男兒脚底透長安, 得坐【證門】披衣【化門】肯自謾?

三尺冷光輝夜月, 一條秋水迸人寒.【三尺一條, 豈三句一句之謂耶? 釼[4)]及水與月, 並言其大智獨露.】

瞎驢種草不消憑,【瞎眼宗師所有示說, 不可憑據也.】舊閣重關唾手嬴.【無明識藏, 一拳打破.】

湖海晏清還獨步, 功歸寸刃血長鯨.【心海澄清, 功在一釼.[*]】

判身捨命討寃讎【無明煩惱賊】, 熱血相噴肯便休?

反到[5)]大家無寸土, 空雙手去占雲頭.【虔劉渠帥, 傾蕩巢穴, 獨步當時, 出頭天外.】

全提大用鳥投網,【如鳥羅網, 豈得自由?】絶照忘機龜負圖.【禹治水時, 神龜負圖而出滬水, 以至於死, 亦何快便?】

入此門來都不是,【勿滯一隅, 機用齊施.】如何降降老臊胡?

已躬日用露全眞, 選甚行雲與谷神?【『老子』: "谷神不死." 谷, 養也. 行雲谷神, 亦體用也.】

合掌低頭叉手處, 㒒言細語在當人.【說有說空, 出自當家.】

離相離名無實法, 非心非佛若爲猜.

了知極則難分付, 不覺和聲送出來.【驚人一聲, 不覺出口.】

支郞【月支國居士支謙, 初入洛陽, 受業于支亮. 亮受業于支䜟, 世稱"天下博知, 不出三支." 謙爲人, 眼多白而睛黃. 人曰: "支郞眼中黃."】入作葛藤多, 捏之咽喉【『醫經』: "咽者, 嚥水. 喉者, 候氣."】不奈⁶⁾何!

轉得身來添氣急, 可憐鷂子過新羅.【滯在言詮者, 直示之以沒文字消息, 渠雖欲直截承當, 與道遠之遠矣!】

---

1) ㉭ '不'은 '木'으로 되어 있는 곳이 있다. 2) ㉭ '棲'는 '捿'로 되어 있는 곳도 있다.
3) ㉭ '送'은 '法'으로 되어 있는 곳도 있다. 4) ㉭ '釼'은 '釰'과 통용된다. 아래에도 같다. 5) ㉭ '到'는 '倒'로 되어 있는 곳도 있다. 6) ㉭ '奈'는 '柰'로 되어 있는 곳도 있다.

주

i   이주驪珠 : 용의 턱 아래에 있다고 전해지는 구슬로 얻기 어려운 값비싼 보물을 비유한 말이다.
ii   호인胡人이 오고 한인漢人을 나타냄이 : "밝은 거울 앞에 오랑캐가 오면 오랑캐가 나타나고 한인이 오면 한인이 나타난다(胡來胡現, 漢來漢現)."라는 말이다.

소참법문

맨몸으로 힘을 쓰는 담판한擔板漢[i]이여!
어리석은 옴병 환자 두 눈썹만 치켜세우네.
문득 공부 이룬 곳을 형언하기 어려우니
부처와 조사라도 당장에 지휘를 받아야 하리라.[1]

小參
赤骨力窮擔片板, 顢痴敎癩堅雙眉.
驀生做處難名狀, 佛祖當頭聽指揮.【得到名狀不得處, 佛祖亦立下風.】

---

1 형언할 수 없는 곳에 이를 수 있다면 부처와 조사라도 즉시 복종하여야 한다.

주

i 담판한擔板漢 : 어깨에 맨 판자가 한쪽을 가려 양쪽을 모두 보지 못하는 사람에 빗대어 전체를 보지 못하고 한쪽에 사로잡힌 편견을 가진 사람을 말한다.

결좌

한 주먹으로 아버지(爺)를 쳐서[1]
승부를 보지 못했다면 놓아주지 말라!
장애를 잘라 버려 목숨을 다할지니
입이 비뚤어지고[2] 코가 납작해져야(塌)[3] 온전한 재목을 드러내리라.

結座

一拳也是打爺來.【爺, 如云: "以無明爲父也."】未有輸贏莫放開!
割捨拍[1]盲窮性命, 觜喎【口戾不正也.】鼻塌【低下也.】見全材.

---

1) ㉠ '拍'은 '怕'로 되어 있는 곳도 있다.

---

1 야爺는 "무명無明으로 아버지를 삼는다."라고 말한 곳이 있다.
2 입이 비뚤어져 바르지 않은 것이다.
3 아래로 내려앉음이다.

진정 극문 선사의 게송[1]

삭발하다 칼날에 쌓인 흰 머리칼에 놀라
남은 세월 넉넉잖음을 그제서야 알았네.
생과 사를 벗어나려면 힘써 부처 이룰지니
내일 아침 모레 아침을 기다리지 말라.

眞淨文禪師頌【洪州寶峯寺眞淨克文禪師, 閔鄕鄭氏子, 嗣黃龍惠南禪師.】
剃髮因驚雪滿刀, 方知歲月不相饒.
逃生脫死勤成佛, 莫待明朝與後朝.

---

1 홍주洪州 보봉사寶峯寺의 진정 극문眞淨克文 선사는 민향閔鄕 정씨鄭氏의 자손으로 황룡 혜남黃龍惠南 선사의 법을 이었다.

영지 원조 율사의 게송

교법 듣고 참선하나 바깥으로 치달을 뿐
머리 돌려 한 번도 음미한 적 없네.
안광이 떨어질 때 앞길이 아득해서야
평소에 마음 잘못 쓴 것 비로소 알 테지.

靈芝照律師頌
聽敎叅禪逐外尋, 未甞回首一沈吟.
眼光欲落前程暗, 始覺平生錯用心.

고덕이 가르침을 내리다

지옥에 있는 것은 큰 고통이 아니니
가사 걸친 이의 고통을 듣지 못했는가?
생사의 일대사를 또한 아는가?
청산 백운 속에 눕지 말라.

古德垂誡
地獄之中未是苦, 袈裟之下苦無聞?
死生大事還知否? 莫向靑山臥白雲.

간경을 권면하다

보시한 경전은 일찌감치 보아야 하니
시주의 이익이 줄어들어도 나는 개의치 않노라.
승려들에게 부지런히 독송하기를 받들어 권하노니
철창에서 세월 가기를 기다리지 말라.

勉看經
檀那經卷早宜看, 施利雖虧我不安.
奉勸僧尼勤讀誦, 鐵窓莫待電光寒.

인연에 감응하기를 권면하다

출가해서 하는 일이 모두 황당하니
몸과 마음을 짊어진 채 개미처럼 바쁘구나.
명부에 올려진 독경거리들은 늘어만 가고
눈앞의 업장은 자신이 감당해야 하네.
문도들은 시줏물을 물고기가 아가미 빨아들이듯 쉽게 받아서
기름과 소금 사들여 눈 녹듯 허비해 버리네.
세월이 가고 옴에 어느 때에 마칠 것인가?
장차 무엇을 가지고 염라대왕을 보려나.

勉應緣

出家事業總荒唐, 嬴得身心蟻子忙.
薄上轉經多積欠, 眼前業障自身當.
門徒施利魚鬐水, 買得油塩[1]雪見湯.
年去年來何了日? 不知將底見閻王.

---
1) ㉘ '塩'은 '鹽'으로 되어 있는 곳도 있다.

머물러 지킬 것을 권면하다[1]

깊이 탄식하노니, 말법시대에 참으로 비통하도다.
그 누구도 불법을 주장하는 이가 없구나.
글을 읽을 줄도 모르면서 먼저 강석에 앉고
행각을 한 적도 없으면서 편히 선당에 오르네.
돈을 가지고 절을 찾는 것은 미친개와 같고
텅 빈 배[i]에 마음만 높은 것이 아양승啞羊僧[ii]과 같구나.
후학들에게 받들어 권하노니, 이런 짓 하지 말고
오랫동안 받을 지옥 고통을 모면하게 하라.

勉住持【住持者, 安住道德, 執持敎化, 令法久流故也. 又住於眞性, 持而不失.】
深嗟末法實悲傷, 佛法無人爲主張.
未解讀文先坐講, 不曾行脚便陞堂.
將錢訂院如狂狗, 空腹高心似啞羊.
奉勸後賢休繼此, 免敎地獄苦時長.

---

1 주지住持는 도와 덕에 편안히 머물면서 교화를 지켜 법이 오래도록 유통되게 하는 것이다. 또는 참된 성품에 머물러 지키면서 잃지 않게 하는 것이다.

▌주

i 텅 빈 배 : 독서량이 없는 것을 텅 빈 배로 표현한 것이다.
ii 아양승啞羊僧 : 어리석은 비구가 계율을 분별하지 못하여 죄를 짓고도 참회할 줄 모르는 것을 벙어리 염소가 죽을 때 소리를 내지 못하는 것에 비유한 것이다.

동산 화상이 스스로에게 훈계하다

명예를 구하지 않고 영화도 구하지 않고
그저 인연 따라 일생을 보낼 뿐
세 치 혀의 기운이 사라지면 그 누가 주인인가?
이 한 몸 죽은 후에 헛된 이름 부질없네.
옷가지 떨어진 곳 겹겹이 꿰매 입고
먹을 양식 없을 때는 이따금 마련하리.
허깨비 같은 몸뚱이는 며칠이나 가겠는가?
저 헛된 일을 위해 무명만 기를 뿐이네.

洞山和尙自誡
不求名利不求榮, 只麽隨緣度此生.
三寸氣消誰是主? 百年身後謾虛名.
衣裳破處重重補, 粮食無時旋旋營.
一箇幻軀能幾日? 爲他閑事長無明.

설봉 의존 선사가 민 지역에 들어가다[1]

세월은 순식간에 잠깐이니
덧없는 세상에 어찌 오래 머물 수 있겠는가?
재 넘어올 때 서른둘이었던 나이가
민 땅에 들어와선 벌써 마흔이 넘었네.
타인의 잘못은 자주 거론하지 말고
자기의 허물은 점차 제거해야 한다.
조정에 가득한 벼슬아치들에게 알려 주노니
염라대왕은 금어金魚[i] 찬 이들을 두려워하지 않는다네.

雪峯存禪師入閩【雪峯義存禪師, 泉州南安曾氏子, 嗣德山.】
光陰倏忽暫須臾, 浮世那能得久居?
出嶺年登三十二, 入閩早已四旬餘.
他非不用頻頻擧, 己過當須漸漸除.
爲報滿朝朱紫道, 閻王不怕佩金魚.

---

1 설봉 의존雪峯義存 선사는 천주泉州 남안南安 증씨曾氏의 자손으로 덕산德山의 법을 이었다.

▌주

i 금어金魚 : 금어는 품계가 높은 관료들이 차던 물고기 모양의 금부金符이다.

굉지 선사가 대중에게 법어를 보이다[1]

호리蒿里[i]의 새 무덤들 모두 소년이었으니
수행하며 귀밑머리 반백 되길 기다리지 말라.
죽고 사는 일대사를 반드시 깨우쳐야 하니
지옥 시절 기나긴데 어찌 소홀하리오!
도업 이루지 못하면 무엇에 의지할까?
사람 몸 한 번 잃으면 언제 다시 돌아올까?
앞길이 캄캄하고도 험난하니
하루 종일 스스로 구해야(奸) 한다.[2]

宏智禪師示衆【天童山正覺禪師, 隰州李氏子, 嗣丹霞淳公. 高宗賜諡宏智.】
蒿里新墳盡少年, 修行莫待鬢毛斑.
死生事大宜須覺, 地獄時長豈等閑!
道業未成何所賴? 人身一失幾時還?
前程黑暗路頭險, 十二時中自着奸.[1)]【『史』: "欲奸湯而無由." 『劉向傳』云: "奸死亡之誅." 又云: "以奸名譽", 皆訓干, 謂求也.】

---

1) ㉘ '奸'은 '奷'로 되어 있는 곳도 있다.

---

1 천동산天童山의 정각正覺 선사는 습주隰州 이씨李氏의 자손으로 단하 자순丹霞子淳의 법을 이었다. 고종高宗이 굉지宏智라는 시호를 하사하였다.
2 『史記』에서는 "탕탕을 구하려(奸) 하지만 얻을 수가 없다."라고 하였고, 『劉向傳』에서는 "사망의 주벌을 요구한다(奸)."라고 하였고 또 "명예를 구한다(奸)."라고 하였는데, (간 奸은) 모두 뜻이 '요구함(干)'이니 구함을 말한다.

▌주

i 호리蒿里 : 본래 태산泰山 남쪽에 있는 산인데 죽은 사람들을 모두 여기에 장사 지냈
   으므로 후세에는 묘지를 가리키게 되었다.

병든 승려를 보살피다

옛 벗을 찾아 회포를 푸나 실로 마음이 아프니
여러 해가 지나도록 홀로 열반당에 누워 있네.
대문 앞엔 길손도 없고 창살에는 종이도 떨어진 채
화로엔 싸늘한 재만 있고 자리에는 서리만 남았네.
병든 후에야 비로소 몸 괴로운 줄 아니
건강할 땐 남을 위해 바쁜 적 많았지.
나에게는 본래부터 편히 쉬는 법 있으니
팔고八苦[1]가 들볶아도 전혀 상관없네.

省病僧

訪舊論懷實可傷, 經年獨臥涅槃堂.
門無過客窓無紙, 爐有寒灰席有霜.
病後始知身自苦,[1] 健時多爲別人忙.
老僧自有安閑法, 八[2]苦交煎總不妨.

---

1) ㉠ '苦'는 '若'으로 되어 있는 곳도 있다. 2) ㉠ '八'은 '入'으로 되어 있는 곳도 있다.

주

i 팔고八苦 : 이 세상에 태어난 사람이라면 누구나 겪어야 할 여덟 가지의 괴로움으로 생생·노老·병病·사死·애별리고愛別離苦·원증회고怨憎會苦·구부득고求不得苦·오음성고五陰盛苦이다.

대혜 화상이 문도에게 법어를 보이다

출가해서 뜻을 세웠다면 반드시 부지런해야 하며
훌륭한 사람들과 때때로 가까이해야 한다.
어떤 경우에도 어리석은 도반들을 따르지 말며
실족할 때조차 풍진세상에 떨어질까 염려하라.
불량한 소인배들은 자주자주 멀리하고
뜻을 이룬 훌륭한 무리들은 자주자주 친할지니
나의 이러한 가르침에 의지한다면
불가의 동량棟梁에도 끼일 수 있으리라.

大慧和尙示徒
出家立志切須勤, 也要時時近好人.
蹭蹬莫隨愚伴侶, 蹉跎又恐落風塵.
無良小輩頻頻脫, 得意[1]高流數數親.
若也依吾如是誡, 佛家梁棟亦堪陳.

1) ㉿ '意'는 '義'로 되어 있는 곳도 있다.

방거사의 게송

다만 스스로 만물에 무심하면
만물이 항상 둘러싼들 무슨 방해랴!
무쇠소는 사자후를 두려워하지 않으니
마치 나무 장승이 꽃과 새를 보듯 하네.
나무 장승의 본체는 마음이 없으니
꽃과 새가 그를 만나도 놀라지 않네.
마음과 경계의 여여함이 그저 이와 같으니
깨달음을 이루지 못할까 어이 근심하리!

龐[1])居士頌
但自無心於萬物, 何妨萬物常圍遶!
鐵牛不怕獅子吼, 恰似木人見花鳥.
木人本體自無情, 花鳥逢人亦不驚.
心境如如只遮是, 何慮菩提道不成!

---
1) ㉮ '龐'은 '龎'으로 되어 있는 곳도 있다.

스스로를 보전하는 잠언

고소姑蘇의 무작無作이 찬집하다[1]

대저 덕으로써 명예를 구하지 않으면 이를 악명惡名이라 하고, 도道로써 이익을 구하지 않으면 이를 악리惡利라 한다. 악명은 지혜로운 자가 싫어하는 것이고, 악리는 다가올 업이 두려워하는 대상이다. "최상의 덕은 덕이 있다고 여기지 않는 것이다.(上德不德)"라는 것은 노자의 진실한 말씀이고, 사사四邪[2]와 오사五邪[3]는 불가에서 금기 사항이다. 차라리 진실하여 잃을지언정 거짓으로써 얻어서는 안 된다. 소인은 악명의 명성을 좇지만 군자는 큰 이익의 이로움을 보존한다. 복이 약하고 재물이 강하면 재물은 반드시 재앙이 되고, 덕이 적고 책임이 크면 책임은 바로 해로움이 된다. 옛사람들은 마음을 통달하고자 할 뿐, 몸을 통달하려고 하지는 않았다. 저들의 훌륭한 점을 가리지 말고 나의 훌륭한 점을 드러내지 말라. 이렇게 한다면 천명을 알고 도에 합하여 일생토록 스스로를 보전할 수 있으리라.

自保銘

姑蘇無作譔【譔者, 集也. 採錄諸文, 以成章句.】

---

1 찬譔이라는 것은 모았다는 것이니, 여러 글을 채록해서 장구를 이룸이다.
2 첫 번째는 하구식下口食이니 (출가자로서) 씨 뿌리고 심고 약을 파는 등(으로 부정하게 살아가는 것)이다. 두 번째는 앙구식仰口食이니 별자리를 관찰하는 등이다. 세 번째는 방구식方口食이니 사방으로 사람을 놓아 교류하거나 권세 있는 자들에게 아첨하는 등이다. 네 번째는 유구식維口食이니 주술과 점치는 행위 등이다.
3 첫 번째는 특이한 상相을 거짓으로 보여 주는 것이다. 두 번째는 자신의 공덕을 스스로 말함이다. 세 번째는 길흉을 점치는 것이다. 네 번째는 소리 높여 위의를 나타냄이다. 다섯 번째는 얻을 이익을 말해서 사람들의 마음을 동요시킴이다.

夫求名者,不以德而求之,謂之惡名;求利者,不以道而求之,謂之惡利.惡名爲智人之所嫌,惡利有來業之所畏.上德不德,老氏誠言;四邪【一下口食,種植賣藥等.二仰口食,仰觀星宿等.三方口食,通使四方,曲媚權勢等.四維口食,呪術卜筭等.】五邪【一詐現異相,二自說功德,三占相吉凶,四高聲現儀,五說所得利以動人心.】,釋門切忌.寧以實而失,不以僞而得.小人趁惡名之名,君子存大利之利.福劣財彊,財必爲殃;德薄任大,任速成害.古人者,只要心達,不要身達.他賢莫揜,我賢莫伐.若如是,則知其命,合其道,終一身而自保.

상축사 불광 법조 법사가 소사 정오에게 보이다[1]

사람 되기가 어렵고 남의 스승 되기가 쉽지 않으니, 어려운 것은 무엇인가? 자질과 학문과 식견과 기상이다. 자질이 없고 학문이 없고 식견이 없고 기상이 없으면 이러고서도 사람이 될 수 있는 자는 없다. 자질이 있은 후에 학문이 있고, 학문이 있은 후에 식견이 있고, 식견이 있은 후에 기상이 있으나 이렇다고 사람이 될 수 있는 것은 아니니 어째서인가? 자질이 높지 않으며 학문이 넓지 않으며 식견이 밝지 않으며 기상이 바르지 않으면 사람이 될 수 없다.

자질이 높지 않으면 용렬하고, 학문이 넓지 않으면 막히고, 식견이 밝지 않으면 간사하고, 기상이 바르지 않으면 거칠다. 자질이 높으면서도 지혜로우며, 학문이 넓으면서도 통달하며, 식견이 밝으면서도 바르며, 기상이 바르면서도 정연하면, 이 네 가지가 갖추어져야 제대로 사람이 될 수 있다. 그러나 남의 스승이 되려고 하면 아직 안 되니 어째서 쉽지 않은가? 종지宗旨와 교의敎義와 법상法相 때문이니 종지를 얻지 못하고, 법상을 통달하지 못하고, 교의를 변별하지 못하면 스승이 될 수 없다.

종지를 제시할 수 있으며 교의를 분석할 수 있으며 법상을 이해할 수 있어도 스승의 전수가 없고 경계를 관찰함이 분명하지 않으면서 남에게 스승이 될 수 있는 자는 없다. 스승의 전수가 바르고 경계를 관찰함이 분명하더라도 부처님의 뜻을 깨달아 환히 꿰뚫을 수 없는 자는 스승이 될 수 없다. 또한 깨달아서 환히 꿰뚫었더라도 경계를 관찰함을 잊지 못하고, 지견을 끊지 못하며, 대상의 애착(法愛)에서 벗어나지 못하고서 대도

---

1 옛 주석에서는 "일찍이 오吳 땅의 북선사北禪寺에 머물렀으며 호가 동병東屛이다."[*]라고 하였다. ○법명이 법조法照며 경산徑山 상천축교사上天竺敎寺에 머물렀으며 불광佛光이라는 호를 하사받았다.
　* 일찍이~동병東屛이다 : 이 주는 성화본『緇門警訓』에 그대로 나온다.

사大導師가 될 수 있는 자는² 없다. 세 가지를 갖추었더라도 나아가고 물러남과 얻고 잃음을 알지 못하는 자는 스승이 될 수 없다. 그러므로 "사람 되기가 어렵고 남의 스승 되기가 쉽지 않다."라고 한 것이다.

上竺佛光照法師示小師正吾【舊註: "甞住吳之北禪, 號東屛." ○名法照, 住徑山上天竺敎寺, 賜號佛光.】

爲人難, 爲人師不易, 難者何? 曰天資, 曰學問, 曰識見, 曰氣像.¹⁾ 無天資, 無學問, 無識見, 無氣像,* 若是而能爲人者, 未之有也; 有天資而後有學問, 有學問而後有識見, 有識見而後有氣像,* 若是能爲人, 未也. 是何也? 天資不高, 學問不博, 識見不明, 氣像*不雅, 猶之不能也. 不高則庸, 不博則窒, 不明*則回, 不雅則野. 高而智, 博而達, 明而正, 雅而文, 四者備,²⁾ 能爲人矣, 而欲爲人師者, 未之可也, 曷爲不易? 曰宗旨, 曰敎義, 曰法相, 不得乎宗旨, 不通乎法相, 不辨乎敎義, 猶之不可也. 能提宗旨矣, 能析敎義矣, 能解法相矣, 不有師承, 不明*境觀, 而能與人爲師者, 未之有也. 師承正, 境觀明,* 而不超悟洞徹佛意者, 猶之不能也. 亦旣超悟洞徹矣, 不能忘境觀, 絶知見, 離法愛, 爲大導師者,【『思益經』云: "於墮邪道衆生, 生大悲心, 令入正道, 不求報恩, 故曰導師."】未之有也. 三者具矣, 而不知進退得失者, 猶之不可, 故曰: "爲人難, 爲人師不易."

---

1) ⓦ '像'은 '象'으로 되어 있는 곳도 있다. 아래에도 같다. 2) ⓦ '備'는 '俻'로 되어 있는 곳도 있다.

---

2 『思益經』에서는 "삿된 도에 떨어진 중생에게 큰 자비심을 내어 바른 도에 들어가게 하면서도 보은을 구하지 않으므로 도사導師(이끄는 스승)라 한다."*라고 하였다.
  *삿된~한다 : 『思益梵天所問經』 권3(T15, 48c10~11)에는 다음과 같이 나온다. "若菩薩於墮邪道衆生, 生大悲心, 令入正道, 不求恩報, 是名菩薩."

규봉 선사가 학도에게 자세하게 보이다

한 번 이별한 뒤로 그대를 항상 생각하였는데, 아침저녁으로 마음씀을 어떤 경계에 두었는가? 번뇌를 등지고 깨달음에 합하였는가? 바깥 경계와 안의 마음을 뚜렷이 알아차려 상관하지 않는가? 선정과 지혜에 마음이 편안하며 알맞은가? 수행하다가 보리심을 잃으면 지각知覺이 모두 마군의 업이 되지는 않는가?

자주자주 관찰하고 부지런히 비추어 보아 번뇌의 습기가 일어나면 그 자리에서 그쳐야 하거늘, 잠시라도 따라가지도 말며 소멸시키지도 말라. 어째서인가? 신기루(陽燄)의 물은[1] 따라갈 수도 없으며 소멸시킬 수도 없기 때문이다.

따라가지 못하기 때문에 범부에 떨어져 방종해짐을 모면하고, 소멸시키지 못하기 때문에 이승에 떨어져 조복됨을 모면한다. 원종의 돈교는 끝내 이와 같으니, 다만 본성과 상응하기만 하면 깨달음의 지혜가 자연히 끊어짐이 없으리라. 오랜 시간의 일을 다 갖추어 쓰기 어려우므로 대략 큰 부분만 나타낼 뿐이다. 각자 노력해라. 많이 말하지 않겠다.

圭峯禪師示學徒委曲
一從別後, 相憶是常, 未審朝暮用心, 在何境界? 得背塵合覺否? 外境內心, 覺了不相關否? 定慧輕安適悅否? 修行若忘失菩提心, 知之總是魔業否? 數數覺察, 勤勤觀照, 習氣若起, 當處即休, 輒莫隨之, 亦莫滅之. 何以故? 陽燄之水,【陽燄者, 風塵日光交者也. 渴鹿謂之爲水, 終日趁逐, 竟至渴乏而死.】不應趁故, 不應滅故, 不應趁故, 免落凡夫縱情, 不應滅故, 免墮二乘

---

[1] 양염陽燄이라는 것은 풍진風塵과 햇빛이 교차한 것이다. 목마른 사슴이 이를 물이라고 여겨 종일토록 쫓아갔는데 마침내 목마르고 궁핍하여 죽고 말았다.

調伏. 圓宗頓教, 畢竟如斯, 但與本性相應, 覺智自然無間. 長時之事, 難可具書, 畧標大分, 自須努力. 不多述也.

측간에 갈 때의 법도

측간에 가는 법도는 율장에 자세히 밝혀 놓았다. 몸을 깨끗이 하고 엄정하게 하여 성현들께 가까이 가고자 한다면 몸을 깨끗이 씻고 손을 씻어야 하는데, 여기에는 각각의 법도가 있다. 만약 다 알지 못하면 도리어 그 손을 더럽혀서 향을 사르거나 예불을 하거나 합장하거나 물건을 잡아서 매번 더럽히게 될 터이니, 삼가지 않을 수 있겠는가?

지금 옛 법도에다가 조금 더하거나 줄이려 하는데, 세세한 행위까지는 참으로 상세히 거론하기가 어렵다. 대저 갖가지로 움직이고 쓸 때마다 모두 방편으로 사람의 의근意根을 보호하는 곳이 있으니 스스로 무엇을 만나든지 이를 길러야 한다.

『서경』에서 "작은 행실을 조심하지 않으면 마침내 큰 덕에 누를 끼칠 것이다."[1]라고 말하지 않았던가? 하물며 출가한 무리에 있어서랴? 부디 고명한 자들이 후학들에게 이를 권면하기를 바란다.

○ 경전에는 "만약 측간에 가서 깨끗하게 씻지 않는 자는 대덕의 무리에 들어갈 수 없으며, 선상禪床에 앉을 수 없으며 보전寶殿에 들어갈 수 없다."라고 하였다.

○ 정통이 속은 깨끗하고 밖은 더러운지를 반드시 알아야 하니, 정통을 수조 속으로 넣어 물을 담아서는 안 된다. 반드시 물바가지를 이용하여 물을 떠서 통 속에 부어야만 한 수조의 물을 더럽히는 것을 막

---

1 『尙書』에서는 "작은 행실(細行)을 조심하지(矜) 않으면 마침내 큰 덕에 누를 끼칠 것이니 아홉 길의 산을 만드는데 공력이 한 삼태기 때문에 무너질 것이다."라고 하였고, 『呂氏春秋』에서는 "공덕에 힘쓰는 이 공부는 한 번이라도 잠깐 쉬면 공덕에 힘쓰는 것이 아니다."라고 하였다. 긍矜은 지키는 것이고 세행細行은 작은 일이다. 만약 작은 일이라도 조심하지 않으면 끝내 큰 덕의 누累가 됨을 말한 것이다.

을 수 있다.
- 정통을 수조 위에 두어 통 속의 탁한 물이 수조 안으로 흘러들어 가게 해서는 안 된다.
- 세탁실에서 쓰는 솔과 빗자루를 수조 근처에 두어서는 안 되니, 이것을 모르는 자가 착각하여 동이를 씻는 데에 쓸 수도 있기 때문이다.
- 수조 속의 물은 새 물로 자주 교환해야 하니, 물을 3일간 묵혀 두면 작은 벌레들이 생겨나기 때문이다. 여름에는 3일까지 가서도 안 되니, 죽은 물을 오래 묵혀 두지 말라! 정두淨頭 소임을 보는 자가 없는 곳이라면, 바라건대 힘쓰는 자가 일을 주선하는 인연을 모아 조치해야 하니, 그렇게 해야 미물의 목숨을 손상시키는 일을 피할 수 있다.
- 처음 측간에 들어갈 때에는 먼저 손가락을 세 번 튕겨서 더러운 곳에 사는 귀신들을 경계시켜야 하고, 또 측간 안에서 가래침을 뱉어 더러운 곳에 사는 귀신들을 손상시켜서는 안 된다. 이 두 가지 항목의 음덕陰德은 대장경에 자세히 실려 있으니, 여기서는 번거롭게 인용하지 않는다.
- 처음에 몸을 웅크리고 앉을 때에 먼저 약간의 물을 기울여 대변통 안에 부어야 하니, 묵은 용변의 악취를 없애는 한편 새 용변이 쉽게 내려가서 대변통 안에 쌓이지 않게 한다.[2]

---

2 『僧祇律』에서는 "측간을 동쪽이나 북쪽에 두어서는 안 되고 남쪽이나 서쪽에 두어서 바람이 통하도록 해야 한다. 만약 높은 언덕에 위치하였다면 중간에 판자를 대어야 하니, 먼저 판자 위로 용변이 떨어지고 난 후에 물속에 떨어지도록 해야 한다."[*]라고 하였는데 해석하기를, "서쪽 지방의 문은 모두 동쪽으로 향하기 때문에 동쪽에 두는 것을 허락하지 않는다."라고 하였다.

*측간을~한다 : 『摩訶僧祇律』 권29(T22, 464b21~28)에는 다음과 같이 나온다. "佛告諸比丘: '作蘇毘羅漿法者, 取䴬麥輕擣, 却芒塵土, 勿令頭破, 以水七遍淨淘置淨器中. 臥蘇毘羅漿時, 不得著東, 不得著北, 應著南邊, 西邊開通風道, 勿使臭氣來入, 不得安著塔院中, 不得著顯現處. 應著屛處, 以呵梨勒·鞞醯勒·阿摩勒·胡椒·蓽茇, 如是比盡壽藥等置中, 以淨氈覆之, 以繩鷄足繫, 以木蓋上.'"

○ 측간 안에서는 말소리를 내어서는 안 된다.
○ 『문수경文殊經』에서는 "대소변을 볼 때에 몸과 입은 목석같아야 하고 소리를 내어서는 안 된다."라고 하였다.
○ 측간 벽에 그림을 그리거나 글자를 써서는 안 된다. 매번 보니 나이 드신 존숙들은 길 가다가 글자가 쓰인 종이가 땅에 떨어진 것을 보면 주워서 깨끗한 곳에 두거나 혹 물속에 던져두었으니, 이는 글자를 존중해서 차마 어지럽게 두지 못해서이다. 하물며 냄새나는 측간 안에 글씨를 쓰겠는가? 어찌 복이 끊기지 않겠는가?[3]
○ 씻을 때에는 오른손으로 정통을 잡고 천천히 기울이고, 왼손으로 물을 담아서 넷째 손가락으로 일곱 차례 착실하게 씻어야 하니, 정통에서 손으로 물을 떠내어 정통 안을 더럽혀서는 안 된다.
○ 왼손 넷째 손가락의 손톱을 늘 잘라서 때가 끼지 않게 하라. 『석씨요람釋氏要覽』에서는 "부처님께서는 비구에게 손톱을 다만 보리 한 톨 길이만큼만 자라도록 하셨고, 이보다 길면 자르도록 하셨다."[i]라고 했는데, 요즘의 출가자들은 손톱을 아껴서 한 마디 이상을 길러 미관으로 삼으니, 오히려 더러운 몸을 멋대로 하는 것이어서 청정한 수행이 없도다.
○ 지나치게 검약한 사람들을 보면 측간의 산가지를 쓰고 나서는 정통에 가서 이를 씻어서 정통 안을 도리어 더럽힌다. 손을 정통에 넣어

---

[3] 송나라 왕기공王沂公의 아버지는 글자가 쓰인 종이가 땅에 떨어진 것을 보면 반드시 주워서 향탕수로 씻은 후에 태웠다. 어느 날 저녁 꿈에 옛 성인(周公)이 등을 어루만지며 말하였다. "그대는 내 글이 쓰인 종이를 공경히 소중하게 여겼는데, 한스러운 것은 그대가 늙어 성취할 만한 것이 없으니 훗날 증삼曾參으로 하여금 너의 집안에 태어나게 해서 가문을 크게 드날리도록 하겠다." 얼마 지나지 않아 과연 한 아들을 낳았으니, 마침내 왕삼王參이라 이름하였다. (훗날) 장원급제하였으니 그가 바로 왕기공이다. 이로써 미루어 보건대 (글자가 있는 종이를) 버려 밟게 해서는 안 된다. 게송으로 말하였다. "세간의 문자도 대장경과 같으니 보는 자가 불속에 넣거나 맑은 물속에 던지거나 깨끗한 곳에 묻으면 그대의 수명과 복락이 영원토록 무궁하게 해 주리라."

물을 떠서 산가지를 씻는 것도 안 된다.
○ 씻을 때에는 반드시 찬물을 써야 한다. 그렇게 하면 사람에게 이익이 되고 뜨거운 물을 쓰면 풍병 등이 생긴다.
○ 손을 씻을 때에는 먼저 잿물로 문질러 일곱 차례 때를 씻어 내고 손등도 그렇게 한다. 다음으로 진흙으로 문질러 일곱 차례 씻어내고 손등도 그렇게 한다. 그다음으로 조단皁團을 쓰는데, 조각皁角, 톱밥(木屑), 이상엽二桑葉 등도 모두 가능하다.
○ 『계당잡록溪堂雜錄』에서는 "원우元祐 연간(1086~1094)에 촉蜀의 승려 지초 법사智超法師가 있었는데, 늘 『화엄경』을 독송하였다. 30년이 지나서 우연히 한 동자를 만났는데, 그는 풍모가 맑고 깨끗했으며 손을 들어 높이 예를 갖추었다. 지초가 말했다. '어디서 왔는가?' 동자가 말했다. '오대산에서 왔습니다.' 지초가 말했다. '어떻게 그 먼 곳에서 여기까지 왔는가?' 동자가 말했다. '사소한 일이 있어서 지도를 받고자 합니다.' 지초가 말했다. '말해 보아라.' 동자가 말했다. '저의 스승께서 경전을 독송하심이 참으로 훌륭하다고 할 만한데 다만 측간에 가서 씻을 때에는 실수를 하시니, 더러운 물을 손등에 뿌리기만 하고 잿물이나 진흙으로 씻어 낸 적이 없습니다. 잿물이나 진흙으로 일곱 차례 씻는 것이 계율에 제정되어 있는데, 지금도 두세 번만 합니다. 이 때문에 때가 여전히 남아 있어서 예불하고 독경하는 일이 모두 죄가 됩니다.' 말을 마치고는 보이지 않았다. 지초가 부끄러워하며 잘못을 고쳤다. 식자들은 혹 '이는 필시 문수보살이 화현해서 지초를 경책한 것이리라.'고 한다."라고 하였다. 그러므로 손을 씻을 때는 반드시 법도대로 해야 함을 알 수 있다. 『인과경』에서는 "더러운 손으로 독경하면 측간 안의 벌레로 태어나는 과보를 받을 것이다."라고 하였다.
○ 뒤에 걸어 두는 수건은 반드시 두세 개를 구비하고 자주자주 세탁하

• 225

여 교환해야 하니, 더러워진 수건으로 깨끗한 손을 오염시켜서는 안 된다. 대중이 많은 곳에서는 5일에 한 번 세탁하고, 대중이 적은 곳에서는 열흘에 한 번 세탁한다.

○ 무릇 손을 씻을 때에는 수건으로 두드리며 닦아 내면 쉽게 마를 것이다.

○ 측간에 들어가고 씻는 등의 행위들은 경전에 각각 신주神呪가 있으니 반드시 수지해야 한다. 경전에서는 "만약 이 신주를 지송하지 않는 자는 비록 일곱 개의 항하 물로 씻어 금강제에 이를지라도 몸이 청정하지 못할 것이다."[ii]라고 하였다. 이 신주를 수지하는 자는 낱낱이 일곱 편을 암송해야 하니, 그렇게 하면 일체의 청정한 복덕을 얻어서 여러 악귀신들이 모두 손을 모으고 공경할 것이다.

입칙진언: 옴 하로다야 사바하
세정진언: 옴 하나마리제 사바하
세수진언: 옴 주가라야 사바하
거예진언: 옴 시리예바혜 사바하
정신진언: 옴 바아라놔가닥 사바하

登厠規式

登厠之法, 律制委明,* 盖欲潔嚴身器, 親近聖賢, 洗淨洗手, 各有軌度. 儻未盡暗,[1] 則反汚其手, 禮誦燒香, 合掌執捉, 動輒得咎, 可不愼歟? 今將古規, 稍加增削, 然其細行, 固難備擧. 大抵種種動用之際, 皆有方便, 護人意根處, 自當觸類而長之.『書』不云乎? "不矜細行, 終累大德",【『尚書』: "不矜細行, 終累大德. 爲山九仞, 功虧一簣."『呂氏』曰: "此勤德工夫, 一暫止息, 則非勤德也." 矜, 持也. 細行, 小事也. 言若不矜持小事, 則終爲大德之累耳.】況出家者流! 幸冀高明, 勸諸後進. ○經云: "若登厠不洗淨者, 不得入大僧數, 不得坐禪床, 不得登寶殿."○須知淨桶內淨外濁,[2] 不可將淨桶, 入水槽中潄水. 須將杓盛水入桶中, 免污一槽之水.○不可安淨桶, 在水槽上, 淋其桶底濁*水下槽中.○不得將洗濁*處筅箒, 近水槽邊, 恐不知者, 誤將洗盆.○槽中之水, 須頻換新者, 蓋水留三宿, 卽生細蟲, 夏月則不至三宿, 切莫停積死水! 若無淨頭之處, 仰宣力者, 結緣措置, 免傷物命.○初入厠時, 先須彈指三下, 以警在穢之鬼, 亦不可痰吐入厠中, 以傷在穢之鬼. 此二項陰德, 具載藏經, 玆不繁引.○初蹲身時, 先須傾少水, 下槽中. 一則解舊糞臭氣, 一[3]則新糞易下不積槽中.【『僧祇』云:"厠屋不得在東北, 應在南西開通風道. 若依高岸, 應安板, 令先墮板上, 後墮水中." 釋曰:"西國門, 皆向東故, 不聽在東."】○旣在厠中, 不可語言作聲.○『文殊經』云:"大小便時, 身口狀如木石, 不得有聲."○厠中不可畫壁書字. 每見尊宿老成, 路逢字紙在地, 即收置淨處, 或抛在水中, 蓋尊重字畫, 不忍狼籍, 況書臭厠中, 豈不折福?【宋王沂公父, 見字帋遺地, 必拾以香湯洗過焚之. 一夕夢, 先聖撫背曰:"汝敬重吾字紙之勤也. 恨汝老矣, 無可成就. 他日當令曾參, 來生汝家, 顯大門閭." 未幾果生一子, 遂名王參. 擢第壯元, 即沂公也. 以此推之, 不可抛撒踐踏. 偈曰:"世間文字藏經同, 見者須將付火中. 或擲淸流埋淨處, 賜君壽福永無窮."】○若洗淨時, 右手執淨桶, 旋旋傾之, 以左手盛水, 將第四指, 着實洗之七度, 切不可就桶中掬水, 污於桶內.○常去左手第四指爪甲, 莫令藏垢.『釋氏要覽』云:"佛令比丘指甲止長一麥粒許, 過則剪之." 今有出家人, 愛護指爪, 養長寸餘, 以爲美觀, 尚縱穢軀, 應無淨行.○常見惜福人, 用厠籌畢, 就淨桶洗之, 反污桶內. 或將手入桶, 掬水洗籌, 亦不可.○洗淨, 須用冷水則益人, 用熱湯則生腸風等疾.○若洗手時, 先用灰擦, 七度去穢, 手背亦然. 次用泥擦, 七度淨之, 手背亦然. 次用皂團, 或皂角, 或木屑, 或二桑葉, 皆可.○『溪堂雜錄』云:"元祐中, 有蜀僧智超法師, 常誦『華嚴經』. 已三十年, 偶見一童子, 風貌淸爽, 擧手高揖. 超曰:'何來?'曰:'五臺來.'超曰:'何遠至此?'曰:'有少事欲相導故.'曰:'願聞.'曰:'吾師誦經, 固可嘉矣, 但失在登厠洗淨時, 濁*水淋

・227

其手背, 而未嘗用灰泥洗之. 所用灰泥, 律制七度, 今但二三, 緣此濁*尚存, 禮佛誦經, 悉皆得罪.' 言訖不見. 超憗而改過. 識者或曰: '此必文殊化現, 有警於超也.'" 故知洗手必須依法. 『因果經』云: "濁*手讀[4]經, 當獲厠中蟲報." ○後架手巾, 須多備三兩條, 頻頻洗換, 莫令垢染, 以汚淨手. 人衆處五日一洗, 人少處十日一洗. ○凡拭手時, 須將手巾, 搏而拭之, 庶得易乾. ○入厠洗淨等, 經中各有神呪, 必須受持. 經云: "若不持誦此諸神呪者, 縱用七恒河水, 洗至金剛際, 亦不得身器清淨." 受持此呪者, 當一一默誦七遍, 則獲一切清淨福德, 諸惡鬼神悉拱手.

入厠: 唵狼魯陀耶莎訶

洗淨: 唵賀曩密栗帝莎訶

洗手: 唵主迦羅野莎訶

去穢: 唵室利曳婆醯莎訶

淨身: 唵哎折羅惱迦吒莎訶

---

1) ㉻ '暗'은 '諳'으로 되어 있는 곳도 있다. 2) ㉻ '濁'은 '觸'으로 되어 있는 곳도 있다. 아래에도 같다. 3) ㉻ '一'이 없는 곳도 있다. 4) ㉻ '讀'은 '請'으로 되어 있는 곳도 있다.

주

i 부처님께서는 비구에게~자르도록 하셨다 : 『釋氏要覽』 권하(T54, 299c6~7)에는 다음과 같이 나온다. "剪爪:『涅槃經』云: '爪長破戒之相.' ○『文殊問經』云: '爪許長一橫麥, 爲搔癢故.'"

ii 만약 이~못할 것이다 : 『沙彌律儀要略增註』 권하에는 다음과 같이 나온다. "按『大藏纓絡經』云: 夫登溷者, 不念此呪, 假使十恒河水, 洗至金剛際, 亦不能淨."

대지 율사가 측간에 출입할 때의 가르침을 내리다

옷을 접어 포개어 두고 신발을 가지런히 정리한다.
산가지를 절약하고 물을 조금씩 써라.
말하지 말고 행동거지를 조심하라.
이 몸 안에 똥만 가득 찼다고 여길지니
악취는 맡을 수 없고 더러움은 볼 수가 없도다.
측간에 가는 가죽 주머니인 이 몸은 참으로 누추하니
어찌 이 몸에 대하여 부끄러움 없이 탐착하며
어찌 음식에 있어서 기름지고 맛있는 것을 즐기겠는가?
습관이 굳어져 원인을 이루면 과보가 분명하리니
한 번 지옥에 들어가면 겁이 다하도록 끝나지 않는다.
고통과 즐거움이 마음에 있고 천당과 지옥을 오감이 자기에게 달려 있으니
도가 어찌 멀겠는가? 이를 생각하지 않을 뿐이다.

大智律師入厠垂訓
摺疊衣裳, 整齊鞋履.
省約用籌, 點滴使水.
屛息語言, 安詳進止.
當念此身, 滿中盛屎.
臭不可聞, 穢不可視.
行厠革囊, 誠爲可鄙.
云何於身, 耽欲無恥?
云何於食, 樂着肥美?
結習成因, 果報必是.

一入泥犁, 窮劫不已.
苦樂在心, 昇沉由己.
道豈遠哉? 未之思爾.

『치문경훈』 하권을 마치다.

緇門警訓卷下終[1]
---
1) ㉮ '終'은 원문에는 없으나 앞뒤 체제상 기입하였다.

도는 본래 말이 없으나 말을 통해 도가 드러나는 법이니, 이것이 삼교(유·불·도)의 서적이 지어진 이유이다. 『치림보훈緇林寶訓』의 옛 판본이 남아 있지 않아 황경皇慶(중국 원元나라 인종仁宗 때의 연호, 1312~1313) 계축년(1313)에 내가 모연하여 다시 판각하였는데, 흩어지고 빠진 문장들을 모아 정리하던 중에 임금·신하·승려·속인들에게 격려가 되고 가르침이 될 만한 것들을 제법 증보해 넣어서 그 제목을 『치문경훈緇門警訓』이라 하였다. 이는 널리 배우는 자들이 보고 듣고 마침내 뜻을 얻어 말을 잊는 때에 도달하기를 바람이니, 그렇게 되면 나의 보잘것없는 뜻이 어찌 헛되겠는가!

오성 서쪽 환주암에서 비구 영중이 삼가 쓰다.

道本無言, 因言顯道, 此三敎之書, 所由作也.『緇林寶訓』舊板不存, 皇慶癸丑, 余因募緣, 重爲鋟梓, 乃掇遺編斷簡中, 君臣道俗, 凡可以激勸訓誡者, 頗增入之, 目曰『緇門警訓』, 庶廣學者見聞, 至得意忘言之時, 則區區之志, 豈徒然哉!

吳城西幻住庵, 比丘永中謹識.

치문경훈 속집
| 緇門警訓 續集 |

부처님을 찬탄하고 법을 전하는 게송

천백억 화신 석가모니불께 머리 조아립니다.

삼아승지겁 동안 만행을 닦으신 공덕으로 터럭만 한 허물까지도 제거하여 법성이 맑게 모이고 온갖 선행을 갖추시어 보신·화신이 미묘하도다. 그 후로 도솔천에 탄생하시고 왕궁에 강림하셨으며, 30세에 보리수 아래에서 성불하시고 49년간 세상에 머물면서 교화하셨으며, 350차례 설법하시고 팔만사천 법문을 연설하셨도다. 사해와 구주에서 왕과 신하가 밖으로 보호하고 인간 세계와 천상에서 스승과 제자가 안으로 전하였으니, 이익이 광대하며 전해진 법은 헤아리기 어렵노라. 그러므로 다음과 같은 게송이 전한다.

가령 부처님을 정수리에 받들어 무수한 겁을 지나고
이 몸을 자리 삼아 삼천대천세계를 두루 다녀도
만일 법을 전하여 중생을 제도하지 못한다면
끝내 부처님의 은혜에 보답하지 못하리.

전법에는 다섯 가지가 있으니 첫째는 받아 지님(受持)이고, 둘째는 눈으로 읽는 것이고(看讀), 셋째는 소리 내어 암송하는 것(諷誦)이고, 넷째는 해설解說함이고, 다섯째는 베껴 쓰는 것(書寫)이다. 안팎으로 보호하여 전한다면 불법승 삼보가 끊어지지 않을 것이다.

讚佛傳法偈

稽首千百億化身釋迦牟尼佛, 三祇修鍊萬行功圓, 纖瑕去而法性凝淸, 片善具而報化微妙. 爾後上生兜率, 下降王宮, 三十歲居道樹成佛, 四十九年住世敎化, 說法三百五十度, 宣演八萬四千門. 王臣外護於四海九州, 師僧

內傳於人間天上. 利益廣大, 傳法難思, 故有偈云:

假使頂戴經塵劫, 身爲床座[1]遍三千.

若不傳法度衆生, 畢竟無能報恩者.

傳法有五: 一受持, 二看讀, 三諷誦, 四解說, 五書寫. 外護內護流傳, 卽佛法僧寶不斷也.

---

1) ㉔ '座'는 '坐'로 되어 있는 곳도 있다.

선림묘기의 앞에 쓴 서문

경사 서명사 승려 현칙이 짓다[1]

일체의 모든 부처님에게는 모두 세 가지 몸이 있다. 첫 번째는 법신法身이니 원만한 마음에 의하여 증득한 것을 말하며, 두 번째는 보신報身이니 온갖 선행에 의하여 받은 것을 말하며, 세 번째는 화신化身이니 인연 따라 나타난 것을 말한다. 지금의 석가모니불은 법신을 오래전에 증득하였고 보신도 오래전에 이루었으니, 지금에 출현하신 분은 화신이다. 말하자면 과거 석가불의 처소에서 보리심을 내어 그 명호와 같기를 발원했기 때문에 지금 성불하여서도 '석가'라 하였다.[2]

삼무수겁 동안 보살의 행을 닦으시고 낱낱의 겁에서 무량한 부처님을 섬겼는데, 그 중간에 연이어 정광여래錠光如來를 만나[3] 머리카락을 진흙땅

---

1 스님이 쓴 후서後序가 또 있다.
2 『大智度論』에서는 다음과 같이 말하였다. "석가께서 전생에 와사瓦師(기와공)였을 때, 이름이 대광명大光明이었다. 그 당시에 석가문釋迦文이라 불리는 부처님이 있었고 사리불·목련·아난이라 불리는 제자가 있었는데, (석가문이) 제자들과 함께 와사의 집에 와서 하루를 묵었다. 그때에 와사가 풀로 엮은 자리와 밝은 등불과 꿀을 보시하고 발원하기를, '제가 나중에 부처가 되면 지금의 부처님 명호와 같게 할 것이며 제자들의 이름도 지금과 같게 할 것입니다.'라고 했다."* 또『毘婆沙論』에서는 다음과 같이 말하였다. "과거에 어떤 부처님이 세상에 나오셨는데, 명호가 '석가'였다. 그 부처님이 중생(有情)을 교화하느라 항상 길을 다니면서 바람을 맞아 어깨와 등에 질병이 생기게 되자 아난에게 '도공陶師의 집에 가서 호마 기름과 따뜻한 물을 구해 와서 나를 씻겨 달라.'고 하니 시자가 가서 그것들을 구하였다. 당시에 광식廣識이라 불리던 도공이 기름과 향수를 마련하여 부처님께 끼얹어 씻겨 드리니 풍질이 말끔히 나았다. 부처님이 그에게 설법하자 그가 듣고는 발원하였다……"**
  * 석가께서~했다 :『大智度論』권3(T25, 83b15~21).
  ** 과거에~발원하였다 :『阿毘達磨大毘婆沙論』권177(T27, 891b28~892a16).
3 『大智度論』에서는 다음과 같이 말하였다. "태자가 태어날 때 온몸이 마치 등불처럼 빛났기 때문에 '연등然燈'이라 하였고 성불하여서도 연등이라 하였다."* 또는 '정광錠光'이라고도 하니, (등불에) 발이 있는 것을 정錠이라 하고 발이 없는 것을 등燈이라 한다.

에 펴고 황금 꽃을 받들어 올리고는 곧 수기를 받고[4] 무생인無生忍을 얻으셨다. 그러나 일체의 부처님이 장차 성불할 때에 반드시 백겁 동안 상호업相好業을 닦으셨으니, 석가가 발심한 것은 미륵보다 뒤였으나 불사여래弗沙如來를 만나서 7일 동안 간절히 우러르며 계속 새로운 게송으로 찬탄하여 마침내 9겁을 뛰어넘어 (미륵불보다) 앞서 불도를 이루었다.[5] 장차 성불하고자 할 때에 도솔천에 태어나 명호를 보명보살普明菩薩이라 하였으며, 천상의 수명이 다하고는 염부제로 내려올 때에 흰 코끼리를 타고서 어머니의 오른쪽 옆구리로 들어가셨다.

어머니 마야부인이 흰 코끼리를 품는 꿈을 꾸었는데[6] 범선(아사타 선인)이 점을 쳐서 말하기를, "해나 달을 꿈꾸었다면 국왕을 낳을 것이나 흰 코

---

*태자가~하였다 : 『大智度論』 권9(T25, 124b9~11).

4 부처님이 인행因行을 닦던 선혜선인善慧仙人일 적에 항원왕降怨王의 (법문) 요청에 나아가던 연등불을 만나 머리카락을 펴서 진흙길을 덮었으니 연등불이 그것을 밟고 지나갔다. 또 황금 연꽃 일곱 가지를 바쳤더니 연등불이 수기를 주며 말씀하시기를, "너는 미래에 부처가 될 터인데 명호를 '석가'라 하리라."라고 하였다.

5 『本生經』에서는 다음과 같이 말하였다. "과거에 부처님이 계셨는데 명호를 '불사弗沙'라 하였고, 두 보살이 있었는데 한 분은 석가라 하였고 한 분은 미륵이라 하였다. 이 부처님이 (석가보살을) 살펴보니, 석가는 그 마음이 아직 무르익지 않았으나 나머지 모든 제자들은 마음이 모두 무르익었음을 아시고서 '한 사람의 마음은 속히 교화하기 쉬우나 대중들의 마음은 빨리 다스리기 어려울 것이다.'라고 생각하고는 곧 설산에 올라서 보굴 안으로 들어가 화선정火禪定에 들었다. 이때 석가보살이 외도의 선인이 되어 산에 올라 약초를 캐다가 부처님을 뵙고는 환희심을 내어 한 발로 발돋움하여 서서 부처님을 향해 차수叉手하고 일심으로 바라보며 눈도 깜박거리지 않았고 7일 밤낮 동안 게송으로 부처님을 찬탄하였다. 이에 9겁을 초월하여 91겁 만에 아뇩보리를 증득하였다."

6 『普曜經』에서는 다음과 같이 말하였다. "보살이 흰 코끼리를 타고 태 속에 들어가야만 한 것은 무슨 까닭인가? 세 짐승이 강을 건널 때에 코끼리는 그 바닥을 딛고 건너기*때문이다."**

*세 짐승이~건너기 : 성문·연각·보살의 수행을 토끼·말·코끼리가 강을 건너는 것에 비유하여 일컬은 말이다. 토끼는 수면을 헤엄쳐 건너가고, 말은 물에 잠겨 발이 밑에 닿지 않고 떠서 건너가고, 코끼리는 물속 바닥을 디디고 건너간다. 이처럼 같은 교리를 듣고도 타고난 바탕에 따라 깨달음의 깊이가 다름을 나타낸 말이다.

**보살이~때문이다 : 『普曜經』「所現象品」 권3(T3, 488b16~23).

끼리를 꿈꾸었다면 반드시 성자聖子를 낳으실 것입니다."라고 하였다. 마야부인은 이때부터 (몸과 마음이) 고르고 편안하였으며 자애로운 말씨가 날로 달라졌다.

보살이 처음에 태어났을 때 대지가 진동하고 몸은 자금색이었으며 32상相과 80종호種好를 갖추었고 둥근 광명이 한 길이나 뻗쳤다. 태어나서는 사방으로 각각 일곱 걸음을 거닐어 마왕과 범천왕을 항복시키고 진실한 말씀을 내어 "하늘 위와 하늘 아래에 오직 나만이 홀로 존귀하다."라고 하셨다. 보살을 품에 안고 천신의 사당에 들어가자 천신의 형상들이 모두 일어섰다.[7]

아사타 선인이 합장하고 찬탄하여 말하기를, "상호가 명료하시니 반드시 법왕이 될 것입니다. 제가 죽게 되어서 부처님을 뵈올 수 없는 것이 한탄스럽습니다."라고 하였다.[8]

이 사람이 바로 정반국왕의 태자이니, 이름은 '실달다'이다. 조부의 이름은 '사자협'이며, 부친의 이름은 '정반'이고 모친은 '마야'이다. 대대로 전륜왕이었으며, 성이 구담씨이며[9] 또한 일에 능숙하기 때문에 따로 성씨를

---

[7] 『因果經』에서는 "칠보로 장식한 코끼리 수레에 태자를 태우고서 성으로 들어갔는데 왕과 석가의 종족들이 삼보三寶를 알지 못하였다. 곧장 태자를 데리고 하늘신을 모시는 사당에 이르렀는데 태자가 들어가자 범천의 형상들이 모두 자리에서 일어나 태자의 발에 예배하였다."*라고 하였다. 다른 경전도 대동소이하다.
 *칠보로~예배하였다 : 『過去現在因果經』 권1(T3, 626a13~17).
[8] 아사타 선인이 향산에 있다가 그곳에서부터 태자가 있는 곳까지 날아와서 태자의 관상을 보고는 문득 슬피 울었다. 왕이 묻기를 "무엇이 불길하여 이와 같이 우는가?" 하니, 선인이 "설령 하늘에서 금강으로 된 태산이 비오듯 하여도 태자의 털끝 하나도 움직일 수 없을 것이니, 반드시 부처님이 되실 것입니다. 저는 이제 연로하여 장차 무색천상에 태어나겠지만 부처님을 뵐 수 없고 그 법을 들을 수 없기 때문에 스스로 슬퍼할 뿐입니다."라고 하였다.
[9] '구담瞿曇'을 혹은 교담미憍曇彌라 하며 혹은 교답마喬答摩라 하는데 모두 와전된 것이다. 남산이 "구담은 별 이름인데 그 별을 따라 명칭을 붙였다."라고 하였으며, 응법사는 '지최승地最勝'이라 번역하였으니 사람 중에 이 종족이 가장 뛰어남을 말한 것이다. 『十二游經』에서는 "아승지겁 초에 대모초왕大茅草王이 왕위를 신하에게 물려주고 바라

'석가'라 하였다.[10]

밝은 깨달음이 저절로 갖추어져 있고 기예가 천부적으로 갖추어져 있었으며, 비록 오욕五欲에 거처하여도 오욕의 번뇌를 받지 않았다. 도성 안의 네 군데 문을 구경 다니며 늙고 병들고 죽는 일과 한 명의 사문을 보고는 궁중으로 돌아와 (세속을) 싫어하여 떠나려는 마음이 깊이 생겼는데, 홀연히 한밤중에 천신이 그를 붙들어 경책하므로 마침내 아끼던 말을 타고 성을 넘어 출가하였다. 6년간 고행하다가[11] 그것이 올바른 도가 아님을 알고는 곧 정관正觀에 의지하여 보리를 취하였다.

이때 소 치는 여인이 우유를 끓여 미음을 만들고 있었는데, 끓는 것이 높이 솟구치자 소 치는 여인이 놀랍고도 이상하게 여겨 이를 보살에게 바쳤다. 보살이 이것을 먹고는 기력이 충족되어 강물에 들어가 목욕을 하였다.[12] 보살이 언덕에 오르려 할 때에는 나무가 저절로 가지를 낮추어 보살

문을 섬겨서 마침내 그의 성씨를 받아 '소구담小瞿曇'이라 했다."*라고 밝혔다. 인현겁仁賢劫** 초에 식신識神이 인간으로 태어나서 '구담'이라는 성씨를 세웠기 때문에 이 성씨가 멀리는 과거로부터 왔으며 가까이는 백성의 주인으로부터 왔음을 알 수 있다.
* 아승지겁~했다 : 『佛說十二遊經』(T4, 146a6~a16).
** 인현겁仁賢劫 : 현재의 일대겁一大劫을 가리킨다. 현재의 일대겁 중에는 천 불 내지 천오백 불이 나타난다는 설이 있으므로 찬탄하여 현겁 또는 선겁善劫이라 한다. 과거 불의 시대를 장엄겁莊嚴劫, 미래불의 시대를 성수겁星宿劫, 현재불의 시대를 현겁이라 한다.

10 석가는 한역하면 능인能仁이다. 『長阿含經』에서는 "옛날에 성씨가 감자甘蔗인 전륜왕이 있었는데, 계비의 참소를 듣고는 네 명의 태자를 내쫓았다. (태자들이) 설산의 북쪽에 이르러 스스로 성을 쌓고 살았는데, 그들의 덕행으로 사람들이 귀의하여 몇 년 되지 않아 번성하여 강국이 되었다. 부왕이 후회하는 마음에 사신을 보내 불러들였으나 네 아들이 사양하며 돌아가지 않았다. 부왕이 세 번 탄식하며 '나의 아들은 석가로다!' 하였으니, 그로 인해 석가씨라 하였다."라고 하였다.

11 깊은 밤중에 춘성春城을 넘고 설산에서 6년간 머물렀다.

12 『華嚴經』에서는 "보살이 목욕을 마치자 모든 천신들이 다투어 그 물을 취해서 천궁으로 가지고 갔으며, 못 속의 어류들은 그 물을 마시고 나서 천상에 태어났다. 보살은 (여러 중생을) 이익되게 하기 때문에 어류들을 해탈시키려고 목욕을 하신 것이다."*라고 하였다.
* 보살이~것이다 : 이 내용은 『華嚴經』에 보이지 않는다. 『釋迦如來應化錄』上(X75,

을 끌어올렸다.

보살이 이로부터 길상초를 받아 보리수 밑에 앉으니,¹³ 악마가 보고는¹⁴ 성내고 번뇌로운 마음을 일으키며 말하기를, "이 사람이 나의 세계를 텅 비게 하려고 한다."라고 하고서, 관속 18억만을 거느리고 여러 가지 고문 기구들을 가지고 와서 보살을 위협하고 재촉하며 급히 일어나서 오욕의 즐거움을 받아들이라고 하였다.

또 묘의천녀 세 명¹⁵을 보내서 보살을 유혹하게 하였는데, 이때 보살이 승의자정勝意慈定에 들어가 애민히 여기는 마음을 내니, 마군이 자연스레 물러나 흩어지고 세 명의 묘의천녀는 혹 달린 귀신(癭鬼)이 되었다.¹⁶ 마군을 항복시킨 뒤 2월 8일 새벽, 먼동이 틀 무렵에 정각을 이루었다.¹⁷

성불하고 나서는 중생의 근기를 관찰하여 그들이 소승법을 즐기고 대승법을 아직 감당하지 못하는 걸 아시고 바라나국으로 가서 교진여 등

68a7~21)에 의하면 『莊嚴經』에 나오는 내용이다.

13 『西域記』에서는 "니련선하의 서남쪽 10리에 나무가 있는데, 이름이 필바라畢波羅이다."라고 하였으니, 그것이 보리수이다.
14 마왕 파순은 전생에 단지 한 사찰의 주인이 되어 하루에 팔재계八齋戒를 받았으며, 벽지불에게 한 발우의 음식을 보시한 까닭으로 제6천에 태어나 대마왕이 되었다. 부처님은 무량겁 동안 공덕을 널리 닦고 무량한 부처님께 공양 올렸으며, 또한 성문과 연각 등에게 공양 올린 것도 다 헤아릴 수 없으니, 어찌 파순이 동요시킬 수 있겠는가? 사악한 악마의 무리들이 물러나 흩어지고 항복함이 마땅하다. 『大乘方便經』에서는 "만약 부처님의 힘이 아니면 저 악마들이 어찌 부처님을 가까이할 수 있으리오. 마군은 욕계에서 존귀하고도 수승하므로 수승한 자가 먼저 항복하면 나머지도 모두 항복하기 때문이다."라고 하였다.

  *팔재계八齋戒 : 출가하지 않은 신도가 육재일六齋日에 지켜야 하는 여덟 가지 계율이다. 중생을 죽이지 말라, 훔치지 말라, 음행하지 말라, 거짓말하지 말라, 술 마시지 말라, 꽃다발을 쓰거나 향수를 바르거나 노래하거나 춤추지 말며 가서 구경하지 말라, 높고 넓으며 잘 꾸민 평상에 앉지 말라, 때 아닌 때에 먹지 말라는 등의 내용이다.
15 모두 파순의 딸이다.
16 영癭은 목에 난 혹이니, 목에 혹이 난 귀신을 말한다. 소동파의 시에 "옷깃을 넓게 해서 혹을 덮는 옷을 먼저 마름질한다."라고 하였다. 『博物志』에서는 "산에 살면 목혹이 많이 생기는데 흐르지 않는 샘물을 마시기 때문이다."라고 하였다.
17 주나라는 11월(子月)을 한 해의 시작으로 삼으니 주나라의 2월은 지금의 12월이다.

5명을 제도하고 사성제四聖諦의 법륜을 굴렸으니, 이것이 삼보가 출현한 시초이다. 그 후 설법으로 제도한 사람의 숫자와 보살들이 크게 모인 법회와 매우 깊은 무상無相의 말씀과 신통을 나타내 보인 힘 등은 경문에 자세히 실려 있다.

또 어느 때에는 도리천에 올라가[18] 90일간 안거하고 어머니를 위해 설법하였다. 그때 우전국왕과 파사익왕이 부처님의 덕을 사모하여 전단나무에 새기고 모포에 그려 부처님의 형상을 묘사하였다. 뒤에 부처님이 도리천에서 내려오시자 조성한 형상들이 모두 일어나 자리를 피하거늘 부처님께서 그 정수리를 어루만지며 말씀하시기를, "너희들은 미래에 불사를 잘하여라."라고 하였으니, 불상의 발흥이 여기에서 시작되었다.

교화의 인연이 끝나려 할 때, 그때는 싫증을 내고 게으름을 부리는 중생들이 따랐기에[19] 부처님께서 대중에게 "3개월 후에 내가 마땅히 열반에 들 것이다."라고 하시고는 다시 뒷일을 예언하셨으니, 경전에 자세히 말한 것과 같다. 그러나 여래의 법신은 항상 존재하여 소멸하지 않으니, 그러므로 『법화경』에서는 "항상 영취산[20]과 여타의 모든 곳에 머물러 계신다."ⁱ라고 하였다.

---

18 여래의 나이 78세일 때이다. 『瑞應經』에서는 "마야부인이 태자를 낳은 지 7일 만에 임종하였는데, 보살을 잉태한 공덕이 크기 때문에 도리천에 태어났다."*라고 하였으며 또 "태자가 (자신의) 복덕이 막중하여 그 예를 받을 만한 여인이 없음을 스스로 알고는 곧 임종하려는 몸에 의탁하여 태어난 것이다."**라고 하였다.
　*마야부인이~태어났다 : 『佛說太子瑞應本起經』 권상(T3, 474b7~9).
　**태자가~것이다 : 『佛說太子瑞應本起經』 권상(T3, 474b9~10).
19 이때에는 인연이 있는 중생들을 이미 모두 제도하였고 오직 인연이 없어 교화하기 힘든 자들만 남았기에 싫증과 게으름을 낸 것이다.
20 여래가 인행시에 일찍이 독수리(鷲)가 되어 이 산에서 부모를 봉양하였는데, 이로 말미암아 ('영취'라는) 이름을 얻게 되었다. 또 성의 남쪽에 시다림이 있는데, 독수리들이 그곳에 모여 살며 죽은 사람을 먹는 경우가 많았고, 사람이 죽을 것 같으면 독수리가 그 집을 빙빙 돌며 우는 소리를 내서 사람들이 미리 안다고 여겼기 때문에 '신령스러운 독수리(靈鷲)'라 이름하였다.

지금에 탄생하고 입멸하는 것은 부처님의 화신이니, (중생을) 끌어들이려 하여 그들과 같은 부류로 몸을 나타냈으므로 태어남을 받았고, 유위법有爲法은 반드시 변천함을 알게 하고자 했으므로 다시 입멸을 보이셨다. 또 중생의 근기가 무르익었기 때문에 탄생을 보이셨고, 중생의 감응이 다하였기 때문에 입멸을 보이셨다. 부처님께서 열반하신 후에는 인간계와 천상계에서 공양 올리고 많은 보탑을 세웠다.

또 대가섭이 천 명의 아라한을 불러들여 대장경을 결집할 때에 아난이 자물쇠 구멍으로 들어가 부처님의 경전을 암송했는데 하나도 빠트리지 않았으니, 마치 병속의 물을 부어 다른 그릇으로 옮기는 것과 같았다. 백년 후에 아수가阿輸柯라 하며 아육阿育이라고도 이름하는 철륜왕鐵輪王이 있었는데, 귀신들을 부려 하루 만에 천상계와 인간계에 8만 4천 개의 사리보탑을 조성하였다.[21]

부처님께서 남긴 의발과 석장 및 모든 사리들은 그 신통 변화가 하나둘이 아니다. 한 명제漢明帝 때에 이르러서는 금색 몸에 일광을 두른 16척의 모습으로 꿈에 감응하였는데, 석가의 본래 모습과 똑같았다. 또 오吳나라 군주 손권孫權이 사리를 불태우고 내리쳤으나 아무런 변화나 부서짐이 없었다.[22]

---

21 『阿育王傳』에서는 다음과 같이 말하였다. "왕이 계두마사雞頭摩寺에 이르러 상좌 야사耶舍의 앞에 가서 말하기를, '내가 이제 염부제 안에 8만 4천 개의 보탑을 건립하고자 한다.'라고 하니 야사가 '왕께서 만약 일시에 탑을 짓고자 한다면 제가 대왕께서 탑을 지을 때에 손으로 해를 가릴 것이니, 나라 안에 두루 칙령을 내려서 손으로 해를 가리고 있을 때에 모두 일어나 탑을 건립하라고 하면 될 것입니다.'라고 하였다. 왕이 8만 4천 개의 보물함을 만들고 각각에 사리 한 개를 담아 하나의 사리함을 한 명의 야차에게 주고는 염부제에 두루 나아가게 하여 모두 1억 명이 있는 곳마다 보탑 하나씩을 세우게 하였다."*
  * 왕이~하였다 : 『阿育王傳』 권1(T50, 102a29~b8).
22 오나라 적오赤烏 4년(241)에 강거국康居國의 승려 회會가 건강建康에 이르러 불상을 모셔 놓고 불도를 홍포하였다. 오나라 사람들이 처음 보고는 그것을 요망하고 괴이하다고 말하자 담당 관리가 군주에게 보고하였다. 군주가 조서로 불러들여 물으니 회가

그리고 강으로 떠내려 온 석불상과[23] 바다로 떠내려 온 (금불상의) 상서로운 모습과[24] 『반야경』의 그윽한 위신력과[25] 관음보살의 비밀스런 영

"여래께서 열반에 드신 지 이미 천 년이 되었으나 신령스러운 뼈인 사리는 신이한 감응이 끝이 없습니다."라고 하였다. 군주가 "사리를 얻을 수 있다면 마땅히 탑을 만들어 모셔야 한다."라고 하였다. 회가 7일의 여가를 청하여 간절히 구하였으나 영험이 없었다. 그러다가 21일째 오고五鼓*에 땡그렁 하고 소리가 나니 회가 "내가 원하던 바를 이루었다." 하고는 이것을 진상하였다. 손권이 공경대부들과 모여서 보고 탄식하기를, "세상에 희유한 상서로움이다."라고 하고는 역사力士를 시켜 그것을 부수어 깨뜨리게 하였으나 밝은 빛은 여전하였다. 이에 탑을 세우고 건초사建初寺를 건립하여 회를 그곳에 머물게 하였다.

*오고五鼓 : 오경五更에 치는 북으로 새벽 3시~5시 사이를 말한다.

23 서진西晉 건흥建興 원년(223)에 유위維衛와 가섭迦葉의 두 석불상이 바다에 떠서 송강松江 호독滬瀆 입구에 닿았다. 오현吳縣의 주응朱膺이 평소에 정법을 받들었는데, 몇 사람과 함께 이를 맞아들이려 하였다. 석불상이 이때 흐름을 타고 저절로 도착하였는데, 그 등에 명문이 있었으니 한쪽에는 '유위'라 적혀 있고, 한쪽에는 '가섭'이라 적혀 있었다. 배에 올릴 때에는 마치 깃털처럼 가벼웠다. 통현사通玄寺에 봉안하여 공양 올렸다.

24 『高僧傳』에서는 다음과 같이 말하였다. "진晉나라 함화咸和 연간(326~334)에 단양丹陽의 윤고회尹高悝가 장후교張侯橋 포구에서 금불상 한 존을 얻었는데, 광배光背와 좌대가 없으나 아주 섬세하게 조각되어 있었으며, 그 앞에 범문梵文으로 '아육왕의 넷째 딸이 조성한 것'이라 적혀 있었다. 고회가 이를 장간사長干寺에 봉안하였다. 그 후 1년여쯤에 어부 장계세張係世가 바다 어구에서 동으로 된 연화좌대가 물 위에 떠 있는 것을 가져다 현으로 보냈다. 현에서 표문을 올리자 칙서로써 불상의 발아래에 두게 했더니 딱 맞아 어긋남이 없었다. 후에 천축 승려 다섯 명이 고회에게 나아가 말하기를, '예전에 천축에서 아육왕의 불상을 봉안하였는데 업鄴에 이르러 난을 만나 강가에 감춰 두었다가 난이 끝난 후에 얼마 되지 않아 그 두었던 곳을 잊었습니다. 근자에 꿈을 꾸었는데, 고회라는 사람에 의해 발견되었다고 하기에 한번 뵙고서 예배드리고자 합니다.' 하였다. 고회가 인도하여 장간사에 이르자 다섯 사람이 불상을 보고 절을 하며 눈물을 흘리니 불상이 방광放光하였다. 다섯 사람이 말하기를, '본래 둥근 광배가 있었는데 지금 먼 곳에 있으니 조만간 도착할 것입니다.'라고 하였다. 합포合浦 사람 동종지董宗之가 부처님의 광배 하나를 얻었는데, 자사가 표문을 올리자 간문제簡文帝가 칙서를 내려 불상에 맞춰 보게 하니 구멍에 꼭 맞았고 빛깔도 동일하였다. 무릇 40여 년 만에 동서(중국와 인도)가 상서롭게 감응하여 광배와 연화좌대가 비로소 갖추어졌다."* 그 영묘함과 기이함을 어찌 다 말할 수 있겠는가!

*진晉나라~갖추어졌다 : 『高僧傳』 권13(T50, 409b29~c17).

25 오吳나라 승려 지장智藏은 개선사開善寺에 거처하고 있었는데, 총명한 지혜가 날카롭고 예리하였다. 어떤 관상가가 점을 쳐서 말하기를, "스님은 비록 지혜롭고 영특하지

험은[26] 다른 기록에 자세히 실려 있으니 번다하여 기록하지 않는다.

불사불을 찬탄하는 게송

하늘 위와 하늘 아래 부처님만 한 분이 없으니
시방세계 어느 것도 견줄 것이 없어라.
이 세간에 있는 것을 내가 모두 보아도
부처님만 한 분은 어디에도 없더라.

禪林妙記前序

京師西明寺釋玄則撰【師亦有後序.】

一切諸佛皆有三身: 一者法身, 謂圓心所證. 二者報身, 謂萬善所感. 三者

만 과보로 받은 수명이 31세일 뿐입니다."라고 하였다. 스님의 나이는 그때 29세였다. 스님은 이에 방에 불상을 모시고 밤낮으로 『般若經』을 독송하였다. 기한에 이르러 홀연히 공중에서 소리가 나기를, "너는 『般若經』을 독송한 공덕으로 과보로 받은 나이(31세)가 곱절(62세)이 되었다."라고 하였다. 스님이 그 말을 듣고 뛸 듯이 기뻐하며 공들이기를 예전보다 두 배로 더하였다. 후에 관상가를 만났는데 그가 놀라며 말하기를, "스님은 어떻게 여전히 살아 계십니까?"라고 하기에 그 이유를 자세히 일러 주었더니 관상가가 찬탄하며 "불법의 신령스러움은 세간의 지혜로 헤아릴 바가 아닙니다."라고 하였다.*

*오吳나라~하였다 : 『續高僧傳』 권5 「義解篇」〈梁鍾山開善寺沙門釋智藏傳〉 12(T50, 466a23~b9)에 관련 내용이 나온다.

26 송나라 때 구나발타求那跋陀는 오명五明과 주술에 대해 해박하고 정통하였는데, 초왕譙王이 『華嚴經』의 강설을 요청하려 하였다. 구나발타가 스스로 송나라 말을 잘하지 못함을 알고는 아침저녁으로 근심에 싸여 항상 '관음다라니'를 외우며 그윽한 감응을 구하였는데, 홀연히 꿈에 흰옷을 입은 사람(白衣觀音)이 칼을 지닌 채 사람의 머리 하나를 들고 와서 말하였다. "무슨 일로 근심하는가?" 구나발타가 사실대로 자세히 고하였더니 신인이 말하였다. "걱정하지 말라!" 하고는 곧바로 칼로 머리를 떼어 내고 다시 새 머리를 붙이고는 머리를 돌려 보게 하고 말하였다. "통증이 있는가?" 대답하였다. "아픈 곳이 없습니다." 잠에서 깬 뒤에는 마음이 상쾌하고 송나라 말을 모두 알게 되었다. 이에 강석을 열어 불법을 크게 홍포하였다.

化身, 謂隨緣所現. 今釋迦牟尼佛者, 法身久證, 報身久成, 今之出現, 盖化身耳, 謂於過去釋迦佛所, 發菩提心, 願同其號, 故今成佛亦號釋迦.【『大論』云: "釋迦先世作瓦師, 名大光明. 時有佛名釋迦文, 弟子名舍利弗·目連·阿難. 與弟子, 俱到瓦師舍一宿. 爾時, 瓦師布施草座·燈明·蜜漿, 便發願言: '我於當來作佛, 如今佛名, 弟子名, 亦如今時.'" 又『婆娑論』云: "過去有佛出世, 號釋迦. 彼佛化導有情, 恒涉道路, 爲風所薄, 肩背有疾, 令阿難: '徃陶師家, 求胡麻油, 及以煖水, 爲吾塗洗.' 侍者徃求. 時彼陶師名曰廣識, 辦油及香水, 爲佛灌洗, 風疾除愈. 佛爲說法, 彼聞發願云云."】三無數劫, 修菩薩行, 一一劫中, 事無量佛. 中間續遇錠光如來,【『大論』云: "太子生時, 一切身邊, 光如燈, 故云然燈. 以至成佛, 亦名然燈." 亦云錠光, 有足名錠, 無足名燈.】以髮布泥, 金華奉上, 尋蒙授記,【佛因地, 作善慧仙人, 遇然燈佛, 赴降怨王請, 布髮掩泥, 佛履而過之, 又上金蓮華七枝, 佛與記曰: "汝當得佛, 號釋迦."】得無生忍. 然一切佛將成佛時, 必經百劫, 修相好業, 其釋迦發心, 在彌勒後, 當以逢遇弗沙如來, 七日翹仰, 新新偈讚, 遂超九劫, 在前成道.【『本生經』云: "過去有佛, 名曰弗沙, 有二菩薩: 一名釋迦, 一名彌勒. 是佛觀釋迦, 心未成熟, 其諸弟子, 心皆純熟, 如是思惟: '一人之心, 易可速化, 衆人之心, 難可疾治.' 即上雪山, 入寶窟中, 入火禪定. 時釋迦菩薩作外道仙人, 上山採藥, 見佛歡喜, 翹一足立, 叉手向佛, 一心而觀, 目未曾眴, 七日七夜, 以偈讚佛. 於是超過九劫, 九十一劫得阿耨菩提."】將欲成時, 生兜率天, 號普明菩薩, 盡彼天壽, 下閻浮提, 現乘白象, 入母右脇. 其母摩耶, 夢懷白象,【『普曜經』云: "菩薩當作白象入胎, 何以故? 三獸渡河, 象窮底故."】梵仙占曰: "若夢日月, 當生國王; 若夢白象, 必生聖子." 母從此後, 調靜安泰, 慈辯日異. 菩薩初生, 大地震動, 身紫金色, 三十二相, 八十種好, 圓光一尋. 生已四方各行七步, 爲降魔梵, 發誠實語: "天上天下, 唯我獨尊!" 抱入天祠, 天像悉起.【『因果經』云: "置太子七寶象輿入城時, 王及釋種, 未識三寶, 即將太子, 詣天祠. 太子旣入, 梵天形像, 皆從座起, 禮太子足." 餘經, 與此小異.】阿私陀[1]仙合掌歎曰: "相好明了, 必爲法王. 自恨當死, 不得見佛."【阿斯陀仙在香山中, 自彼飛來, 詣太子所, 相太子已, 忽然悲泣. 王問: "有何不祥, 涕泣如是?" 仙言: "假使天雨金剛太山, 不能動其一毛, 必當作佛. 我今年暮, 當生無色天上, 不得見佛, 不問其法, 故自悲耳."} 斯則淨飯國王之太子也, 字悉達多, 祖號師子頰, 父名淨飯, 母曰摩耶, 代代爲輪王, 姓瞿曇氏.【瞿曇, 或云憍曇彌, 或喬答摩, 皆訛也. 南山云: "瞿曇星名, 從星立稱." 應法師翻爲地最勝, 謂人中此族最勝.『十二游經』明: "阿僧祇劫, 大茅草王捨位付臣, 師波羅門, 遂受其姓, 名小瞿曇." 仁賢劫初, 識神託生, 立瞿曇姓, 故知瞿曇遠從過去, 近自民主.】復因能事, 別姓釋迦.【釋迦此翻能仁.『長阿含』云: "昔有輪王, 姓甘蔗氏. 聽次妃之譖, 擯四太子. 至雪山北, 自立城居, 以德歸人, 不數年間, 蔚爲強國. 父王悔憶, 遣使徃召, 四子辭過不還. 父王三歎: '我子釋迦!' 因命氏."】朗悟自然, 藝術天備, 雖居五欲, 不受欲塵. 遊國四門, 見老病死, 及一沙門, 還入宮中, 深生厭離. 忽於夜半, 天神扶警, 遂騰寶馬, 踰城出家. 苦行六年,【逾春城於入夜, 棲雪嶺於六年.】知其非道, 便依正觀, 以取菩提. 時有牧牛女人, 煮乳作糜, 其沸高涌,[2) 牧女驚異, 以奉菩薩. 菩薩食之, 氣力充實, 入河洗浴.【『華嚴經』云: "菩薩浴竟, 諸天競取此水, 將還天宮, 池中水族, 飲此水已, 得生天上. 菩薩爲利益故, 度脫水族, 示現洗浴."】將登岸時, 樹自低枝, 引菩薩上. 菩薩從此受吉祥草, 坐菩提樹.【『西域記』云: "尼蓮河西南十里有樹, 名畢波羅." 是爲菩提樹也.】惡魔見已,【魔王波旬, 於前世, 但作一寺主, 受一日八戒, 布施辟支佛一鉢之食故, 生第六天, 作大魔王. 佛於無量劫, 廣修功德, 供養無量諸佛, 亦復供養聲聞·緣覺之人, 不可數計, 豈波旬所能動耶! 宜乎惡魔軍衆, 退散而降.『大乘方便經』云: "若非佛力, 彼等惡魔, 豈得近佛! 魔爲欲界尊勝, 勝旣先降, 餘皆伏故."】生嗔[3)]惱心云: '此人者欲空我界', 即率官屬十八億萬, 持諸苦具, 來怖菩薩, 促令急起, 受五欲樂. 又遣妙意天女三人【皆波旬女也.】來惑菩薩. 爾時, 入勝意慈之, 生憐愍心, 魔軍自然墮落退散, 三妙天女化爲癭鬼.【癭, 頸瘤也, 言發項瘇之鬼. 東坡詩: "澗領先裁盖癭衣."『博物志』云: "山居多癭, 飲泉水之不流者也."】降魔軍已, 於二月八日, 明*相出時, 而成正覺.【周以子月爲歲首, 周之二月即今之臘月也.】旣成佛已, 觀衆生根, 知其樂小, 未堪大法, 即趣波羅奈國, 度憍陳如等五人, 轉四諦法輪, 此則三寶出現之始也. 其後說法度人之數, 大集菩薩之會, 甚深無相之談, 神通示現之力, 經文具之矣. 又於一時昇忉利天,【時如來年七十八歲. 『瑞應經』云: "摩耶產太子, 後七日命終, 以懷菩薩功德大, 故生忉利." 又: "太子自知福德威重, 無有女人堪受禮者, 因其將終, 託之而生."】九旬安居, 爲母說法. 時優闐國王, 及波斯匿王, 思慕佛德, 刻檀畫氎, 以寫佛形. 於後佛從忉利天下, 其所造像皆起避席. 佛摩其頂曰: "汝於未來善爲佛事." 佛像之興, 始於此矣. 化緣將畢, 時從厭怠.【於是, 有緣衆生, 皆已度訖, 唯餘無緣難化者故, 而生厭怠.】佛便告衆: "却後三月, 吾當涅槃." 復記後事, 如經具說. 然如來實身, 常在不滅, 故『法華』云: "常在靈鷲山,【如來因時, 嘗爲鷲鳥, 於此山中, 養育父母, 由此得名. 又城南有屍多林, 鷲鳥居之, 多食死人, 人欲死者, 鷲翔其家, 飛鳴作聲, 人以預知, 故名靈鷲.】及餘諸住處." 今生滅者, 是佛化身, 爲欲汲引, 現同其類, 所以受生; 復欲令知有爲必遷, 所以示滅. 又衆生根熟, 所以現生; 衆生感盡, 所以現滅. 佛涅槃後, 人天供養, 起諸寶塔. 又大迦葉召千羅漢, 結集法藏, 阿難從鑣鬚入, 誦出佛經, 一無遺漏, 如瓶瀉[4]水, 置之異器. 一百年外, 有鐵輪王, 字阿輸柯, 亦名阿育, 役御神鬼, 於一日中, 天上人間, 造八萬四千舍利寶塔.【『育王傳』云: "王詣雞頭摩寺, 至上座耶舍前言: '我今於閻浮提內, 欲立八萬四千寶塔.' 耶舍曰: '王若欲一時作塔, 我於大王作塔時, 以手障日, 可遍勑國界, 手障日時, 盡起立塔.' 王造八萬四千寶篋, 各盛一舍利, 以一舍利付一夜叉, 使徧閻浮, 其有一億人處, 起一寶塔."】其佛遺物, 衣鉢杖等, 及諸舍利, 神變非一. 逮漢明感夢金軀[5]日佩丈六之容, 一如釋迦本狀. 又吳主孫權, 燒椎舍利, 無所變壞.【吳赤烏四年, 康居國僧會, 行至建康, 設像行道. 吳人初見, 謂爲妖異, 有司聞之. 主詔問之, 會曰: "如來化已千年, 靈骨舍利神應無方." 主曰: "可得舍利, 當爲塔之." 會暇請七日, 懇求無驗. 乃至三七日五鼓時, 鏗然有聲, 會曰: "果吾願矣." 以進之. 權與公卿聚觀之, 歎曰: "希世之瑞也." 使力士椎之砧碎, 而光明自若. 於是建塔, 立建初寺, 使會居之.】爰及浮江石像,【西晉建興元年, 有維衛·迦葉二佛石像, 泛海而至松江滬瀆口, 吳縣朱膺素奉正法, 同數人共過. 石像於是乘流自至, 背有銘誌: 一名維衛, 一名迦葉. 登舟, 其輕如羽, 安于通玄寺供養.】泛[6]海瑞容,【『高僧傳』云: "晋咸和中, 丹陽尹高悝, 於張侯橋浦, 得一金像, 無光趺而製造甚工, 前有梵書云: ʻ育王第四女所造ʼ. 悝奉安于長干寺. 後一年許, 漁人張係世, 於海口得銅蓮華趺, 浮在水上, 卽取送縣. 縣表上, 勅使安像足下, 符合無差. 後有胡僧五人, 詣悝云: ʻ昔於天竺, 奉育王像, 至鄴遭難, 藏在河邊, 亂後尋失所在. 近感夢云: 爲高悝所得, 欲一見禮拜.ʼ 悝引至長干, 五人見像拜泣, 像卽放光. 五人云: ʻ本有圓光, 卽在遠處, 亦尋至矣.ʼ 合浦人董宗之, 得一佛光. 刺史表上, 簡文勅施像, 孔穴懸同, 光色一種. 凡四十餘年, 東西祥感, 光趺方具." 其於靈異, 可勝道哉!】『般若』冥力,【吳僧智藏, 居開善寺, 聰慧鋒銳. 有相者占曰: "師雖慧悟, 乃報年可至三十一矣." 時年方二十九, 師乃營室設像, 誦『般若經』, 晝夜不輟. 至期, 忽有空中聲曰: "汝以『般若』功, 得倍報年." 師聞之喜躍, 功倍於前. 後遇相者, 驚曰: "師何尚存?" 卽具述其由, 相者歎曰: "佛法之靈, 非世智之所擬也."】觀音密驗,【宋時, 求那跋陀, 五明呪術, 無不該精. 譙王欲請講『華嚴經』, 陀自知未善宋語, 旦夕有憂, 常誦『觀音陀羅尼』, 以求冥應, 忽夢白衣人, 持釼[7]擎一人頭來言: "何事有憂?" 陀以事具告. 神曰: "無憂!" 卽以刀易首, 更安新頭, 語令回轉, 曰: "得無痛否?" 答曰: "無傷." 覺心快然, 備曉宋言. 於是開講, 大弘佛法.】別記具之, 事多不錄.

讚弗沙佛偈

天上天下無如佛, 十方世界亦無比.

世間所有我盡見, 一切無有如佛者.

---

1) ㋔ ʻ陀ʼ는 ʻ陁ʼ로 되어 있는 곳도 있다. ㋕ ʻ陀ʼ는 ʻ陁ʼ와 통용된다. 2) ㋔ ʻ涌ʼ은 ʻ踊ʼ으로 되어 있는 곳도 있다. 3) ㋔ ʻ嗔ʼ은 ʻ瞋ʼ으로 되어 있는 곳도 있다. 4) ㋔ ʻ鴽ʼ는 ʻ寫ʼ로 되어 있는 곳도 있다. 5) ㋔ ʻ舡ʼ는 ʻ軀ʼ로 되어 있는 곳도 있다. 6) ㋔ ʻ泛ʼ은 ʻ汎ʼ으로 되어 있는 곳도 있다. 7) ㋕ ʻ釼ʼ은 ʻ釰ʼ와 통용된다.

주

i 항상 영취산과~머물러 계신다 : 『妙法蓮華經』 권5(T9, 43c5).

한나라 현종이 불법의 교화를 개시한 『법본내전』

『법본내전』에는 다음과 같이 나온다.

"명제明帝 영평永平 13년(서기 70년)에 황제께서 신인이 나오는 꿈을 꾸었는데, 1장 6척의 금색 몸으로 목에 일광이 있었다. 잠에서 깬 뒤 신하들에게 물으니 부의傅毅가 대답하기를, '부처님이신데 천축에서 태어나셨습니다.'라고 하였다. 이에 사신을 파견하여 구해 오게 하니, 경전과 불상 및 승려 두 명과 함께 돌아왔다.[1] 황제가 그들을 위해 사원을 세우고 벽화를 그리게 하고 1천 수레와 1만 기마를 거느리고 탑을 세 바퀴 돌았다. 또 남궁[2]과 청량대[3]와 고양문 위와 현절릉 등의 장소에 부처님의 입상을 그리고[4] 『사십이장경』과 함께 난대蘭臺의 석실에 봉함하였다."

자세한 것은 전집前集의 내용과 같다.

『모자소현전』에는 다음과 같이 나온다.

"이때 사문 가섭마등과 축법란이 있었으니, 계위와 행위는 예측하기 어려웠으며 뜻은 중생을 교화하는 데에 두었다. 채음蔡愔이 사자로 가서 마등에게 동쪽으로 갈 것을 요청하였는데, 구역을 지키지 않고 그를 따라 낙양雒陽[5]에 가서는 중생의 마음을 깨우쳐 주고 믿음의 근본을 숭상하여 밝혔다. 황제가 마등에게 물었다. '법왕이 세상에 나오셨을 때에는 어

---

1 황제가 박사 왕준王遵 등 18명을 보내어 함께 서역으로 가서 불법을 구해 오게 하였다. 그들이 월지국에 이르러 두 명의 범승을 만나서 흰 모직물에 그린 석가의 입상과 사리 및 『四十二章經』을 함께 가지고 백마에 싣고 돌아왔다.
2 예부의 관아이다.
3 오대산.
4 명제가 생전에 미리 무덤을 만들어 현절릉顯節陵이라 부르고 여기에 부처님의 입상을 그렸다.
5 낙雒은 본래 낙洛으로 되어 있다. 어환魚豢이 "광무제가 한漢나라는 화행火行이어서 수水를 꺼렸기 때문에 수水를 떼어 버리고 추隹를 더했는데 광무제 이후로는 낙雒 자로 고쳐 썼다."라고 하였다.

찌하여 교화가 여기까지 미치지 않았는가?' 마등이 답하였다. '가비라위국은 삼천대천세계 백억 일월의 중심이니, 삼세의 모든 부처님이 다 그곳에서 태어나시고 천룡과 귀신과 원력의 행이 있는 자에 이르기까지도 모두 그곳에서 태어나서 부처님의 바른 교화를 받고 모두 도를 깨쳤습니다. 다른 곳의 중생들은 부처님의 교화를 받을 인연이 없었으므로 부처님께서 가시지 않으셨습니다. 부처님께서 비록 가시지 않으셨지만 광명이 미치는 곳에는 혹 5백 년, 혹 1천 년, 혹 2천 년 뒤에 모두 성인이 있어서 부처님의 말씀을 전하여 그들을 교화하고 인도합니다.'"

교의를 폭넓게 말했으나 문장이 광범위하므로 생략한다.

『법본내전』에는 다음과 같이 나온다.

"영평永平 14년(71) 정월 초하루에 오악의 모든 산의 도사道士[6]들이 정월 조례에 참석할 때에 서로 논의하기를, '천자께서 우리의 도법을 버리시고 멀리서 오랑캐의 가르침을 구해 오셨으니, 이번 조례에 표문을 올려 항의하는 것이 좋겠습니다.'라고 하였다. 그 표문의 내용은 대략 다음과 같다.

오악五岳 십팔산 도관道觀 태상삼동太上三洞 제자 저선신褚善信 등 690인은 죽을 죄를 무릅쓰고 말씀을 올립니다. 신들이 듣건대, 태상노군은 형상도 없고 이름도 없으며 다함도 없고 위도 없으며, 허무자연의 큰 도는 천지조화 이전에 나왔기에 상고 때부터 함께 지키며 백대의 제왕들도 이를 바꾸지 않았다고 합니다. 지금 폐하께서는 도가 복희씨나 황제씨보다 나으며, 덕은 요임금과 순임금보다 높으십니다. 가만히 듣자오니, 폐하께서는 근본을 버리고 지말을 추구하여 서역으로부터 가르침을 구하셨다 하는데, 섬기시는 것은 오랑캐의 신이요, 말씀하시는 것

---

6 사士는 일삼는다는 뜻이다. 몸과 마음이 이치에 순종하여 오직 도道만을 좇으니 도를 좇는 것을 일삼기 때문에 도사라 하였다.

은 중국의 풍속과 맞지 않습니다. 원컨대 폐하께서는 신 등의 죄를 용서하시고 시험해 보도록 허락해 주십시오.

신 등 모든 산의 도사들은 흔히 바닥까지 꿰뚫어 보고 멀리까지 들으며 경전에 널리 통하여 원황元皇 이래로부터 태상太上의 뭇 기록과 태허太虛의 부축符祝 등을 자세히 익히지 않은 것이 없어서 그 지극한 곳까지 통달하였습니다. 혹 귀신을 채찍질하여 부리고, 혹 노을을 삼키고 기운을 마시며, 혹 불 속에 들어가도 타지 않으며, 혹 물을 밟아도 빠지지 않으며, 혹 밝은 대낮에 하늘에 오르며, 혹 모습을 숨겨 헤아리지 못하게 하며, 심지어 방술까지도 잘하지 못하는 것이 없습니다. 원컨대 그들과 비교하도록 해 주십시오! 그렇게 하면 첫째는 성상의 뜻이 편안해질 것이고, 둘째는 참과 거짓을 가릴 수 있을 것이고, 셋째는 대도가 돌아갈 곳이 있을 것이고, 넷째는 중국의 풍속이 어지럽지 않을 것입니다. 신 등이 만약 그들과 비교하여 그들만 못하다면 중대 결단을 따르겠으며, 만일 이기게 되면 허망한 무리를 없애 주십시오.

칙서를 내려 상서령尙書令 송상宋庠을 장락궁長樂宮으로 불러들여 그 달 15일에 백마사에 모이게 하였다. 도사들은 세 개의 단을 설치하고 단에 따로 34개의 문을 개설하였다. 남악도사 저선신과 화악도사華嶽道士 유정념劉正念과 항악도사恒嶽道士 환문도桓文度와 대악도사岱嶽道士 초득심焦得心과 숭악도사嵩嶽道士 여혜통呂惠通과 곽산霍山·천목天目·오대五臺·백록白鹿 등 18산의 도사와 기문신祁文信 등이 각자 『영보진문靈寶眞文』과 『태상옥결太上玉訣』과 『삼원부록三元符錄』 등 509권을 가져다가 서쪽 단에 두었으며, 『모성자茅成子』·『허성자許成子』·『황자黃子』·『노자老子』 등 27가의 제자백가 서적 235권을 중앙단에 두었으며, 1백 신에게 제사 드릴 음식은 동쪽 단에 두었으며, 황제의 어행전은 절 남쪽 문에 두었고, 부처님의 사리와 경전과 불상은 길의 서쪽에 두었다.

15일에 공양을 마치자 도사 등이 억새로 엮은 섶과 전단 침향으로 횃불을 만들어 경전을 에워싸고 울면서 말하였다. '신 등은 위로 태극대도太極大道 원시천존元始天尊 중선백령衆仙百靈에게 여쭈옵니다. 지금 오랑캐의 신이 중국을 어지럽히고 군주가 삿된 것을 믿으니, 바른 가르침은 자취를 잃고 현묘한 교풍은 그 실마리가 추락하였습니다. 신 등이 감히 단위에 경전을 두고 불로써 시험하여 몽매한 마음을 열어 보여서 참과 거짓을 분별하고자 합니다.'

그리고는 곧 불을 놓아 경전을 태우자 경전이 불길을 따라 변하여 모두 잿더미가 되어 버렸다.[7] 도사들이 서로 돌아보며 아연실색하고 크게 두려워하여 하늘로 올라가 모습을 숨기려던 자는 그렇게 할 힘을 잃었고, 귀신을 부리던 자는 호통치고 채찍질하여도 귀신이 응하지 않아서 각자 부끄러운 생각을 품었고, 남악도사 비숙재費叔才는 스스로 한탄하며 죽었다.

태부太傅 장연張衍이 저선신에게 말하였다. '경 등이 시험한 바가 영험이 없으니, 이는 허망한 것이 분명하다. 마땅히 서쪽에서 온 진실한 법에 의지해야 할 것이다.'

저선신이 말하였다. 『모성자』에는 「태상이란 신령스럽고 보배로운 천존이 바로 그분이다. 조화를 일으키는 것을 일컬어 태소太素라 한다.」 하였으니, 이것이 어찌 허망한 것이겠습니까?'

장연이 말하였다. '태소는 귀하고 덕스러운 이름만 있을 뿐 말씀과 가르침의 칭함은 없는데, 지금 그대가 말씀과 가르침이 있다고 말하니, 이것이 바로 허망한 것이다.' 그러자 저선신이 침묵하였다.

그때에 부처님의 사리에서 오색광명이 곧장 공중으로 치솟아 마치 일산처럼 둥글게 돌아 대중들을 두루 덮었고 그 빛은 햇빛을 가렸다. 마등

---

[7] 불경은 불타지 않고 다만 연기에 그을려 황색이 되었다. 그 후로 종이를 만드는 자가 경전의 표지를 만들 때에는 모두 황색으로 물을 들이고 불경을 존칭하여 황권黃卷이라 하였다고 한다.

법사는 몸을 솟구쳐 높이 날아 공중에서 앉고 눕는 등 신통변화를 널리 나타내었다. 이때 하늘에서 보배로운 꽃비가 부처님과 스님들 위로 내리고 또 천상의 음악이 들려 사람의 마음을 감동시켰다.

대중들이 함께 기뻐하며 일찍이 없었던 일이라 찬탄하고서 모두 축법란을 에워싸고 불법의 요체를 청하니, 범음으로 부처님의 공덕을 찬탄하고 또한 대중들로 하여금 삼보를 찬양하게 하고서 '선업과 악업이 모두 그 과보가 있어서 육도와 삼승은 모습이 동일하지 않다.'라고 했으며, 또 '출가의 공덕은 그 복이 가장 높으며, 처음으로 부처님의 사원을 세우면 범천梵天이 지닌 복의 양과 같다.'라고 하였다.

사공司空 양성후陽城侯 유준劉峻은 모든 관인과 선비 및 서민 등 1천여 명과 함께 출가하였으며, 사악제산도사 여혜통呂惠通 등 630인이 출가하였으며, 음부인과 왕의 궁녀들도 모든 궁인과 부녀 230인과 함께 출가하였다. 곧바로 열 군데에 사원을 세웠는데, 일곱 곳은 성 밖에 세워 비구승을 두고, 세 곳은 성 안에 세워 비구니를 두었다. 그 이후로 광범위해졌다."

『법본내전』은 5권이 있으나 생략하고 기재하지는 않는다. 어떤 사람[8]은 『법본내전』이 근자에 나온 것이며 힘을 겨룬 일은 본래 없었다고 의심하지만 『오서吳書』에 의하면 비숙재가 한탄하며 죽은 것이 분명하므로 『법본내전』은 실제 기록이라고 하겠다.[9]

---

8 도사道士 윤문조尹文操이다.
9 『吳書』에서는 다음과 같이 말하였다. "감택闞澤이 오나라 군주에게 '불법이 처음 건너왔을 때 오악의 도사가 가섭마등과 힘을 겨루었는데 도사가 이기지 못하자 비숙재가 한을 품고 죽어 그 문도들이 남악으로 돌아가 장사 지냈습니다. 그러므로 출가에 참여하지 못했습니다.'라고 대답하였다."

漢顯宗開佛化法本內傳

『傳』云: "明*帝永平十三年, 上夢神人金身丈六, 項有日光, 寤已問諸臣下. 傅毅對詔: '有佛出於天竺.' 乃遣使往求, 備獲經像, 及僧二人.【帝遣博士王遵等十八人, 同徃西域, 求其佛法, 至月支國, 遇二梵僧, 帶白氎畫釋迦立像及舍利, 幷四十二章經, 馱白馬而至.】帝乃爲立佛寺畫壁, 千乘萬騎, 繞塔三匝, 又於南宮【禮部司】清凉臺【五臺山】, 及高陽門上, 顯節陵所, 圖佛立像,【明帝預造壽陵, 號曰顯節陵, 於此畫佛立像.】幷『四十二章經』, 緘於蘭臺石室." 廣如前集.『牟子所顯傳』云: "時有沙門迦攝摩騰·竺法蘭, 位行難測, 志存開化. 蔡愔使達, 請騰東行, 不守區域, 隨至雒陽【雒, 本作洛. 漁篸云: "光武以漢火行忌水, 故去水加隹. 自光武後, 改爲雒字."】, 曉喩物情, 崇明信本. 帝問騰曰: '法王出世, 何以化不及此?' 答曰: '迦毘羅衛國者, 三千大千世界百億日月之中心也. 三世諸佛皆在彼生, 乃至天龍·鬼神·有願行者, 皆生於彼, 受佛正化, 咸得悟道. 餘處衆生, 無緣感佛, 佛不徃也. 佛雖不徃, 光明及處, 或五百年, 或一千年, 或二千年外, 皆有聖人, 傳佛聲敎, 而化導之.'" 廣說敎義, 文廣故略也.『傳』云: "永平十四年正月一日,[1] 五岳諸山道士【士者, 事也. 身心順理, 唯道是從, 從道爲事, 故曰道士也.】, 朝正之次, 自相命曰: '天子棄我道法, 遠求胡敎, 今因朝集, 可以表抗之.' 其表略曰: '五岳十八山觀太上三洞弟子褚[2] 善信等六百九十人, 死罪上言. 臣聞: 太上, 無形無明,[3] 無極無上, 虛無自然, 大[4] 道出於造化之前. 上古同遵, 百王不易. 今陛下道邁羲黃,[5] 德高堯舜. 竊承陛下棄本追末, 求敎西域, 所事乃是胡神, 所說不參華夏. 願陛下恕臣等罪, 聽與試驗. 臣等諸山道士, 多有徹視遠聽, 博通經典, 從元皇已來, 太上群錄, 太虛符祝, 無不綜練, 達其涯極, 或策使鬼神, 吞霞飲氣, 或入火不燒, 或履水不溺, 或白日昇天, 或隱形不測, 至於方術, 無所不能. 願得與其比較! 一則聖上意安, 二則得辨眞僞, 三則大道有歸, 四則不亂華俗. 臣等若比對不如, 任聽重決, 如其有勝, 乞除虛妄.' 勅遣尙書令宋庠, 引入長樂宮, 以今月十五日, 可集白馬寺. 道士等便置三壇, 壇別開三十四門. 南嶽[6]道士褚善信, 華嶽*道士劉正念, 恒嶽*道士桓文度, 岱嶽*道士焦得心, 嵩嶽*道士呂惠通, 霍山·天目·五臺·白鹿等, 十八山道士祁文信等, 各賫『靈寶眞文』·「太上玉訣」·「三元符錄」等五百九卷, 置於西壇; 『茅[7]成子』·『許成子』·『黃子』·『老子』等二十七家子書二百三十五卷, 置於中壇; 饌食奠祀百神, 置於東壇; 帝御行殿, 在寺南門; 佛舍利經像, 置於道西. 十五日齋訖, 道士等, 以柴荻, 和檀沉香爲炬, 遶經泣曰: '臣等上啓太極大道元始天尊衆仙百靈. 今胡神亂夏, 人主信邪, 正敎失蹤, 玄風隆緒. 臣等敢置經壇上, 以火取驗, 欲使開示蒙心, 得辨眞僞.' 便縱火焚經, 經從火化, 悉從煨燼.【佛經不燒, 但烟熏爲黃色而已. 其後造紙者, 表經皆染黃色, 爲尊而稱黃卷云.】道士等相顧失色, 大[8]生怖懼, 將欲昇天隱形者, 無力可能, 禁効[9]鬼神者, 呼策不應, 各懷愧惡, 南嶽*道士費叔才, 自憾[10]而死. 太傅張衍語褚信曰: '卿等所試無驗, 卽是虛妄. 宜就西來眞法.' 褚信曰: '『茅[11]成子』云:「太上者, 靈寶天尊是也. 造化之作, 謂之太素.」斯豈妄乎?' 衍曰: '太[12]素, 有貴德之名, 無言敎之稱. 今子說有言敎, 卽爲妄也.' 信默然. 時佛舍利光明五色, 直上空中, 旋環如盖, 遍覆大衆, 暎[13]蔽日光, 摩騰法師踊身高飛, 坐臥空中, 廣現神變. 于時天雨寶華, 在佛僧上, 又聞天樂, 感動人情. 大衆咸悅, 歎未曾有, 皆遶法蘭, 聽說法要, 幷吐梵音, 歎佛功德. 亦令大衆, 稱揚三寶, 說善惡業, 皆有果報, 六道三乘, 諸相不一. 又說出家功德, 其福最高, 初立佛寺, 同梵福量. 司空陽城侯劉峻, 與諸官人士庶等千餘人出家, 四嶽*諸山道士呂惠通等, 六百三十人出家, 陰夫人·王婕妤等, 與諸宮人婦女二百三十人出家, 便立十所寺, 七所城外安僧, 三所城內安尼. 自斯已後廣矣."『傳』有五卷, 略不備載. 有人【道士尹文操】疑此傳近出, 本無角力之事. 案『吳書』, 明費叔才憾死, 故『傳』爲實錄矣.『吳書』: "闞澤對吳主曰: '佛法初來, 五岳道士與摩騰角力, 道士不如, 費叔才憾而死, 門徒歸葬南岳, 不預出家.'"】

1) ㉔ '日'은 '口'로 되어 있는 곳도 있다. 2) ㉔ '褚'는 '猪'로 되어 있는 곳도 있다. 3) ㉓

'明'은 문맥상 名이 타당하다. 4) ㉠ '大'는 '太'로 되어 있는 곳도 있다. ㉡ '大'는 '太'와 통용된다. 5) ㉠ '黃'은 '皇'으로 되어 있는 곳도 있다. 6) ㉠ '嶽'은 '岳'으로 되어 있는 곳도 있다. 아래에도 같다. 7) ㉠ '茅'는 '第'로 되어 있는 곳도 있다. 8) ㉠ '大'는 '太'로 되어 있는 곳도 있다. ㉡ '大'는 '太'와 통용된다. 9) ㉠ '効'는 '郊'로 되어 있는 곳도 있다. 10) ㉠ '憾'은 '感'으로 되어 있는 곳도 있다. ㉡ '憾'은 '感'과 통용된다. 11) ㉠ '茅'는 '第'로 되어 있는 곳도 있다. 12) ㉠ '太'는 '大'로 되어 있는 곳도 있다. ㉡ '太'는 '大'와 통용된다. 13) ㉠ '暎'은 '映'으로 되어 있는 곳도 있다.

｜주

i 도관道觀: 도교를 수행하는 도사가 사는 집이다.

상나라 태재가 공자에게 성인에 대해 묻다[1]

태재太宰 비嚭가 공자에게 물었다.
"선생님께서는 성인입니까?"
대답하였다.
"나는 박식하고 잘 기억할 뿐, 성인은 아닙니다."
또 물었다.
"삼왕三王은 성인입니까?"
대답하였다.
"삼왕은 지력과 용맹을 잘 썼습니다만[2] 성인인지는 내가 알지 못합니다."
또 물었다.
"오제五帝는 성인입니까?"
대답하였다.
"오제는 인의를 잘 썼습니다만 성인인지는 내가 알지 못합니다."
또 물었다.
"삼황三皇은 성인입니까?"
대답하였다.
"삼황은 시의적절한 정사를 잘 썼습니다만[3] 성인인지는 내가 알지 못

---

1 찬녕贊寧의 『西方聖人論』에서는 "상商은 송나라이다. 태재太宰는 이름이 영盈이고 자가 탕蕩이다."라고 하였다.
2 예컨대 탕이 하나라를 정벌하고 무왕이 주紂를 정벌한 사례이니, 이는 지력과 용맹을 잘 쓴 것이다.
3 중고中古 때의 삼황은 복희伏犧와 염제炎帝와 황제黃帝가 이들이다. 복희씨는 팔괘를 그려서 천문을 알았으므로 천황天皇이 되었고, 염제는 농사를 짓게 하여 땅의 이치를 보았으므로 지황地皇이 되었고, 황제는 궁실을 짓고 배와 수레, 무기를 만들어 정벌하게 하였으므로 인황人皇이 되었으니, 이것이 시의적절한 정사를 한 것이다.

합니다."

태재가 크게 놀라며 말하였다.

"그러면 누가 성인입니까?"

공자가 점잖게 자세를 고치고 조금 있다가 말하였다.

"내가 듣건대 서방에 성자가 있다고 하는데, 다스리지 않아도 어지럽지 않고, 말을 하지 않아도 저절로 미더우며, 교화하지 않아도 저절로 행해지니, 그의 덕이 드넓어서 사람들이 이름할 수 없다 합니다."

이에 의거하여 말하면 공자는 부처님이 큰 성인임을 깊이 알고 있었는데, 시절인연이 아직 오지 않았기 때문에 묵묵히 알고만 있다가 기연이 있어 거론했으나 그 이치를 드러내어 말하지는 못했다.

商太宰問孔子聖人【贊寧『西方聖人論』云: "商, 宋也. 太宰, 名盈, 字蕩."】
太宰嚭問孔子曰: "夫子聖人歟?" 對曰: "丘也, 博識强記, 非聖人也." 又問: "三王聖人歟?" 對曰: "三王善用智勇,【如湯伐夏, 武王伐紂之類, 是善用智勇也.】聖非丘所知." 又問: "五帝聖人歟?" 對曰: "五帝善用仁義, 聖非丘所知." 又問: "三皇聖人歟?" 對曰: "三皇, 善用時政,【中古三皇, 伏犧·炎帝·黃帝, 是也. 伏犧畫八卦知天文, 故爲天皇; 炎帝教稼穡相地宜, 故爲地皇; 黃帝作宮室, 造舟車用干戈, 敎征伐, 故爲人皇, 此爲用時政也.】聖非丘所知." 太宰大駭曰: "然則熟¹⁾爲聖人乎?" 夫子動容有間曰: "丘聞西方有聖者焉, 不治而不亂, 不言而自信, 不化而自行, 蕩蕩乎人無能名焉." 據斯以言, 孔子深知佛爲大聖也. 時緣未昇故, 默而識之, 有機故擧, 然未得昌言其致矣.

1) ㉮ '熟'은 '孰'으로 되어 있는 곳도 있다. ㉯ 문맥상 '孰'이 타당하다.

종산 철우 종인 선사가 어린 행자 법회에게 보이다[1]

당나라 측천則天 연재延載 원년(694) 5월 15일에 처음으로 천하의 비구와 비구니를 통괄하여 사부祠部에 예속시켰으며, 현종 천보天寶 6년(747)에 득도한 비구와 비구니를 통괄하여 사부로 하여금 도첩度牒을 주게 하였으며, 숙종 지덕至德 원년(756)에 사부에서 도첩을 내려 주어 공신들에게 (도첩을) 팔게 하기 시작하였다.[2]

이로써 논의하건대 연재 이전에 승려가 되는 것은 천축의 법에 의지하여 도를 전수받을 만한 행업行業[i]이 있는 자를 오직 스승이 거두어 주었을 뿐이다. 예컨대 당나라 때의 궁사宮使 회통會通[3]이 작소 도림鵲巢道林 선사를 뵙고 말하기를, "제자는 벼슬아치이기를 원하지 않으며 출가하기를 바라니 원컨대 화상께서는 거두어 주십시오."라고 하니, 도림이 "요즘에 승려가 된 자들은 행실이 대부분 들뜨고 외람되다."라고 하였다. 회통이 "본래 맑은 것은 쪼아 갈지 않으며, 원래 밝은 것은 비춤을 따르지 않습니다."라고 하니, 도림이 "네가 만약 청정한 지혜는 미묘하고 뚜렷하나 자체는 본래 공적한 줄을 알았다면 그것이 참된 출가인데, 어찌 겉모습을 빌리려 하는가?"라고 하였다. 회통이 "원컨대 거두어 주십시오. 맹세코 스

---

[1] 휘가 종인宗印이며 불조 덕광佛照德光 선사의 법을 이었다.
[2] 『佛祖歷代通載』에 의하면, "숙종 지덕 2년(757)에 백성으로서 경전 5백 쪽을 외우는 자들을 득도시켜 승려가 될 수 있게 하였으며, 경전에 밝은 출신들이나 혹은 돈 1백 민緡을 납부하는 자들이 도첩을 요청하면 출가할 수 있게 하였다. 두 곳의 수도가 평정되고 난 후에 또 관보關輔[*]와 여러 고을에서 돈을 납부하고 승려가 된 이가 만여 명이나 되었으니 도첩을 사서 승려가 되는 것이 이로부터 시작되었다."[**]라고 하였다.
  [*]관보關輔 : 관중關中의 삼보三輔, 즉 우부풍右扶風·좌풍익左馮翊·경조윤京兆尹을 가리키는데, 전하여 도성과 가까운 지역을 이른다.
  [**]숙종~시작되었다 : 『佛祖歷代通載』 권13(T49, 598b28~c2).
[3] 초천사招天寺 회통 선사는 항주 오씨吳氏의 자손으로 어릴 때 이름은 원경元卿이었는데 어려서부터 매우 총명하고 민첩하였다. 덕종과 헌종 때 육궁사六宮使가 되어 황족들이 모두 그를 찬미하였는데, 후에 출가하였다.

님의 가르침을 따르겠습니다."라고 하였으니, 도림이 이에 머리를 깎아 주었다.

후대로 오면서 승려의 행업이 외람되면서 조정의 단속하는 제도가 흥기한 것은 자연스런 이치이니, 황면노자가 법으로써 국왕과 대신들에게 부촉한 까닭은 아마 이 때문일 것이다.

지금 조정의 성스러운 은택이 넓고도 커서 특별히 그 가치를 높이고자 하는 것은 가르침을 소중히 여기고 승려를 존숭하며 불법을 귀하게 여겨 숭상하고자 함이다. 명교 설숭明敎契嵩 선사가 "무릇 승려는 몸을 방어함에 계戒가 있고, 마음을 거두어들임에 정定이 있으며, 사리를 분변함에 혜慧가 있고, 공경할 만한 위엄이 있으며 본받을 만한 의용儀容이 있어야 천신과 사람들이 우러러보아 경외심을 느낀다."라고 하였으니, 근세에 대체로 승려를 경시하는 것은 진실로 승려들이 자초한 일이다.

그러나 승가리僧伽梨를 걸친다는 것은 여러 생에 걸친 원력의 막중함과 숙세에 훈습된 지혜의 종자가 성숙되지 않고서는 쉽게 얻을 수 없다. 예컨대 우리 조정의 왕인 문정공文正公 단旦이 세상을 하직하려 할 때에 애초에 길을 그르쳐서 승려가 되지 못한 것을 후회하며 여러 아들에게 부탁하기를, 그의 수염과 머리털을 깎고 승가의 세 가지 가사袈裟를 입힌 후에 입관하게 하여 다음 생에 태어나서는 승려가 될 수 있기를 원하였으며, 이어서 시랑侍郎 양대년楊大年에게 부탁하여 그 유언을 주관하게 하였다.

후에 양대년이 "재신宰臣으로 죽었으면 나라에는 자체의 법도가 있다."라고 여겨서 비록 요청한 바대로 따르지는 않았지만 그래도 세 가지 가사와 삭발에 쓰이는 칼을 관 안에 넣어 두었다. 양대년도 스스로 후회하더니 결국에는 선종을 참구하여 자신의 마음을 깨닫고는 교지敎旨를 받들어 『경덕전등록』을 상세히 교정하여 서역과 이 땅에 유포시켰다.[4]

---

[4] 동오東吳 때의 승려 도원道原이 『傳燈錄』 30권을 지어 대궐에 나아가 바치니 진종眞宗

아! 승려 되기 어려움에 이와 같은 것이 있구나! 만약 대장부라면 결렬한 뜻을 일으켜 허황되고 잘못된 행실은 물리치고 바로 그 자리에서 한 칼로 두 동강이를 내듯이 불조佛祖의 밖에서 한 차례 힐끗 보고 문득 꿰뚫어야 할지니, 그렇게 되면 몸과 마음을 함께 깨닫는 것도 어려운 것이 아니며 또한 호신부를 갖지 못한 것을 근심하지 않으리라.[5] 그러므로 "높은 산과 흐르는 물의 깊고 깊은 뜻은 예로부터 지음知音이 있어 웃으며 머리를 끄덕이네."라고 하였다.

법회法晦가 보공도량寶公道場에 온 지가 몇 해가 되었는데, 그 사람됨이 근엄하고 성실하며 순박하고 후덕하여 결렬한 뜻이 있고 허황되거나 잘못된 행실이 없었다. 이제 (필요한 서류를) 올려서 승려가 되게 하니, 공경히 의지하고 공경히 믿어서 영특하고 통달할지어다. 대현大賢이 금옥 같은 음성을 떨쳐서[6] 그 뜻을 도와 이루게 하리라.

이 두루마리 글로써 경책해 주기를 구하므로 이것을 (법회에게) 자세히 보였으니, 또한 세간의 현명한 선비와 대장부들이 가르침을 소중히 여기고 승려를 존중하는 마음을 일으키며, 선배들이 비록 부귀에 꺾이기도 하였으나 결국에는 후회하는 자도 있었음을 알게 하려는 것이다.

기미년(1199) 중추, 종산에 머무는 철우.

鐘山鐵牛印禪師示童行法晦【諱宗印, 嗣佛照德光禪師.】

唐則天延載元年五月十五日, 始括天下僧尼, 隸祠部. 玄宗天寶六年, 制所

이 그것을 살펴보고는 가상히 여겨 상을 주었고, 한림학사 양억楊億에게 칙서를 내려 상세히 교정하고 서문을 찬술하여 천하에 유통시키게 하였다. 도원은 천태 덕소天台德韶 국사의 법을 이어 법안종法眼宗을 이루었다.
5 위 무제魏武帝는 반딧불만 한 탄환을 팔과 팔꿈치 사이에 간직해 둠으로써 빗나간 화살이 백 보 안으로 날아들지 못하게 하였으니, 이것이 호신부이다.
6 옛 시에서는 "금을 휘둘러 깊은 마음을 보이다."라고 하였으니, 금과옥조 같은 음성을 휘둘러 떨침을 말한다.

度僧尼, 令祠部給牒. 肅宗至德元年, 祠部牒賜, 功臣賣始.【按『通載』: "肅宗至德二載, 聽白衣能誦經五百紙者, 度爲僧, 賜明經出身, 或納錢百緡, 請牒剃落. 及兩京平後, 又於關輔·諸州, 納錢度僧萬餘人, 買牒爲僧, 自此而始."】以此論之, 延載前爲僧, 依天竺法, 有行業堪任受道者, 惟師攝授. 如唐宮使會通,【招天寺會通禪師, 杭州吳氏子, 幼名元卿, 幼而聰敏. 德宗·憲宗時, 爲六宮使, 皇族咸美之, 後出家.】謁鵲巢道林禪師曰: "弟子不願爲官, 志慕出家, 願和尚攝授." 道林曰: "今時爲僧, 行多浮濫." 通曰: "本淨非琢磨, 元明不隨照." 道林曰: "汝若了淨智妙圓, 體自空寂, 卽眞出家, 何假外相?" 通曰: "願垂攝授, 誓遵師敎." 道林乃與剃落. 後來行業旣濫, 檢制興焉, 自然之理, 所以黃面老子以法付之國王大臣, 盖以此也. 今國朝聖澤洪霈, 特使穹其價者, 政所以重敎尊僧, 貴尙其法也. 明敎嵩禪師曰: "夫僧也者, 其防身有戒, 攝心有乏, 辨明有慧, 有威可敬, 有儀可則, 天人望而儼然." 近世多輕僧, 固僧人自取. 然披僧伽黎者, 非數世願力之重, 夙熏種智成熟, 未易得也. 如本朝王文正公旦,[1] 臨薨背時, 悔當初錯了路頭不作僧, 乃囑令諸子, 爲削其鬚髮, 衣以僧家三衣, 然後入棺, 要第二世出頭來 使成僧, 仍囑侍郎楊大年主其治命. 後楊[2]以宰臣薨背, 國家自有典故, 雖不從所請, 只以三衣剃刀, 置之棺中. 楊亦自悔, 竟叅禪宗, 了悟自心, 被旨詳乞『景德傳燈錄』, 流布西天·此土.【東吳僧道原, 作『傳燈錄』三十卷, 詣闕進呈, 眞宗覽之嘉賞, 勅翰林楊億, 使之詳定而撰序, 頒行天下. 道原嗣天台德韶國師, 爲法眼宗.】噫! 爲僧之難, 有如此者. 若是大丈夫漢, 興決烈之志, 屛浮濫之行, 從脚跟下, 一刀兩段, 向佛祖外, 一覰便透, 身心俱了, 亦不爲難, 亦不患護身符子不入手.【魏武帝藏螢火丸於臂肘之間, 流矢不入百步之內, 是爲護身符也.】所以道: "高山流水深深意, 自有知音笑點頭." 法晦致身寶公道場有年, 其爲人謹愿朴厚, 有決烈之志, 無浮濫之行, 今謀進納爲僧, 敬投敬信, 英偉特達. 大賢揮金,【古詩: "揮金見深戀." 言揮振金玉之音也.】助成其志. 以此軸求警[3]策, 因縷縷示之, 亦欲世間賢士大夫, 興重敎尊僧之心, 知前輩雖爲富貴所折困,末後亦有悔之者.

歲在己未中秋, 住鐘山鐵牛.

---

1) ㉠ '且'은 '且'로 되어 있는 곳도 있다. 2) ㉠ '楊'은 '揚'으로 되어 있는 곳도 있다.
3) ㉠ '警'은 '敬'으로 되어 있는 곳도 있다.

주

i 행업行業 : 승려로서 불도佛道의 공업을 이루기 위해서 신·구·의 삼업을 잘 닦는 행위를 말한다.

무주 영안선원의 새로 건립한 법당 기문

무진거사가 짓다

임천臨川의 진종유陳宗愈가 영안永安의 요상了常 노스님의 법회에서 큰 법희를 얻고 그의 가재를 기부하여 방장실을 건립하고 수랑脩廊[i]을 지었다. 또 재목을 모아 새로 법당을 세우려다 종유가 임종하였는데, 그의 두 아들이 요상에게 호소하며 말하였다. "저희 부친께서 부처님을 받들지 않았을 때는 편안하고 건강하셨는데, 부처님을 받들고 나서는 병이 들어 돌아가셨습니다. 부처님의 인과는 믿을 만한 것입니까? 아니면 믿을 수 없는 것입니까?"

요상이 말하였다. "나는 무식한 늙은이라 그대들을 깨우쳐 주기에는 부족하네. 그대들은 다만 부친의 뜻을 이루어 우리 법당을 완성시켜라. 나의 돌아가신 스승님에게 법을 전해 받은 상수上首 제자로 무진거사無盡居士가 있는데, 불이不二의 경지에 깊이 들어가 설법함에 걸림이 없고 근기와 성품에 따라서 법음을 잘 연설하신다. 법당이 낙성되면 그대들을 위해 편지를 보내 가르침을 구하여 그대들의 의심을 해결해 주겠노라."

소성紹聖 원년(1094) 봄에 요상이 명감明鑑을 보내 산양山陽에 도착하여 편지를 전하게 하였으나 마침 내가 간관諫官으로 소환되어 겨를이 없었다. 이듬해 명감이 또 서울에 도착하여 지해선찰에서 회신을 기다렸다. 이때 나(居士)는 한 곳에 묵묵히 거처하며 환幻 같은 경계를 분명하게 깨달아 쇠바퀴가 정수리에서 도는데도 몸과 마음은 매우 편안하였다. 명감은 비 오듯 눈물을 흘리고 슬피 울면서 정성껏 세 번을 청하였다.

"크게 자비하신 거사님이여! 부처님 법의 외호는 국왕과 대신에게 부촉되어 있습니다. 지금의 이 중생들은 괴로움의 바다에서 유랑하며 삶을 탐하고 죽음을 두려워하여 인과에 미혹되어 있습니다. 오직 원하옵건대 거사님께서 큰 의왕醫王이 되시어 불법의 약을 베풀어 주시기 바랍니다."
내가 말하였다.

"훌륭하고 훌륭하도다! 그대가 천 리 길을 멀다 않고 진씨의 아들을 위하여 여래의 위없고 비밀스럽고 깊은 법의 요체를 물어 오니, 나의 말을 자세히 듣고는 가서 일러 주도록 하여라. 선남자야! 크게 비어 있고 고요한 가운데 망령되이 사상四相이 생겼으니 기운이 쌓여 바람이 되고, 형상이 쌓여 땅이 되고, 양기가 쌓여 불이 되고, 음기가 쌓여 물이 되었다. 이를 세우면 삼재三才(天·地·人)가 되고, 흩어지면 만물이 된다. 일체의 유정들은 물과 불이 서로 마찰하고 형상과 기운이 서로 맺어짐에 네 가지 작은 상相으로써 네 가지 큰 세계를 갖추었으니, 태어남으로 인하여 길러지기를 바라고, 길러짐으로 인하여 재물을 바라고, 재물로 인하여 모으기를 바라고, 모음으로 인하여 욕심내게 되고, 욕심으로 인하여 다투게 되고, 다툼으로 인하여 성내게 되고, 성냄으로 인하여 패려궂게 되고, 패려궂음으로 인하여 우매하게 되고, 우매함으로 인하여 어리석게 되니, 이 탐냄과 성냄과 어리석음을 모든 부처님께서 삼대아승지겁이 된다고 말씀하셨다.

사람이 백 년 겁 중에 혹은 10세나 20세 혹은 30, 40세 혹은 50, 60세 혹은 70, 80세로 각각 수명의 한계를 스스로 소겁小劫이라 여기는데, 이 겁에서 헤아릴 수 없는 겁을 초월하고자 하는 것은 비유컨대 지렁이가 연기를 타고 구름에 오르는 것과 같으니, 이런 경우는 있을 수 없다.

모든 부처님이 애달파하고 불쌍히 여기셔서 단바라밀의 큰 방편문을 열어 보여 그대에게 재물을 희사할 것을 권장하셨다. 그대가 재물을 희사할 수 있으면 애욕을 버릴 수 있고, 그대가 애욕을 버릴 수 있으면 몸을 버릴 수 있고, 그대가 몸을 버릴 수 있으면 뜻을 버릴 수 있고, 그대가 뜻을 버릴 수 있으면 법을 버릴 수 있고, 그대가 법을 버릴 수 있으면 마음을 버릴 수 있고, 그대가 마음을 버릴 수 있으면 도에 계합할 수 있다.

예전에 가섭존자가 교화를 행하실 때에 가난한 노파가 깨진 질그릇으로 쌀뜨물을 시주하니, 존자께서 다 마시고는 몸을 허공으로 솟구쳐 열여덟 가지 변화를 나타내었다. 가난한 노파가 이를 우러러보고 마음으로 크게 기뻐하였다. 존자가 말하였다. '그대가 보시한 바는 한량없는 복을 얻을 것이다. 사람이거나 천상이거나 또는 전륜성왕이거나 제석천이거나 사과四果를 얻은 성인 및 부처님의 보리까지도 그대가 원하는 바를 얻지 못할 것이 없으리라.' 노파가 말하였다. '그저 천상에 태어나길 바랄 뿐입니다.' 존자가 말하였다. '그대가 하고자 하는 바를 알겠노라. 7일이 지나 목숨이 다하여 도리천에 태어나 수승하고도 오묘한 즐거움을 받으리라.'[1]

또 계빈국의 왕이 부처님의 회상에서 설법을 듣다가 대중에서 나와 말하기를, '큰 성인께서 세상에 나시기는 1천 겁이 지나더라도 만나기 어렵습니다. 이제 발심하여 정사를 건립하고자 하오니, 원컨대 부처님께서 허락해 주십시오.'라고 하니, 부처님께서 '그대가 하는 바대로 따르겠다.'라고 하셨다. 계빈국왕이 한 가지의 대나무를 가져다가 부처님 앞에 꽂으며 말하기를, '정사의 건립을 마쳤습니다.'라고 하니, 부처님께서 '옳고 옳도다!'라고 하셨다. 이 훌륭한 가람은 온 법계를 포용할 것이고, 이 공양은 그 복이 항하의 모래알을 넘어설 것이다.

명감은 돌아가서 나를 위해 이 두 가지 이야기를 단월에게 말해 주고 스스로 잘 선택하게 하라. 그대의 부친이 지은 당실과 행랑은 한 그릇의

---

[1] 『金藏集』에서는 다음과 같이 말하였다. "가섭이 걸식을 나가려고 할 때 먼저 삼매에 들어 '어느 곳의 가난한 이에게 내가 마땅히 복을 줄까?'라고 하다가 왕사성에 사는 한 노모가 극도로 빈궁하고 병까지 들었으나 몸을 가릴 옷이 없어 울타리로 몸을 가리고 있는 것을 보았는데, 가섭은 그의 목숨이 곧 다할 것을 알았다. 어떤 장자의 계집종이 악취 나는 쌀뜨물을 버리려다 노모가 구걸하자 병에 담아 주었다. 가섭이 걸식하는데 노모가 '빈궁한 몸에 병까지 들었으니 음식을 어디서 얻겠습니까? 다만 악취 나는 쌀뜨물이 있어 이것으로 보시하고자 하는데 저를 가엾게 여겨 받아 주십시오.'라고 하므로 가섭이 '좋다.'라고 하였다. 노모가 벌거벗은 몸이라 밖으로 나오지 못하고 몸을 옆으로 기울인 채 울타리 위로 건네주었다. 가섭이 그것을 받아 모두 마시고는 공중으로 솟구쳐 열여덟 가지 변화를 나타내었다……."

뜨물에 비한다면 얻는 복이 매우 많을 터이니, 천상에 태어나 복락을 누림은 결코 의심할 게 없고 만약 계빈국왕이 한 가지의 대나무를 꽂은 것에 비하더라도 무량한 법계를 포용할 것이다. 그대가 여기에 나아가고자 한다면 나의 한 구절 게송을 들으라."

한 줄기 긴 대나무로 정사를 세우니
바람이 초명蟭螟ⁱⁱ을 거두어 남쪽 바다로 들어가네.²
더러운 물 뿌리면 두 번째가 되거늘³
둔근기는 더욱 어긋나서 전삼삼前三三을 묻는구나.⁴·ⁱⁱⁱ

이어 명감이 뛸 듯이 기뻐하며 편지를 받아 돌아가서 그 사람들에게 일러 주고는 전후 사정을 써서 기문으로 새겼다.

撫州永安禪院新建法堂記
無盡居士撰

臨川陳宗愈, 於永安常老會中, 得大法喜, 損其家貲, 爲建丈室, 作脩廊. 方且鳩材, 以新法堂, 而宗愈死. 其二子號訴於常曰: "吾先子之未奉佛也, 安且强; 旣奉佛也, 病且亡. 佛之因果, 可信邪? 其不可信邪?" 常曰: "吾野叟也, 不足以譬子. 子第成父之志, 而卒吾堂. 吾先師有得法上首無盡居士, 深入不二, 辯才無礙, 隨順根性, 善演音. 法堂成, 當爲子持書求誨, 決子¹⁾之疑." 紹聖元年春, 常遣明鑑, 至山陽, 以書來言, 會予方以諫官, 召還未暇. 明年, 鑑又至京, 待報於智海禪刹. 爾時, 居士默處一室, 了明幻境, 鐵輪旋頂, 身心泰定. 明鑑雨淚悲泣, 懇勤三請: "大悲居士! 佛法外護, 付與

---
2 포용하는 뜻을 밝혔다.
3 궤칙을 두지 않는다.
4 헤아려 따지는 것을 용납하지 않는다.

王臣. 今此衆生流浪苦海, 貪怖死生, 迷惑因果. 惟願居士作大醫王, 施與法藥." 居士曰: "善哉! 善哉! 汝乃能不遠千里, 爲陳氏子, 諮請如來無上秘密甚深法要, 諦聽吾說, 持以告之. 善男子! 大空寂閒, 妄生四相, 積氣爲風, 積形爲地, 積陽爲火, 積陰爲水. 建爲三才, 散爲萬品. 一切有情, 水火相摩, 形氣相結, 以四小相, 具四大界. 因生須養, 因養須財, 因財須聚, 因聚成貪, 因貪成競, 因競成瞋, 因瞋成很, 因很成愚, 因愚成癡, 此貪嗔[2]癡, 諸佛說爲三大阿僧祇劫. 人於百年劫中, 或十歲二十歲, 或三十四十歲, 或五六十歲, 或七八十歲, 各於壽量, 自爲小劫, 於此劫中, 而欲超越不可數劫, 譬如蚯蚓欲昇烟[3]雲, 無有是處. 諸佛悲愍, 開示檀波羅蜜[4]大方便門, 勸汝捨財. 汝財能捨, 即能捨愛; 汝愛能捨, 即能捨身; 汝身能捨, 即能捨意; 汝意能捨, 即能捨法; 汝能捨法, 即能捨心; 汝心能捨, 即能契道. 昔迦葉尊者行化, 有貧媼以破瓦器中潘汁施之, 尊者飲訖, 踊身虛空, 現十八變. 貧媼瞻仰, 心大歡喜. 尊者謂曰: '汝之所施, 得福無量, 若人若天, 輪王帝釋, 四果聖人, 及佛菩提, 汝意所願, 無不獲者.' 媼曰: '止求生天.' 尊者曰: '知汝所欲. 過後七日命終, 生忉利天, 受勝妙樂.' 【『金藏集』云: "迦葉欲乞食時, 先入三昧, '何所貧人, 吾當福之?' 於王舍城, 見一老母, 極貧又病, 無衣掩身, 施籬障形, 迦葉知其欲終. 有長者婢, 棄臭潘汁, 母乞盛瓶. 迦葉乞食, 母言: '貧窮加疾, 食從何得? 但有臭米汁, 欲以布施, 哀我受不?' 迦葉言: '善!' 母以裸形, 不得出外, 側身傴僂, 籬上授與. 迦葉受之, 飲訖昇空, 現十八變云云."】又罽賓國王在佛會聽法, 出衆言曰: '大聖出世, 千劫難逢. 今欲發心, 造立精舍, 願佛開許.' 佛云: '隨爾所作.' 罽賓持一枝竹, 挿於佛前曰: '建立精籃竟.' 佛云: '如是! 如是!' 以是精籃, 含容法界; 以是供養, 福越河沙. 鑑來爲吾持此二說, 歸語檀越, 善自擇之. 汝父所建堂室廊廡, 比一器潘, 得福甚多, 生天受樂, 決定無疑. 若比罽賓國王挿一枝竹, 乃能含容無量法界. 汝欲進此, 聽吾一偈:

一竿脩竹建精籃, 風捲蠛蠓入海南.【明含容之義.】

惡水潑來成第二,【不存軌則.】鈍根蹉過問前三.【未容擬議.】

於是明*鑑踊躍信受, 歸告其人, 筆集緒言, 刻以爲記.

---

1) ㉙ '子'는 '于'로 되어 있는 곳도 있다. 2) ㉙ '嗔'은 '瞋'으로 되어 있는 곳도 있다.
3) ㉙ '烟'은 '煙'으로 되어 있는 곳도 있다. ㉔ '烟'은 '煙'과 통한다. 4) ㉙ '蜜'은 '密'로 되어 있는 곳도 있다.

주

i 수랑脩廊 : 전각과 전각 사이에 눈이나 비를 맞지 않고 다닐 수 있도록 지붕을 씌워 만든 긴 통로, 즉 복도를 말한다.

ii 초명蟭螟 : 초명은 지극히 미세한 벌레의 이름인데 초명焦螟이라고도 한다.

iii 전삼삼前三三을 묻는구나 : 『碧巖錄』 제35칙에 다음과 같은 내용이 나온다. 무착 선사가 오대산에 들어가서 문수보살을 뵙고자 하여 금강굴 앞에 이르러 향을 사르고 예배하고서는 눈을 감고 잠시 앉았는데 소를 꾸짖는 소리가 들렸다. 무착이 얼른 눈을 뜨자 촌스러운 모습의 산골 노인이 신기하게도 소를 끌고 냇가에 이르러 물을 먹이는 모습이 보였다. 무착이 일어나서 예를 올리자 노인이 말했다. "그대는 무슨 일로 왔는가?" 무착이 말했다. "문수보살을 뵙고자 합니다." 노인이 말했다. "문수보살은 못 만났을 테고, 그대는 식사를 했는가?" 무착이 말했다. "아직 못했습니다." 노인이 소를 끌고 돌아가고 무착은 그의 뒤를 따라갔는데 문득 어느 절로 들어갔다. 노인이 "균제均提야!" 하고 부르니 동자가 대답하며 나와서 맞이하였다. 노인이 소를 풀고 무착을 데리고 법당에 올라갔는데 모두 금벽으로 되어 있었다. 노인이 법상에 걸터앉아 장식된 걸상을 가리키며 무착에게 앉으라고 하자 동자가 문득 유리잔에 소락酥酪을 담아서 내와 마주 인사하고 함께 먹었다. 무착이 그것을 맛보고는 갑자기 마음과 정신이 상쾌해짐을 느꼈다. 노인이 물었다. "근자에 어디에서 왔는가?" 무착이 말했다. "남방에서 왔습니다." 노인이 물었다. "남방의 불법은 어떻게 유지되는가?" 무착이 말했다. "말법의 비구들이 그저 계율이나 지킬 뿐입니다." 노인이 다시 물었다. "대중들은 얼마나 되는가?" 무착이 말했다. "혹 3백일 때도 있고 혹 5백일 때도 있습니다." 무착이 물었다. "이곳의 불법은 어떻게 유지됩니까?" 노인이 말했다. "용과 뱀이 섞여 있고 범부와 성인이 같이 살고 있네." 무착이 말했다. "대중들은 얼마나 됩니까?" 노인이 말했다. "전삼삼前三三이고 후삼삼後三三이다."

송 문제가 조정의 대신을 모아 불교를 논의하다

문제는 송 고조의 셋째 아들이다. 총명하고 슬기로우며 영특하고 해박하여 평소에 '영달한 이'라 칭찬받았다. 재위한 지 30년 만에 일찍이 한가한 날을 틈타 조용히 시중侍中 하상지何尙之와 이부吏部 양현보羊玄保에게 의견을 물었다.

"짐은 어려서부터 읽은 경전이 많지 않은데, 근자에 더욱더 여가가 없어서 삼세의 인과에 대한 의심을 해결하지 못하고 있다. 그럼에도 다시 감히 이견을 세우지 않는 것은 바로 경들과 같은 이 시대의 수재들이 대체로 공경하고 믿는 것이기 때문이다. 범태范泰와 사영운謝靈運이 항상 말하기를, '육경의 전적은 본래 세속을 구제하고 정사를 다스리는 데에 그 뜻이 있습니다.[1] 반드시 신령스럽고 참되고 오묘한 성품을 구하고자 한다면 어찌 불교의 이치로써 지침을 삼지 않겠습니까?'라고 하였다. 근래에 안연지의 『절달성론折達性論』[2]과 종병宗炳의 『난백흑론難白黑論』[3]을 보았는데, 불법을 깊이 밝혀서 더욱 이름난 이론이 되었으니 아울러 사람들의 뜻을 깨우쳐 장려할 만한 것이었다. 만일 온 천하로 하여금 모두 이 교화에 돈독하게 한다면 짐은 앉아서 태평시대를 이룰 것이니, 다시 무슨 일이 있겠는가?"

하상지가 대답하였다.

"유유자적하는 무리들은 흔히 법을 믿지 않습니다. 용렬하고 못난 신이 다시 발탁되어 보필함을 떠맡았으나 감히 감당할 바가 아니니, 만약 앞 시

---

[1] 구절이다.
[2] 형양衡陽 태수 하승천何承天이 혜림惠琳과 가까이 지내면서 『達性論』을 지어 석가의 가르침을 꾸짖었는데 영가永嘉 태수 안연지顏延之가 『折達性書』를 지어 두세 번 주고받고서야 (하승천의 꾸지람이) 그쳤다.
[3] 사문 혜림惠琳이 승복을 빌려 입고 그 법을 헐뜯어 『白黑論』을 지었는데, 태자사인太子舍人 종소문宗少文은 불법을 신봉하여 『難白黑論』을 지어 그것을 힐난하였다.

대의 군웅들이라면 밝으신 조서를 저버리지 않았을 것입니다. 중조中朝[4]는 이미 요원하여 모두 아는 것은 어렵습니다만, 장강을 건너온(渡江) 이래[5] 왕도王導·주의周顗·유량庾亮·왕몽王濛·사상謝尙·극초郄超·왕탄王坦·왕공王恭·왕밀王謐·곽문거郭文擧·사부謝敷·대규戴逵·허순許詢 및 돌아가신 고조高祖의 형제와 왕원림王元琳의 형제와 범왕范汪·손작孫綽·장현張玄·은의殷顗 등이 혹은 재보宰輔의 고관(冠盖)으로 혹은 인륜의 사표로서, 혹은 뜻을 천인의 영역에 두거나 혹은 노을 밖에 자취를 남겼으니,[6] 모두가 품성과 지조가 귀의할 만하고 마음에 두어 귀의하여 믿을 만합니다.

그 사이에 견주어 짝할 수 있는 이들로는 우법란,[7] 축법호,[8] 우법개,[9] 축도잠,[10] 법심,[11] 지둔,[12] 축법숭,[13] 우도수[14] 등인데, 모두 행적이 황중黃中[15]

---

4 서진西晉.
5 유총劉聰이 서진을 멸망시키고 낙양에 들어가 점거하였는데, 사마예司馬睿가 장강을 건너 건강建康에 도읍하였기 때문에 도강渡江이라 하였다.
6 『弘明集』에는 자세히 말하기를, "왕도와 주의는 재보의 고관이고, 유량과 사문은 인륜의 사표이다. 극초와 왕탄·왕공·왕밀은 혹 '체절體絶'이라 불리고 혹 '독보獨步'라 일컬어진다. 곽문거·사부·대규·허순은 뜻을 천인의 경지에 두고 자취를 노을 밖에 두었다. 돌아가신 고조의 형제는 맑은 식識으로 세상의 모범이 되었다. 왕원림의 형과 아우는 재화才華가 조정에 으뜸이었고 그 나머지도 당시의 준재 아님이 없었다."*라고 하였다.
*왕도와~없었다 : 『弘明集』 권11(T52, 69b17~b23).
7 우법란于法蘭은 고양高陽 사람이다. 도력이 삼하三河에 떨쳤고 명성이 사방 먼 곳까지 퍼졌다.
8 축법호竺法護.
9 우법개于法開는 난공蘭公의 도제이다. 여러 경전을 잘 강론하였고 특히 의술에 정통하였으며, 사안·왕문도와 모두 벗으로 잘 지냈다.
10 축도잠竺道潛은 자가 법심法深이며, 이치가 심원하였고 풍모가 청아하며 고상하였다.
11 당시에 법심法深이라 불리는 자가 있었으니, 역시 영준英俊하다고 일컬어졌다.
12 지둔支遁은 자가 도림道林이며 사태부謝太傅·왕우군王右軍과 방외方外의 교우를 맺었다.
13 법숭法崇은 민첩하면서도 학문을 좋아하였고 또 계율로 칭송을 받았다.
14 도수道邃는 돈황敦煌 사람이다. 풍모가 청아하고 고상하며 내·외전에 박통하였으니, 법호法護가 항상 일컫기를, "도수는 고인의 풍모가 있고 대법의 동량이 될 것이다."라고 하였다.
15 『文言』에서는 "군자는 황색이 중심에 있어 이치에 통하고 바른 자리에서 체體에 머물

에 버금가며 혹은 예측할 수 없는 사람들입니다. 혜원 법사가 일찍이 말하기를, '석가의 교화는 가능하지 않는 바가 없으니, 도에 나아감은 진실로 가르침의 근원으로부터 하며 세속을 제도하는 일도 중요한 임무로 여겼다.'라고 했는데, 이 말을 가만히 생각해 보면 진리에 계합하는 바가 있습니다. 만약 집집마다 계를 받들도록 한다면 죄는 사라지고 형벌은 맑아질 것이니, 폐하께서 이른바 '앉아서 태평시대를 이룬다'는 것이 진실로 성지聖旨와 같이 될 것입니다."

양현보가 나와서 말하였다.

"이러한 이야기는 대개 하늘사람의 영역인데, 어찌 신이 마땅히 간여할 수 있겠습니까? 가만히 생각건대 진나라와 초나라는 군대를 강성하게 하는 일을 논의하였고, 손자와 오자는 합병하는 술책에 진력을 다하였으니 아마도 여기에서는 취할 것이 없을 듯합니다."

문제가 말하였다.

"이는 전쟁하는 나라의 도구가 아니니 참으로 경의 말과 같도다."

하상지가 대답하였다.

"무릇 은둔자들을 예우하면 전사들이 태만해지고, 인仁과 덕을 귀하게 여기면 병사들의 사기가 쇠퇴해진다 하였습니다. 만약 손자와 오자의 술책으로 뜻을 삼아 씹어 삼키는 데에 진력한다면 참으로 요순의 도를 취할 것이 없으니, 어찌 한갓 석가의 가르침일 뿐이겠습니까!"

문제가 말하였다.

"석가의 문중에 경이 있는 것이 마치 공자의 문중에 계로가 있는 것과

러 아름다움이 그 가운데 있다."*라고 하였다.

*군자는~있다 : 『周易』「坤卦」〈文言〉에서는 "군자는 황黃이 중심에 있어 이치에 통하여 바른 자리에서 체體에 머물러 아름다움이 그 가운데 있어서 사지四支에 창달하며 사업에 나타나니 아름다움이 지극하다.(君子黃中通理, 正位居體, 美在其中, 而暢於四支, 發於事業, 美之至也.)"라고 하였다.

같으니, 이른바 '악한 말이 귀에 들어오지 않는다'는 것이다."

이로부터 문제는 불경에 뜻을 두었으며, 혜엄과 혜관 등 여러 승려들[16]을 만나 봄에 이르러서는 번번이 도의道義를 논의하였으며, 자주 궁전에서 재회齋會를 베풀어 몸소 바닥의 대자리로 나아가 승려와 같은 반열에서 공양하였다.

이때 축도생竺道生이라는 사문이 그 무리 가운데에서 빼어나고 영특하며 홀로 특출하여 문제가 그를 중히 여겼다. 일찍이 축도생이 돈오頓悟의 이치를 저술하였는데, 승려들이 모두 크게 비난하자 문제가 말하였다.

"만약 죽은 자(축도생)를 다시 일어나게 할 수 있다면 어찌 경들에게 굴복되겠는가?"[17]

이때에 안연지가 『이식론離識論』을 지었는데, 문제가 명령하여 그 같고 다름을 분변하여 종일토록 문답이 오고가게 했다. 황제가 웃으며 말하기를, "경들은 오늘에 지둔支遁과 허순許詢의 담론에 부끄러움이 없도다."라

---

16 혜엄慧嚴은 예주豫州 범씨范氏의 아들이며 구마라집 법사의 문인이다. 혜관慧觀은 청하淸河 최씨의 아들이고 10세 때에 박식한 견해로 이름이 알려졌으며, 역시 구마라집 법사의 문인이다.

17 『佛祖歷代通載』를 살펴보건대, "송 문제가 즉위한 지 9년에 법사 도생道生이 『頓悟成佛論』 등을 지었는데, 이듬해 정월에 안석에 기대어 천화하였다. 12년에 황제가 칙서를 내려 도생 법사의 돈오의 이치를 설명해 줄 수 있는 사문을 찾게 하였더니, 자사刺史 유등지庾登之가 법원法瑗·승필僧弼 등을 아뢰었다. 불러들여 마주 대하고 질문하자 법원이 펴서 변론함이 상세하고 분명하였다. 하상지가 찬탄하여 말하였다. '도생 이후에 심오한 말이 영원히 끊어졌다고 여겼었는데 지금에 다시 형상 밖의 말을 들으니, 이른바 하늘이 사문斯文을 버리지 않았다*는 것이다.'"**라고 하였다.

 *하늘이 사문斯文을 버리지 않았다 : 공자가 광匡 땅에서 두려운 일을 당하여 이르기를, "문왕이 이미 작고하였으니 도가 나에게 있지 않겠느냐. 하늘이 이 도를 망칠진댄 나 같은 사람이 이 도에 참예하지 못하겠거니와 하늘이 이 도를 망치지 않을진댄 광 땅 사람이 나를 어찌하겠는가.(文王旣沒, 文不在玆乎? 天之將喪斯文也, 後死者不得與於斯文也; 天之未喪斯文也, 匡人其如予何?)"라고 한 데서 온 말이다. 『論語』「子罕」.

 **송 문제가~것이다 : 『佛祖歷代通載』 권8(T49, 535c5~16, 537a11~15).

고 하였다.[18]

宋文帝集朝宰論佛敎

文帝即宋高祖第[1)]三子也. 聰睿英博, 雅稱令達. 在位三十年, 甞以暇日, 從容而顧問侍中何尙之·吏部羊玄保曰:"朕少來讀經不多, 比日彌復無暇, 三世因果, 未辨措懷, 而復不敢立異者, 正以卿輩時秀, 率所敬信也. 范泰·謝靈運常言: '六經典文, 本在濟俗爲政【句】, 必求性靈眞奧, 豈得不以佛理爲指南耶?' 近見顔延之『折達性論』【衡陽太守何承天, 與惠琳比狎, 著『達性論』, 詆訶釋敎. 永嘉太守顔延之, 作『折達性書』, 徃復再三乃止.】·宗炳『難白黑論』【沙門惠琳, 假服僧次, 而毁其法, 著『白黑論』. 太子舍人宗少文, 信法者也, 作『難白黑論』以難之.】明佛法深, 尤爲名理, 並足開獎人意. 若使率土之濱, 皆敎此化, 則朕坐致太平矣, 夫復何事?" 尙之對曰: "悠悠之徒, 多不信法. 以臣庸弊, 更荷褒拂, 非所敢當之, 至如前代群英, 則不負明*詔矣. 中朝【西晋】已遠, 難復盡知; 渡江以來, 則【劉聰滅西晋, 入據洛陽, 司馬睿渡江, 而都建康, 故曰渡江.】王導·周顗·庾[2)]亮·王濛·謝尙·郄超·王坦·王恭王謐·郭文擧·謝敷·戴逵·許詢, 及亡高祖兄弟, 及王元琳昆季, 范汪·孫綽·張玄·殷顗等, 或宰輔之冠盖, 或人倫之羽儀, 或置情天人之際, 或抗迹烟[3)]霞之表,【『弘明集』具云: "王周, 宰輔之冠盖. 庾謝, 人倫之羽儀. 郄及三王, 或號體絶, 或稱獨步. 郭謝戴許, 置情天人之際, 抗迹烟霞之表. 亡高祖兄弟, 以淸識軌世. 王元琳昆弟, 以才華冠朝, 其餘靡非時俊."】並禀志歸衣, 措心歸信. 其間比對, 則蘭【于法蘭, 高陽人. 道振三河, 名流四遠.】護【竺法護】開【于法開, 蘭公徒弟也. 善講諸經, 尤精醫術, 謩安·王文度, 悉以友善.】潛【竺道潛, 字法深, 理致深遠, 風鑑淸高.深【時有名法深者, 亦以英俊稱.】遁【支遁, 字道林, 與謩太傅·王右軍, 共結方外交.】崇【法崇, 敏而好學, 又以戒律見稱.】邃【道邃, 敦煌人. 風鑑淸高, 內外該博, 法

---

18 지둔과 허순이 함께 회계산會稽山에서 매번 도를 논의함에 기뻐하지 않음이 없었다.

護常稱: "邃有古人風, 爲大法棟樑."}, 皆亞迹黃中【『文言』云: "君子黃中通理, 正位居體, 美在其中."}, 或不測之人也. 慧遠法師甞云: '釋氏之化, 無所不可, 適道固自敎源, 濟俗亦爲要務.' 竊尋此說, 有契理要. 若使家家奉戒, 則罪息刑淸, 陛下所謂坐致太平, 誠如聖旨." 羊玄保進曰: "此談盖天人之際, 豈臣所宜預? 竊謂秦楚論強兵之事, 孫吳盡吞倂之術, 將無取於此也." 帝曰: "此非戰國之具, 良如卿言." 尙之對曰: "夫禮隱逸則戰士怠, 貴仁德則兵氣衰. 若以孫吳爲志, 苟在吞噬, 亦無取堯舜之道, 豈惟釋敎而已哉?" 帝曰: "釋門有卿, 亦猶孔門之有季路, 所謂惡言不入於耳也." 自是文帝致意佛經, 及見嚴觀諸僧,【慧嚴, 豫州范氏子, 羅什法師門人. 慧觀, 淸河崔氏子, 十歲以博見知名, 亦什公門人.】輒論道義, 屢延殿會, 躬御地筵, 同僧列飯. 時有沙門竺道生者, 秀出群品, 英義獨拔. 帝重之. 甞述生頓悟義, 僧等皆設巨難. 帝曰: "若使逝者可興, 豈爲諸卿所屈?"【按『通載』, 宋文帝卽位九年, 法師道生, 著『頓悟成佛』等論. 明年正月, 隱几而化. 十二年, 帝詔求沙門, 能述生法師頓悟義者. 刺史庾登之, 以法瑗僧弼等聞焉. 召對顧問, 瑗伸辯詳明. 尙之歎曰: "意謂生公之後, 微言永絶. 今復聞象外之談, 所謂天未喪斯文也."】時顔延之, 著『離識論』. 帝命辨其同異, 徔返終日, 笑曰: "卿等今日無愧支許之談也."【支遁·許詢, 共在會稽山每論道, 莫不懽忻.】

---

1) ㉠ '第'는 '第'로 되어 있는 곳도 있다. ㉡ '第'는 '第'와 통용된다. 2) ㉠ '庾'는 '庚'로 되어 있는 곳도 있다. 3) ㉠ '烟'은 '煙'으로 되어 있는 곳도 있다. ㉡ '烟'은 '煙'과 통용된다.

『후한서』「교사지」[1,i]

「교사지」에서는 다음과 같이 말하였다.

"불佛이란 중국말로 깨달음(覺)인데, 장차 중생을 깨우치게 한다는 뜻이다. 그 가르침을 통괄하면 선하고 자비로운 마음을 닦는 것을 위주로 하여 산 무리를 죽이지 않고 청정함에 오로지 힘쓰는 것이다. 정진하는 자가 사문沙門이 되니 중국말로 식심息心인데, 삭발하고 속가를 떠나 정을 끊고 욕심을 씻어 내어 무위無爲로 돌아간다는 뜻이다. 또 사람이 죽어도 정신은 소멸하지 않고 나중에 다시 몸을 받으니, (전생에) 지은 선악에 따라 다음 생에 모두 그에 따른 과보가 있다. 귀하게 여겨야 할 것은 선을 실천해서 그 정신을 연마하고 끊임없이 연마하여 무생無生에 이르러 부처가 되는 것이다. (부처님은) 신장이 1장 6척에 황금색이며 목에는 해와 달의 광명을 두르고 변화가 무상無常하여 이르지 않는 데가 없으므로 만물을 교화하고 중생을 크게 제도한다. 경서로는 수천 권이 되는데, 텅 비어 없는 것을 종지로 삼으나 정밀한 것과 거친 것(精粗)을 다 망라하여 통괄하지 않는 것이 없고, 드넓고도 수승한 말로 잘 표현되어 있으며, 구하는 것은 한 몸의 안에 있고 밝히려는 것은 보고 듣는 바깥에 두어 미묘하고 심원한 이치로 귀의시켰으니, 참으로 헤아리기 어렵다. 그러므로 왕공王公이나 대인大人이 삶과 죽음의 보응을 살필 때 아연실색하지 않은 이가 없었다."

『위서魏書』에서는 다음과 같이 말하였다.

---

1 원굉袁宏이 「郊祀志」를 지었다. 『漢書』에서는 "제왕의 일은 하늘의 순서를 잇는 것보다 큰 것이 없고, 하늘의 순서를 잇는 것은 교사郊祀보다 중대한 것이 없다. 그러므로 성왕이 마음을 다하고 지극히 하여 그 제도를 세워서 남쪽 교외에서 하늘에 제사를 지냈으니 양陽으로 나아간다는 뜻이다."라고 하였다. 「郊祀志」에 또한 "처음으로 부처가 있음을 알았다."는 말이 기록되어 있다.

"불경에서는 대저 말하기를, 세세생생 태어나는 부류가 모두 행업行業으로 인하여 생겨나는데, 과거·현재·미래의 삼세가 있다. 도를 닦는 단계와 등급이 하나가 아니라, 모두 얕은 데를 기반으로 해서 깊은 곳에 이르며 은미한 것을 의지해서 드러남에 이르니, 대체로 인순仁順을 쌓고 욕심을 덜며 텅 빈 고요함을 익혀 전체적으로 관조함을 완성하는 데에 있다."[2]

『後漢書』「郊祀志」【袁宏作「郊祀志」.『漢書』曰: "帝王之事, 莫大於承天之序; 承天之序, 莫重於郊祀. 故聖王盡心極慮, 以建其制, 祭天於南郊, 就陽之義也." 其志中, 亦記"初知有佛語".】

「志」曰: "佛者, 漢言覺也, 將以覺悟群生也. 統其敎, 以修善慈心爲主, 不殺生類, 專務淸淨. 精進者, 爲沙門, 漢言息心, 剔髮去家, 絶情洗慾, 而歸於無爲也. 又以人死精神不滅, 隨復受形, 所行善惡, 後生皆有報應. 所貴行善, 以練其精神, 練而不已, 以至無生, 而得爲佛也. 身長一丈六尺, 黃金色, 項中佩日月光, 變化無常, 無所不入, 故能化通萬物, 而大濟群生也. 有經書數千卷, 以虛無爲宗, 包羅精粗, 無所不統, 善爲宏濶勝大之言. 所求在一體之內, 所明在視聽之表, 歸依玄微深遠, 難得而測, 故王公大人觀生死報應之際, 無不懍然自失也.『魏書』云: '其佛經, 大抵言生生之類, 皆因行業而起, 有過去當今未來三世也. 其修道階次等級非一, 皆緣淺以及深, 籍微以爲著, 率在於積仁順·蠲嗜慾·習虛靜, 而成通照也.'【東坡居士曰: "此殆中國始知有佛時語也. 雖似淺近, 大略具足矣."】

---

[2] 동파거사東坡居士가 "이는 아마도 중국에 부처님이 있음을 처음 알았을 때의 말인 것 같다. 비록 천근한 것 같지만 대략을 갖추었다."라고 하였다.

┃주

i 「교사지」: 교사郊祀는 교제郊祭와 같은 의미로 천지에 지내는 제사를 가리킨다. 동지에는 남교南郊에서 하늘에 제사 지내고, 하지에는 북교北郊에서 땅에 제사 지낸다. 「郊祀志」는 교제사에 대한 내용을 기록한 지志이다.

항주 정자사 수일 법진 선사의 소지회향문

마당을 쓰는 이 공덕을 법계의 중생에게 회향하옵나니, 색진이 청정해지이다. 색진이 청정하므로 안근이 청정해지며, 안근이 청정하므로 안식이 청정해지며, 성향미촉법도 그러하리이다. 또 원하옵건대 한 세계가 청정해지고 진법계 허공계까지도 다 청정해지이다.

모든 여래의 광명으로 장엄하여 머물러 지키는 것과 원각의 가람과 청정한 깨달음의 자리와 같아져서 습기가 영원히 끊어지이다. 그리하여 청정하다거나 더럽다는 두 가지 경계와 범부이거나 성인이라는 망상심에 한 티끌도 세워지지 않게 하리이다.

이와 같이 서원이 청정하므로 지혜도 청정해지이다.

杭州淨慈寺守一法眞禪師掃地回向文

以此掃地功德, 回向法界衆生, 色塵清淨. 塵清淨故, 眼根清淨, 根清淨故, 眼識清淨, 聲香味觸法, 亦復如是. 又願一世界清淨, 乃至盡法界虛空界, 皆悉清淨. 同諸如來光嚴住持, 圓覺伽藍[1] 清淨覺地, 永斷習氣, 淨穢二邊, 凡聖垢染, 一塵不立. 如是願清淨, 智亦復清淨.

---
1) ㉘ '籃'은 '藍'으로 되어 있는 곳도 있다.

수주 대홍산 영봉사 시방선원의 기문

원우元祐[1] 2년(1087) 9월에 수주隋州 대홍산大洪山 영봉사靈峯寺에 조칙을 내려 율원을 바꿔서 선원으로 만들었다. 소성紹聖[2] 원년(1094)에 외대外臺[i]에서 낙양 소림사少林寺의 장로 보은報恩[3]에게 처음 청하여 옮겨가서 (영봉사의) 주지가 되게 하였다. 숭녕崇寧[4]으로 개원(1102)한 정월에 사자가 와서 시방선원의 기문을 요청하기에 다음과 같이 쓴다.

대홍산은 수주의 서남쪽에 있으며 자리한 기반이 백여 리인데, 산봉우리에서 굽어 살펴보면 한수 동쪽 여러 나라의 산림과 구릉이 마치 평원과도 같다. 노인네들에게 들은 것으로 상고해 보건대, '홍洪'을 '호胡'라고도 하며 '호湖'라고도 하는데, 어떤 것이 맞는지는 상세하지 않다. 지금 지리로써 상고해 보건대, 네 산의 사이가 예전에는 큰 호수여서 신룡들이 거처하던 곳이었는데, 거대한 파도가 넘쳐흘러 그 물가를 헤아릴 수 없었다고 한다. 그 후에 두 마리의 용이 싸우다가 깎아지른 암벽을 당겨 벌려 놓아서 호수의 물이 남쪽으로 빠져나갔다고 한다. 그러므로 지금 그 산을 등진 고을을 '낙호관落湖管'이라 하니, 이것이 '대홍大洪'이라는 이름을 얻게 된 연유이다.

당나라 원화元和[5] 연간(806~820)에 홍주 개원사開元寺 승려인 선신 자인善信慈忍 대사가 마조馬祖로부터 심인心印의 요체를 은밀히 전수받고 북

---

1 송宋나라 철종哲宗의 연호이다.
2 또한 철종의 연호이다.
3 여양黎陽 유씨劉氏의 자손으로서 약관弱冠이 되기도 전에 계책(方略)을 올렸다가 상제上第로 발탁되었다. 후에 세속을 싫어하여 관직에서 물러나 승려가 되어 투자 의청投子義靑 선사의 법을 이었다.
4 휘종徽宗의 연호이다.
5 헌종憲宗의 연호이다.

쪽으로 오대산을 유람하다가 문수사리보살에게 예경하였다. 그때 그 수승함을 우러러보고는 문수보살과 인연이 있음을 스스로 기쁘게 생각하여 대중 스님들을 위해 3년 동안 불 때고 밥 짓기를(炊爨)[6] 발원하였다. 그런데 그 절의 승려들이 거절하자 눈물을 흘리며 탄식하고 슬퍼하였다. 한 노인이 "그대의 인연은 여기에 있지 않으니 떠나가되 '수隋'를 만나면 쉬고 '호湖'를 만나면 머물러라."라고 하였다.

대사가 남쪽으로 가다가 보력寶曆 2년(826) 가을 7월에 수주에 이르러 멀리 높은 봉우리를 바라보며 고을 사람들에게 "무슨 산입니까?"라고 묻자 고을 사람들이 "대호산입니다."라고 하였다. 예전의 노인 말씀과 묵묵히 합치하여 산에 들어가 기슭을 돌아 호숫가에 이르렀다.

그 해에 마침 극심한 가뭄이 들어 고을 사람 장무릉張武陵이 양과 돼지를 준비해서 호수의 용에게 기우제를 지내려고 하였다. 대사가 그것을 보고는 가련하게 여겨 무릉에게 말하기를, "비가 오거나 개는 것이 제때에 되지 않는 것은 본래 사람들의 마음에 나쁜 업이 작용하여 받는 것인데, 다른 생명을 해쳐서 자기의 생명을 구한다면 그대의 죄업만 더욱 증가시킬 뿐이다. 우선 죽이지 말고 사흘만 기다리면 내가 그대들을 위해 기우제를 올리겠다."라고 하였다.

무릉도 비범한 사람이므로 대사의 말을 듣고는 그를 공경히 믿었다. 대사가 덤불을 헤치고 암반을 더듬어 산 북쪽의 바위굴을 발견하고는 고요히 좌선하며 정성을 다해 그윽이 기도하니 천둥이 치며 비가 크게 내렸다. 비가 갠 뒤 며칠 후에 무릉이 자취를 따라 그를 찾으니, 대사는 한창 선정에 들어 있고 거미줄이 얼굴을 덮고 있어서 귀에 대고 소리를 지르고 몸을 흔드는데도 한참 후에야 비로소 깨어났다. 무릉이 즉시 그 산을 시

---

[6] 위로 솟구치는 불을 취하는 것을 찬爨이라 하고, 위로 솟구치는 기운을 취하는 것을 취炊라 한다.

주하여 대사를 위해 정사를 짓고는 두 아들에게 좌우에서 시중들게 하자, 배우고자 하는 무리들이 의지하여 마침내 법석을 이루게 되었다.

태화太和[7] 원년(827) 5월 29일에 대사가 용신에게 은밀히 말하기를, "내가 예전에 이 몸으로 그대에게 바쳐질 희생을 막음으로써 그대의 혈식血食을 그치게 하였다. 이제 내 몸을 그대에게 먹이로 주니 그대는 나의 육신을 먹어라."라고 하고는 곧바로 예리한 칼로 왼쪽 무릎을 끊고 다시 오른쪽 무릎을 끊으니 문도들이 급히 달려갔다. 자인 대사는 무릎이 완전히 끊어지지 않은 채 흰 액이[8] 흘러나오며 근엄하게 입멸하였다. 장씨의 두 아들도 그 자리에서 이를 보고는 천화하였다.

산 남동도에서 그 상황을 상소하니 당 문종唐文宗이 가상히 여겨 그가 거처하던 곳을 사액하여 '유제선원幽濟禪院'이라 하였다. 진晉나라 천복天福[9] 연간(936~943)에 '기봉사奇峯寺'라 고쳤고, 본조의 원풍元豊[10] 원년(1078)에 '영봉사靈峰寺'라 다시 고쳤으니, 모두 기도하여 감응을 얻었기 때문이다.

대사가 입멸하고부터 지금에 이르기까지 3백여 년 동안 한수漢水·광수廣水·여수汝水·분수汾水 사이의 10여 주 백성들이 존엄하게 받들어 섬기기를 마치 약속이라도 한 듯하여 금과 비단과 쌀이 길에 서로 꼬리를 물었는데, 재물이 흥성하면 불법이 약해지므로 승가의 규범을 개혁하였다.

이전에는 전당과 누각이 높고 험준한 산봉우리에 의지하여 형세를 잡았으므로 앞뒤가 가지런하지 않고 좌우가 질서가 없었다. 노승 보은이 머무르면서 지세가 뛰어난 점을 충분히 살피고는 남쪽으로 길을 내어 주된

---

7 문종文宗의 연호이다.
8 『사체론四諦論』에서는 "보살이 자비를 행함에 피가 변하여 젖이 되니 마치 자애로운 어머니가 자애심으로 자식을 기르기 때문에 자식을 낳으면 젖이 생겨 자연스레 흘러나오는 것과 같다."라고 하였다.
9 후진後晉 고조高祖의 연호이다.
10 송나라 신종神宗의 연호이다.

것(대웅전)과 부수적인 것(요사)을 바로잡았으며, 가파른 곳을 깎아 계곡을 메우고 높은 곳을 깎아 섬돌을 보수하니, 울쑥불쑥 솟았던 만 길의 형세가 바뀌어 산 위가 평평하게 되었다. 그리하여 삼문三門[11]과 승당과 대웅전이 날개를 편 듯하고 먹줄을 친 듯 곧았으며, 툭 트인 행랑과 큰 곁채가 트인 문으로 사통팔달하여서 청정한 승려들이 운집하여 성대하게 총림을 이루었으니, 아미산[12]에 있는 보배 등불의 상서로운 모습과 청량산[13]에 있는 황금 다리의 뚜렷한 광명과 함께 여러 지방의 기이한 경관들이 동시에 나타났다.

바야흐로 옛것(율원)을 없애고 새것(선원)을 일으키려 할 때, 율종의 승려들이 살던 곳에 집착하여(懷土)[ii] 왁자지껄 시끄러웠는데, 마침 내가 좌천되어 군수가 되어 선종과 율종을 떠나서 증명하여 말하였다.

"율종은 갑을甲乙로써 하고 선종은 시방十方으로써 한다고 하는데, 그대(而)[14]가 말하는 갑을이라는 것은 갑이 어디에서 온 것이며, 을은 어디에 세워진 것인가? 그대는 필시 '나는 자인慈忍의 자손인데, 이제 시방에서 사람을 취하면 자인의 후손은 끊어질 것이다.'라고 할 것이나 을이 자손에게 있으면 갑은 자인에게 있을 것이고, 을이 자인에게 있으면 갑은 마조에게 있을 것이고, 을이 마조에게 있으면 갑은 남악에게 있을 것이고, 을이 남악에게 있으면 갑은 조계(육조)에 있을 것이다. 미루어 올라가

---

11 인도의 사찰은 바깥에 세 개의 문을 세우는데, 무릇 셋이란 공空과 무상無相과 무작無作의 세 가지 법이니, 이것을 일컬어 삼해탈문이라 한다. 이 문에 한 번 들어서기만 하면 응당 이 삼법三法에 통달하게 한 것인데, 요즘 이 문에 들어서는 자가 과연 이것을 통달할 수 있는가? 입으로는 공空을 이야기하면서 행위는 유有에 집착하지 말라. 그러므로 "군자는 공空으로써 그 덕을 향상시키고, 소인은 공으로써 그 욕심을 방자하게 한다."라고 하였으니, 불문에 들어선 자는 반드시 자세히 살펴야 한다. 『天樂鳴空集』에 보인다.
12 산 이름으로 촉蜀 지방에 있으며 보현보살이 거주하는 곳이다.
13 산 이름으로 북쪽에 있는 오대산이 그것이며 문수보살이 거주하는 곳이다.
14 (이而는) '그대(汝)'이다. 아래에도 같다.

면 갑을이 보리달마와 서천의 28대 조사들에게 있을 것이니, 갑을이라 하는 것이 과연 어디에 있겠는가?

또 그대들이 말하는 시방이란 것은 십十이 어디에서 생겨났으며, 방소는 어디에서 생겨난 것인가? 세간의 법은 하나로써 둘이 생겨나고, 하나와 둘이 셋이 되고, 둘과 셋이 여섯이 되고, 셋과 셋이 아홉이 된다. 아홉이란 궁극의 수이니 다시 돌아가 하나가 되며, 하나와 아홉이 열이 됨에 열의 뜻이 이루어지니, 돌연히 하나도 없이 열이 있을 수가 없다. 그대가 말한 방소란 것은 위가 방소인가, 아래가 방소인가, 동쪽이 방소인가, 서쪽이 방소인가, 남쪽이 방소인가, 북쪽이 방소인가? 위쪽을 방소로 삼는다면 제천諸天이 거처하는 곳이니 그대의 경계가 아니고, 아래쪽을 방소로 삼는다면 풍륜風輪으로 지탱되는 곳이니 그대가 머물 곳이 아니고, 동쪽을 방소로 삼는다면 비제하인毘提訶人이니 얼굴이 반달 같으며,[15] 북쪽을 방소로 삼는다면 울단월인欝單越人이니 수명이 장구하며,[16] 서쪽을 방소로 삼는다면 구야니주瞿耶尼洲이니 큰 바다의 물결이 크고도 아득하며,[17] 남쪽을 방소로 삼는다면 염부제주閻浮提洲이니 상마수국象馬殊國이다.[18] 그렇다면 갑을은 정해진 것이 없으며 시방은 의지할 곳이 없으니, 율과 선을 다툼에 무엇이 옳고 무엇이 그르겠는가?"

율종의 승려들이 "세존께서 일찍이 급고독원과 죽림정사에 거처하셨는데 태수의 말이 분명하다면 세존께서 틀렸다는 것인가?"라고 하였다.

---

15 동비제하東毘提訶 또는 불파제弗波提라 한다. 한역하면 승신勝身인데, 모습이 반달 같으며 수명이 5백 세이다.
16 북울단월北欝單越 또는 구로주拘盧洲라 한다. 한역하면 승주勝洲인데, 모습이 네모난 좌복 같으며 수명이 1천 세이다.
17 서구야니西瞿耶尼 또는 구타니瞿陀尼라 한다. 한역하면 우화주牛貨洲인데, 모습이 보름달 같으며 수명이 250세이다.
18 남염부제南閻浮提 또는 섬부주贍部洲라 한다. 한역하면 승금勝金인데, 모습이 수레상자 같으며 수명이 1백 세이다.

내가 "그대들은 어찌 듣지 못했는가? 크고도 원만한 깨달음으로써 나의 가람을 삼아서 몸과 마음은 평등성지平等性智에 편안히 머물게 하라고 하셨는데, 이는 나의 말이 아니라 부처님의 말씀이다."라고 하였더니, 율종의 무리들이 조용히 가 버렸다.

참선을 하는 승려들이 "방외方外ⅲ의 걸사들은 하나의 호리병과 하나의 발우로 세간을 두루 다님에 구하는 바가 없으니, 마치 새가 하늘을 날다가 나뭇가지를 만나면 쉬고 거북이가 바다를 헤엄치다가 나무토막을 만나면 떠오르듯 하여, 몰려올 때는 가시나무가 모이듯 하고 떠날 때는 거품이 사라지듯 합니다. 사군께서는 갑을(율원)로 하시겠습니까? 시방(선원)으로 하시겠습니까?"라고 하였다.

내가 "훌륭하도다, 불자여! 안팎에 머물지 않고 중간에 머물지 않고 사유四維나 상하나 허공에 머물지 않은 채 응당 머무는 바가 없이 머문다면 이것이 참으로 시방에 머무는 것이로다. 더 이상 무슨 말을 하겠는가?"라고 하였다.

때는 숭녕崇寧 원년(1102) 정월 15일에 쓰다.[19]

隋州大洪山靈峯寺十方禪院記

元祐【宋哲宗年號.】二年九月, 詔隋[1)]州大洪山靈峯寺, 革律爲禪. 紹聖【又哲宗年號.】元年, 外臺始請移洛陽少林寺長老報恩,【黎陽劉氏子, 未冠擧方畧, 擢上第. 後厭塵, 乞簪纓爲僧, 嗣投子義靑禪師.】爲住持. 崇寧【徽宗年號.】改元正月, 使來求十方禪院記, 迺書曰: 大洪山在隋*州西南, 盤基百餘里, 峰頂俯視, 漢東諸國, 林巒丘嶺, 猶平川也. 以耆舊所聞攷之, 洪或曰胡, 或曰湖, 未詳所謂. 今以地理攷之, 四山之間, 昔爲大湖, 神龍所居, 洪波洋溢, 莫測涯涘. 其後二龍鬪,[2)] 搦開層[3)]崖, 湖水南落, 故今負山之鄕, 謂之落湖管,

---

19 정월 15일은 상원, 7월 15일은 중원, 10월 15일은 하원이다.

此大洪所以得名也. 唐元和【憲宗年號.】中, 洪州開元寺僧善信, 即山之慈忍大師也. 師從馬祖密傳心要, 北遊五臺山, 禮文殊師利, 瞻覩殊勝, 自慶菩薩有緣, 發願爲衆僧炊爨【取其進火謂之爨, 取其氣上謂之炊.】三年, 寺僧却之, 流涕嗟愍. 有老父曰:"子緣不在此, 徃矣行焉, 逢隋[4)]即止, 遇湖即住." 師即南邁, 以寶曆二年秋七月抵隋*州, 遠望高峯, 問鄉人曰:"何山也?" 鄉人曰:"大湖山也." 師默契前語, 尋山轉麓, 至于湖側. 屬歲亢旱, 鄉人張武陵具羊豕, 將用之以祈于湖龍. 師見而悲之, 謂武陵曰:"雨暘不時, 本因人心黑業所感, 害命濟命, 重增乃罪, 可且勿殺, 少須三日, 吾爲爾祈." 武陵亦異人也, 聞師之言, 敬信之. 師則披榛捫石, 得山北之巖穴, 泊然宴坐, 運誠冥禱, 雷雨大作. 霽後數日, 武陵迹而求之. 師方在定, 蛛絲羃[5)]面, 號耳挃體, 久之方覺. 武陵即施此山, 爲師興建精舍, 以二子給侍左右. 學徒依嚮, 遂成法席. 太和【文宗年號.】元年五月二十九日, 師密語龍神曰:"吾前以身代牲, 輟汝血食. 今捨身餇汝, 汝可享吾肉." 即引利刀截左膝, 復截右膝, 門人奔馳. 其慈忍膝不克斷, 白液『四諦論』云:"菩薩行慈, 血變成乳, 如慈母育子, 以慈愛心故, 生子有乳, 自然流出." 流出, 儼然入滅. 張氏二子立觀而化. 山南東道, 奏上其狀, 唐文宗嘉之, 賜所居額, 爲幽濟禪院. 晉天福中【後晉高祖年號.】, 改爲奇峯寺, 本朝元豊元年,【宋神宗年號.】又改爲靈峰寺, 皆以禱祈獲應也. 自師滅, 至今三百餘年, 以漢·廣·汝·汾之間, 十數州之民, 尊嚴奉事, 如赴約束, 金帛粒米, 相尾於道, 貨強法弱, 僧範乃革. 前此山峯高峻, 堂殿樓閣, 依山製形, 後前不倫, 向背靡序. 恩老至止, 熟閱形勝, 關途南入, 以正賓主, 鑱崖壘澗, 鑱巇補砌, 嵯峨萬仞, 化爲平頂. 三門【梵刹, 外建三門, 夫三者, 乃空無相無作三法, 謂之三解脫門. 令一入此門, 即當達此三法, 今之人, 入是門者, 果能達否? 愼毋口則談空, 行則着有, 故曰:"君子以空進其德, 小人以空肆其欲." 入空門者, 須諦審焉. 見『天樂鳴空集』.】堂殿, 翼舒繩直, 通廊大廡, 疏戶四達, 淨侶雲集, 藹爲叢林. 峨帽[6)]【山名, 在蜀, 眞普賢住處.】之寶燈瑞相, 清凉【山名, 在北五臺山是也, 眞文殊住處.】之金橋圓光, 他方詭觀異境同現. 方其廢故而興新也, 律之徒懷土而呶呶, 會予謫爲郡守, 舍禪律而證[7]之曰: "律以甲乙, 禪以十方, 而【汝也. 下同.】所謂甲乙者, 甲從何來, 乙從何立? 而必曰: '我慈忍之子孫也. 今取人於十方, 則忍[8]後絶矣.' 乙在子孫, 甲在慈忍; 乙在慈忍, 甲[9]在馬祖; 乙在馬祖, 甲在南嶽; 乙在南嶽, 甲在曹溪. 推而上之, 甲乙乃在乎菩提達摩, 西天四七, 所謂甲乙者, 果安在哉? 又而所謂十方者, 十從何生, 方從何起? 世間之法, 以一生二, 一二爲三, 二三爲六, 三三爲九. 九者究也, 復歸爲一, 一九爲十, 十義乃成, 不應突然無一有十. 而所謂方者, 上爲方耶? 下爲方耶? 東爲方耶? 西爲方耶? 南爲方耶? 北爲方耶? 以上爲方則諸天所居, 非而境界; 以下爲方, 則風輪所持, 非而居此; 以東爲方, 則毘提訶人, 面如半月;【東毘提訶, 亦曰弗波提. 此云勝身, 形如半月, 壽五百歲.】以北李方, 則欝單越人, 壽命久長;【北欝單越, 亦曰拘盧洲. 此云勝洲, 形如方座, 壽一千歲.】以西爲方, 則瞿耶尼洲, 滄波浩渺;【西瞿耶尼, 亦曰瞿陀尼. 此云牛貨洲, 形如滿月, 壽二百五十歲.】以南爲方, 則閻浮提洲, 象馬殊國.【南閻浮提, 亦曰贍部洲. 此云勝金, 形如車箱, 壽一百歲.】然則甲乙無定, 十方無依, 競律競禪, 奚是奚非?" 律之徒曰: "世尊嘗居給孤獨園·竹林精舍, 必如太守言, 世尊非耶?" 余曰: "汝豈不聞: '以大圓覺, 爲我伽藍, 身心安居平等性智.' 此非我說, 乃是佛說." 於是律之徒默然而去. 禪者曰: "方外之士, 一瓶一鉢, 涉世無求, 如鳥飛空, 遇枝則休, 如龜游海, 値木則浮. 來如聚梗, 去如滅漚, 不識使君甲乙之乎? 十方之乎?" 予曰: "善哉, 佛子! 不住內, 不住外, 不住中間, 不住四維上下虛空, 應無所住而住持, 是眞十方住持矣. 尙何言哉? 尙何言哉?"

嘗崇寧元年正月上元日記.【正月十五日上元, 七月十五日中元, 十月十五日下元.】

---

1) ㉾ '隋'는 '陏'로 되어 있는 곳도 있다. 아래에도 같다. 2) ㉾ '鬪'는 '鬭'로 되어 있는 곳도 있다. 3) ㉾ '層'은 '僧'으로 되어 있는 곳도 있다. 4) ㉾ '隋'는 '隨'로 되어 있는 곳도 있다. 아래에도 같다. 5) ㉾ '羃'은 '幕'으로 되어 있는 곳도 있다. 6) ㉾ '帽'는 '眉'로 되어 있는 곳도 있다. 7) ㉾ '證'은 '訂'으로 되어 있는 곳도 있다. 8) ㉾ '忍' 아래에 '之'가 있는 곳도 있다. 9) ㉾ 동국대 소장 丙本에는 이 아래가 결락되었다.

주

i   외대外臺 : 진秦·한漢 시대에는 상서성尙書省을 중대中臺, 알자謁者를 외대外臺, 어사御史를 헌대憲臺로 칭하였는데, 이를 합하여 삼대三臺라고 하였다.

ii   살던 곳에 집착하여(懷土) :『論語』「里人」에 "군자는 덕을 생각하고 소인은 살 땅을 생각한다.(君子懷德, 小人懷土.)"라는 공자의 말이 나온다.

iii   방외方外 : 방외는 구역의 밖이란 뜻으로 승려가 수도 생활 하는 범주 밖의 딴 세상을 이르는 말이다.

당나라 수아 법사가 『법화경』 독송을 듣고 읊은 노래

산세는 그윽하고 소나무 안개는 자욱한데
텅 빈 숲속에 울퉁불퉁한 반석
그 위에 앉은 승려 가부좌한 채 석장 비껴 놓고
아침부터 저녁까지 『백련경白蓮經』 독송하네.
좌우로는 범과 이리 발자국
열 조각 다섯 조각 기화묘초 어지럽네.
우연히 서로 만나 아직 깊이 알지 못하니
옛사람인가? 지금 사람인가?
담언인가? 담익인가?[1]
내 듣건대, 이 경전에 깊은 이치 있으니
부처님께서 진실하고 묘한 이치라 하셨네.
눈을 감고 마음 가라앉혀 자세히 들어라.
제호 맛이 방울방울 오장(焦腸) 속에 스며든다.[2]

---

1 담언曇彦은 미상이다. 담익曇翼은 전생에 꿩이어서 산중에 있었다. 법지法志라는 승려가 산중에 암자를 짓고 『法華經』을 독송하니 꿩이 독경 소리를 듣고 곁에 서서 경청하기를 10년간 한결같았다. 하루는 꿩이 수척해 보이자 법지가 어루만지며 말했다. "네가 비록 날개 달린 종족이나 경전을 경청하였으니 업보의 몸을 벗게 된다면 반드시 사람으로 태어나리라." 다음 날 아침에 갑자기 죽자 곧바로 그를 묻어 주었다. 밤에 꿈을 꾸었는데 동자가 절하며 말하였다. "저는 꿩입니다. 스님 덕분에 독경을 듣고 금생에 왕씨 집안에 태어나 남자가 되었습니다. 오른쪽 겨드랑이에 꿩털이 여전히 남아 있으니 증험이 될 것입니다." 훗날 왕씨가 공양을 베풀었는데 법지가 문전에 이르자 아이가 "저의 스승께서 오셨습니다."라고 하였다. 뒤에 출가하여 이름을 '담익曇翼'이라 하였으며, 『法華經』을 갖다 주니 한 글자도 빠트리지 않았다.
2 초焦는 열熱이니 삼초三焦이다. 『醫經』에서는 "상초上焦는 심장 아래 위장 위쪽 입구에 있는데 주로 받아들이고 내놓지 않는다. 중초中焦는 위장 안의 밥통에 있는데 올라가지도 내려가지도 않고 주로 물이나 곡식을 부식시키거나 숙성시킨다. 하초下焦는 방광의 위쪽 입구에 있는데 주로 내놓고 받아들이지 않는다. 삼초는 물과 곡식이 다니는 길이

부처님의 뜻이고 조사의 골수이며
나의 마음이고 경전의 뜻이다.
가련하도다! 손가락 튕기고 손을 드는데도
눈앞의 그대로가 바로 이것인 줄 알지 못하네.
크고도 기특하도다!
공왕께서 중생을 증득하게 하시는구나.
광명이 일만 팔천 국토를 비추시니
국토마다 모두 황금색이요
사생육도가 한 광명 속인데
어리석은 자는 오히려 미륵에게 묻는다.
나도 한때에는 공적空寂함을 배워서
한 번 무심을 얻고 곧 쉬었더니
오늘 이 경전 독송을 직접 듣고서야
연각(驢乘)이 분명한 것이 아닌 줄 비로소 알겠네.
나도 한때에는 산문 밖을 나가지 않아
세속에 걸음(步武)³을 내디디려 하지 않았더니
오늘 이 경전 독송을 직접 듣고서야
가는 곳 모두 보배창고인 줄 비로소 알겠네.
나도 한때에는 읊어 외우는 것을 좋아하여
애써 찾는 것이 선정을 해친다고 여겼더니
오늘 이 경전 독송을 직접 듣고 나니
붓과 벼루가 참된 성품 돕는 것에 무슨 방해되랴?
나도 한때에는 아이들 놀이를 업신여겨

며 기氣가 시작되고 마치는 곳이다."라고 하였다. 장腸은 대장과 소장인데 『釋名』에서는 "장腸은 편다(暢)는 것이니, 위장의 기운을 통하여 펴게 한다."라고 하였다.
3 여섯 자를 보步라 하고 세 자를 무武라 한다.

세월을 반이나 허비한다 여겼더니
오늘 이 경전 독송을 직접 듣고서야
모래탑 쌓는 것[i]도 작은 일 아님을 비로소 알겠네.
내가 지난날 산수를 유람할 적에
타향은 고향이 아니라고 여겼더니
오늘 이 경전 독송을 직접 듣고서야
산하대지에 한 치 땅도 없는 줄을 비로소 알겠네.
내가 지난날 마음(心猿)을 조복받지 못해
항상 쇠사슬로 쓸데없이 묶어 두려 했더니[4]
오늘 이 경전 독송을 직접 듣고서야
애착할 것이 하나도 없는 줄을 비로소 알겠네.
스님이 이 경전 독송하며 한 글자씩 읊을 적에
글자마다 제호 맛을 꼭꼭 씹으니
제호 맛이 진기하고 감미로운데
입술에도 치아에도 있지 않고
그저 중생들의 마음속에 있을 뿐.
스님이 이 경전 독송하며 한 글자씩 읊을 적에
구절마다 백우白牛[ii]가 직접 걸음 걸으니
백우의 걸음걸이 바람같이 빠른데
서쪽에도 있지 않고 동쪽에도 있지 않고
그저 중생들의 일상 속에 있을 뿐.

---

4 『大智度論』에서는 "비유하자면 감옥에서 족쇄와 수갑에 묶여 있다가 비록 사면을 받았으나 다시 쇠사슬에 묶인 것과 같으니, 사람이 애욕에 속박되는 것은 감옥에 있는 것과 같다. 비록 출가를 했으나 다시 금계에 집착하는 것은 쇠사슬에 묶인 것과 같다."라고 하였다.
  * 비유하자면~같다 : 『大智度論』 권22(T25, 226a10~13).

날마다 쓰면서도 모르니 그 얼마나 괴로운가!
술에 찬 오장이요 밥만 가득한 육부(腑)로다.[5]
장자가 소리 높여 불러도 돌아오지 않으니
귀머거리 소경과 어찌 다르리오?
세상 사람 귀가 밝지 않은 것은 아니니
귀는 밝으나 다만 경전 앞에서는 귀머거리요
세상 사람 눈이 밝지 않은 것은 아니니
눈은 밝으나 다만 경전 앞에서는 소경이네.
총명해야 할 귀와 눈이 총명하지 못하니
도르래(轆轤)가 오르내림에[6] 헛되이 나고 죽네.
세상 사람 설령 스님 음성 들더라도 누가 스님 마음 알 것이며
세상 사람 설령 스님 모습 알더라도 누가 스님 이름 알겠는가?
스님 이름 의왕醫王이고 부처님 명령 시행하며
다가와서 중생의 마음병을 치료해 주니
미혹한 자를 깨우쳐 주고 미친 자를 안정시키고
더러운 자를 씻어 주고 삿된 자를 바르게 하고
범부를 성인聖人이 되게 한다.
이러하기에 천상과 인간이 공경할 뿐만 아니라
용도 찬탄하고 귀신도 찬탄하며 부처님도 찬탄하신다.

---

5 부腑는 육부六腑이니 소장·위장·담·대장·방광·명문命門을 말한다. 부腑는 부府라고도 하니 받아서 채우기 때문에 곳집(府)이라 한 것이다. 위胃는 물과 곡식의 곳집이다. 소장小腸은 받아서 담아 두는 곳집이다. 대장大腸은 지나가는 길목의 곳집이다. 방광旁光은 진액의 곳집이다. 담膽은 청정한 것의 곳집이다. 인후咽喉는 장을 조절하는 곳집이니 삼초이다. 또 담은 정기를 쌓는 곳집이다.
6 녹로轆轤는 우물 위에서 물을 길어 올리는 도르래이다. 이는 증겁增劫과 감겁減劫을 이름한 것이다. 겁수가 늘어나면 올라가고 줄어들면 내려가는 것이 마치 저 나무 바퀴와 같다. 한 번의 증겁과 감겁을 계산하면 1,680만 년이니, 이것을 녹로겁이라 한다. 20녹로겁을 계산하면 3억 3,600만 년이다.

어찌 깨달음을 등지고 티끌번뇌에 합한 무리들이
머리 조아려 귀명하지 않을 수 있으리오?

唐脩雅法師聽誦法華經歌
山¹⁾色沉沉, 松烟羃羃.

空林之下, 盤陀之石.

石上有僧, 結跏橫錫.²⁾

誦『白蓮經』, 從旦至夕.

左之右之, 虎跡狼跡.

十片五片, 異花狼藉.

偶然相見, 未深相識.

知是古之人? 今之人?

是曇彦? 是曇翼?【曇彦未詳. 曇翼, 前身爲雉, 在山中. 有僧法志, 結庵山中, 誦『法華經』. 雉聞經聲, 侍立聽受, 如是十年. 一日憔悴, 法志撫之曰: "汝雖羽族, 而能聽經, 苟脫業軀, 必生人道." 明日遽殂, 卽瘞之. 及夜夢, 童子拜曰: "我卽雉也, 因師聽經, 今生王氏家, 爲男子. 右腋雉毳, 猶在可驗." 後王氏設齋, 志踵門. 兒曰: "我和尙來也." 後出家, 因名曇翼, 授與蓮經, 不遺一字.】

我聞此經有深旨, 覺帝秤之眞妙義.

合目冥心子³⁾細聽, 醍醐滴入焦腸裡.⁴⁾【焦者, 熱也, 卽三焦也.『醫經』云: "上焦, 在心下胃上口, 主納而不出. 中焦, 在胃中脘, 不上不下, 主腐熟水穀. 下焦, 在膀胱上口, 主出而不內. 三焦, 水穀之道路, 氣之所始終也." 腸者, 大腸小腸.『釋名』: "腸, 暢也, 通暢胃氣也."】

佛之意兮祖之髓, 我之心兮經之旨.

可憐彈指及擧手, 不達目前今正是.

大矣哉甚奇特! 空王要使群生得.

光輝一萬八千土, 土土皆作黃金色.

四生六道一光中, 狂夫猶自問彌勒.

我亦當年學空寂, 一得無心便休息.

今日親聞誦此經, 始覺驢乘非端的.

我亦當年不出戶, 不欲紅塵沾步武【六尺曰步, 三尺曰武.】.

今日親聞誦此經, 始覺行行皆寶所.

我亦當年愛吟咏, 將謂冥搜[5)]亂禪之.

今日親聞誦此經, 何妨筆硯資眞性?

我亦當年狎兒[6)]戲, 將謂光陰半虛棄.

今日親聞誦此經, 始覺聚沙非小事.

我昔曾遊山與水, 將謂他[7)]山非故里.

今日親聞誦此經, 始覺山河無寸地.

我昔心猿未調伏, 常將金鎖虛拘束.【『智論』云: "譬在囹圄桎梏所拘, 雖復蒙赦, 更繫金鎖. 人爲愛縛, 如在囹圄, 雖得出家, 更着禁戒, 如繫金鎖也."】

今日親聞誦此經, 始覺無物爲拳拳.

師誦此經經一字, 字字爛嚼醍醐味.

醍醐之味珍且美, 不在脣不在齒.

只在勞生方寸裡,[8)] 師誦此經經一句.

句句白牛親動步, 白牛之步疾如風.

不在西不在東, 只在浮生日用中.

日用不知一何苦! 酒之膓飯之腑【腑即六腑也. 言小膓胃膽大膓膀胱命門. 腑亦作府, 以其受盛, 故謂之府. 胃爲水穀之府. 小膓受成之府. 大膓爲行道之府. 旁光爲津液之府. 膽爲清淨之府. 咽喉爲量膓之府, 即三焦也. 又膽爲積精之府.】.

長者揚聲喚不迴, 何異聾何異瞽?

世人之耳非不聰, 耳聰特向經中聾.

世人之目非不明,[*] 目明[*]特向經中盲.

合聰不聰, 合明不明.

轆轤上下【轆轤, 井上汲水輪木也. 此言增減劫名也. 劫之增減上下, 如彼輪轉木也. 一增減劫, 計一千六百八十萬年, 此名轆轤劫. 計二十轆轤劫, 三萬三千六百萬年.】, 浪死虛生.

世人縱識師之音, 誰人能識師之心?

世人縱識師之形, 誰人能識師之名?

師名醫王行佛令, 來與衆生治心病.

能使迷者醒, 狂者芝, 垢者淨, 邪者正, 凡者聖.

如是則非但天恭敬人恭敬, 亦合龍讚詠鬼讚詠佛讚詠.

豈得背覺合塵之徒, 不稽首而歸命?[9]

---

1) ㉠ 고려대 소장 병본丙本에는 이 아래에 필사해 써넣었다. 2) ㉠ '錫'은 '膝'로 되어 있는 곳도 있다. 3) ㉠ '子'는 '予'로 되어 있는 곳도 있다. 4) ㉠ '裡'는 '裏'로 되어 있는 곳도 있다. ㉠ '裡'는 '裏'와 통용된다. 5) ㉠ '搜'는 '投'로 되어 있는 곳도 있다. 6) ㉠ '兒'는 '見'으로 되어 있는 곳도 있다. 7) ㉠ '他'는 '它'로 되어 있는 곳도 있다. 8) ㉠ '裡'는 '裏'로 되어 있는 곳도 있다. 9) ㉠ '命' 아래에 "膝은 어떤 본에 錫으로 되어 있다."라는 각주가 있는 곳도 있다.

주

i 모래탑 쌓는 것 : 아이들이 모래탑을 쌓아 불상이나 불탑을 만들며 노는 일을 말한다.
ii 백우白牛 : 일불승一佛乘을 비유한 말로 본분사를 가리킨다.

양나라 황제가 도교를 버리고 불교를 섬기도록 내린 조칙[1]

양 고조 무황제는 34세에 왕위에 올라 정사에 임한 49년 동안 비록 억조창생을 위한 업무가 많았으나 책을 손에서 놓지 않았으며 내경과 외전을 마음에 두지 않은 적이 없었으니, 모두 수천 권을 해석하고 풀이하였다. 검약하고 스스로 절제하여 비단옷은 두르지 않았고, 침실은 텅 비어 적막하였으며, 밤낮으로 게으르지 않았고 심지어 무명이불(布施)[2]과 왕골자리와 짚신과 칡두건 등도 있었다. 처음 천자의 지위에 올라 이러한 일을 갖추고 하루에 한 끼만 먹으며 오신채와 육식을 완전히 끊었으니, 제왕이 있은 이래로 여기까지 이를 수 있었던 자는 없었다. 예전에는 노자를 섬기며 부적符籍과 도록圖籙을 숭상하였으나 근원을 궁구해 보니 허망한 짓일 뿐이었다. 황제가 몸소 붓을 놀려 조서를 내려 도교를 버리게 하였으니, 내용은 다음과 같다.

"유세차維歲次 천감天監 3년(504) 4월 8일 양나라 황제 난릉蘭陵 소연蕭衍은 머리를 조아려 시방의 모든 부처님과 시방의 존귀한 법과 시방의 성스러운 스님들께 합장 예경하옵니다. 삼가 경전을 보니, '보리심을 내는 것이 곧 부처의 마음이다. 그 나머지 모든 선善으로는 비유하지 못하니, 중생들로 하여금 삼계의 고통 문에서 벗어나 무위無爲의 수승한 길로 들어가게 하기 때문이다.'라고 하였습니다.

---

1 양梁나라 고조高祖는 성이 소蕭이고 이름은 연衍이며 난릉蘭陵 사람이다. 한漢나라 승상 소하蕭何의 14대손이며 법명은 관달冠達이다. 이 조칙에서 서술한 내용은 남산율사가 계단을 설치했을 때에 황제가 승려와 속인 2만 명과 함께 중운전重雲殿 중각重閣에서 손수 이 글을 써서 보리심을 일으켰다는 것이다.
2 시施 자는 『弘明集』에 피被 자로 나온다.

그러므로 여래는 번뇌가 다 없어지고 지혜가 모아져서 깨달음을 이루셨으며, 지극한 도가 마음을 통달해서 덕이 원만해져 성스러움을 얻으셨습니다. 그리하여 지혜의 횃불을 내어 미혹을 비추고, 정법의 흐름을 비추어 때를 맑히며, 하늘 안에서 상서로운 자취를 열고, 형상 밖에서 신령스러운 위의를 비추며, 욕망의 바다에서 미혹한 무리를 제도하고, 열반으로 중생을 인도하며, 상락常樂의 높은 산에 오르고, 애하愛河의 깊은 세계에서 벗어나셨으니, 말은 사구四句를 떠났고 언어는 백비百非를 끊었습니다. 자취를 사바세계에 나투시어 정반왕에게 태어남을 보이시니, 왕궁에서 모습을 탄생하시어 삼계를 걸어 존귀한 분이 되셨고, 보리수에서 광명을 이루시어 삼천대천세계에 널리 비추셨습니다.

다만 중생들의 근기가 약해서 염증과 태만함을 내기 좋아하므로 스스로 기약하시기를, '2월에 마땅히 쌍림에 이르리라.' 하고는 이에 고요히 원상圓常의 도리를 설하셨고 또다시 학수鶴樹에서 자취를 숨기셨으니,[3] 아사세왕은 죄를 소멸하였고[4] 바수반두는 재앙을 제거했습니다.[5]

---

3 사라娑羅는 한역하면 견고堅固이니, 팔근八根이 합하여 두 그루가 되었기 때문에 쌍림雙林이라 하였다. 부처님께서 열반에 드셨을 때에 슬퍼하여 백색으로 변했는데, 그 색이 학과 같았으므로 학수鶴樹라 하였다. 승량僧亮이 "나무의 높이는 다섯 길쯤이다. 윗부분은 합쳐져 있고 아랫부분은 떨어져 있다. 꽃은 매우 희고 열매는 병처럼 생겼으며 향기와 아름다움을 갖추었다."*라고 하였다.
  *나무의~갖추었다 : 『大方廣佛華嚴經隨疏演義鈔』 권62(T36, 498a10~a11).
4 마갈타국摩竭陀國 빈바사라왕의 아들 아사세阿闍世가 부친을 죽이고 후회하여 몹시 괴로워했기 때문에 온몸에 욕창이 생겨 악취로 인해 접근할 수 없었다. 갖가지 세간의 약으로도 이를 치료하기 어려웠는데, 기파耆婆가 왕에게 부처님을 뵙기를 권하자 왕은 부처님께 나아가 부끄럽게 여기고 죄를 참회하였다. 부처님께서 월애삼매月愛三昧에 들어가서 광명을 놓아 비추시니 몸의 욕창이 바로 치료되었고 오역죄도 소멸되었다.
5 『方等陀羅尼經』에서는 "그때에 바수婆藪가 지옥에서 나와 92억 명을 거느리고 사바세계에 왔으며, 시방에서도 그러하였다. 문수보살이 사리불에게 '이 죄인들은 부처님께서 아직 세상에 나오시기 전에 불선행을 지어 지옥에서 지내다가 화취여래華聚如來께서 대광명을 놓으심으로 인하여 그 광명을 받고 나왔다.'라고 하였다."*라고 하였다. 바婆는 '천天'이고 수藪는 '혜慧'이니, 어찌하여 천혜를 지닌 사람이 지옥에서 고통을 받겠는가?

만약 대성법왕을 만나지 않았다면 누가 구제할 수 있었겠습니까? 자취는 비록 감추어졌으나 도를 구함에는 어그러짐이 없습니다.

제자가 지난날 미혹함에 지체되어 노자를 탐닉하여 섬기며 누대토록 이어받아 이 삿된 법에 물들었으나 전생의 습인習因이 잘 발현되어 미혹한 것(도교)을 버리고 (불교로) 돌이킬 줄 알게 되었습니다. 그리하여 이제 옛 의사(도교)를 버리고 바른 깨달음에 귀의하여 의지하니, 바라옵건대 미래세에는 동진출가하여 경전의 가르침을 널리 펴고 중생을 교화하고 제도하여 함께 성불하여지이다. 차라리 정법 안에서 악도에 오래 빠질지언정 노자의 가르침에 의지하여 잠시 하늘에 태어남을 좋아하지 않겠습니다. 대승의 마음을 지니고 이승의 생각을 버릴 것이니, 바라옵건대 모든 부처님께서는 증명하시고 보살님은 섭수하소서.

제자 소연은 합장 예경하옵니다."

梁皇捨道事佛詔【梁高祖, 姓蕭, 名衍, 蘭陵人. 漢相蕭何十四代孫, 法名冠達. 此詔敍事, 南山律師所置時, 帝與道俗二萬人, 於重雲殿重閣上, 手書此文, 以發菩提心.】

梁高祖武皇帝, 年[1]三十四登位, 在政四十九年, 雖億[2]兆務殷, 而卷不釋手, 內經外典, 罔不措懷, 皆爲訓解數千餘卷, 而儉約自節, 羅綺不緣, 寢處虛閑, 晝夜無怠, 致有布施【施字,『弘明集』作被】莞席草履葛巾. 初臨大寶, 即備斯事, 日唯一食, 永絶辛羶, 自有帝王, 罕能及此. 舊事老子, 宗尙符圖, 窮訂根源, 有同妄作. 帝乃躬運神筆, 下詔捨道, 文曰:

"維天監三年四月八日, 梁國皇帝蘭陵蕭衍, 稽首和南十方諸佛·十方尊法·十方聖僧. 伏見經云: '發菩提心者, 即是佛心. 其餘諸善, 不得爲喩, 能使衆生出三界之苦門, 入無爲之勝路.' 故如來漏盡智凝成覺, 至道通機,

---

＊그때에~하였다 :『大方等陀羅尼經』권1(T21, 643a29~b22).

德圓取聖. 發慧炬以照迷, 鏡法流以澄垢, 啓瑞迹於天中, 爍靈儀於象外, 度群迷於慾海, 引含識於涅槃, 登常樂之高山, 出愛河之深際, 言乖四句, 語絕百非. 應跡娑婆, 示生淨飯, 王宮誕相, 步三界而爲尊, 道樹成光, 普大千而流照. 但以機心淺薄, 好生厭怠, 自期二月當至雙林, 爾[3)]乃湛說圓常, 且復潛輝鶴樹.【娑羅, 此云堅固, 八根合爲二株, 故號曰雙林. 佛臨涅槃時, 慘然變白, 其色如鶴, 故云鶴樹. 僧亮云: "樹高五丈許, 上合下離, 其花甚白, 實如瓶, 香美具足."】闍王滅罪,【摩竭陀國, 頻婆王之子阿闍世, 殺父心悔, 以熱惱故, 徧體生瘡, 臭不可近, 種種世藥, 難以療之. 耆婆勸王見佛, 王即詣佛前, 慙愧悔罪. 佛入月愛三昧, 放光照之, 身瘡即愈, 逆罪消滅.】婆藪除殃,【『方等陀羅尼經』云: "爾時婆藪, 從地獄出, 將九十二億人, 來詣娑世界, 十方亦然. 文殊語舍利弗言: '此諸罪人, 佛未出時, 造不善行, 經於地獄, 因於華聚放大光明, 承光而出.'" 婆言天, 藪言慧, 云何天慧之人, 地獄受苦?】若不逢値大聖法王, 誰能救接? 在迹雖隱, 求道無虧. 弟子經遲荒迷,[4)] 耽[5)]事老子, 歷葉相承, 染此邪法, 習因善發, 棄迷知返. 今捨舊醫, 歸憑正覺. 願使未來世中, 童男出家, 廣弘經敎, 化度含識, 同共成佛. 寧在正法之中, 長淪惡道, 不樂依老子敎, 暫得生天. 涉大乘心, 離二乘念, 正願諸佛證明, 菩薩攝受. 弟子蕭衍和南."

---

1) 囝 '年'이 없는 곳도 있다. 2) 囝 '億'은 '億年'으로 되어 있는 곳도 있다. 3) 囝 '爾'는 '示'로 되어 있는 곳도 있다. 4) 囝 '荒迷'는 '迷荒'으로 되어 있는 곳도 있다. 5) 囝 '耽'은 '躭'으로 되어 있는 곳도 있다.

『치문경훈 속집』을 마치다.

緇門警訓續集終[1)]

---
1) 囝 이 일곱 글자가 없는 곳도 있다.

공양주 : 학진.

연판 : 진웅.

전판사 도감 : 지원.

별좌 : 설담.

화주 : 성능.

강희 을해년(1695) 진주 지리산 쌍계사 개간

供養主: 學眞

鍊板: 振雄

前判事都監: 智元

別座: 雪淡

化主: 性能

康熙乙亥晋州智異山雙磎寺開刊.[1]

---

1) ㉮ 을본乙本의 간기는 다음과 같다. "崇禎戊寅 六月 日慶尙密陽載岳山靈井寺 主上殿下壽萬歲 刊刻雞林後人住持印惠 行禮曹玉堂持使閑山後人法令 持事惠澄 大德寶淡 禪師敏機 玄修 惠淳 俱曇 惠晶 性哲 釋輝法行 性允 學還 惟禪 太甘 竺岑 太信 法璘戒岡 供養大施主崔己良一俊 供養大施主禹鶴兩主 布施大施主李彦龍兩主 食鹽鐵物兼大施主河大同兩主 布施大施主李㤅孫兩主 引經靈盆 別座圓應化主信安." 병본丙本의 간기는 다음과 같다. "康熙廿一年 平安道寧边妙香山普賢寺開板."

찾아보기

가관假觀 / 62
가비라위국 / 254
가섭마등 / 253
각범 덕홍 선사 / 178
각수보살 / 36
간색間色 / 70
강태공 / 89
개원사開元寺 / 287
객진번뇌 / 42
거륜산車輪山 / 178
거름망(漉囊) / 23
겁석劫石 / 71
『경덕전등록』 / 265
경업經業 / 29
경요瓊瑤 / 18
『계당잡록溪堂雜錄』 / 225
계빈국 / 272
계족산 / 25
계향戒香 / 91
곡신谷神 / 192
공관空觀 / 62
곽문거郭文舉 / 278
곽산霍山 / 255
광택사光宅寺 / 124
괴의壞衣 / 91
굉지 선사 / 210
「교사지」 / 283
교상敎相 / 43

교외별전 / 42
교의敎義 / 218
교진여 / 243
구계九界 / 58
구담씨 / 241
구야니주瞿耶尼洲 / 291
구업口業 / 21
규봉 선사 / 220
극초郄超 / 278
금강권金剛圈 / 120
금강신 / 185
금성탕지金城湯池 / 184
금시조金翅鳥 / 24
금어金魚 / 208
금우의 밥 / 94
기문신祁文信 / 255
기봉사奇峯寺 / 289
길상초 / 243

낙호관落湖管 / 287
『난백흑론難白黑論』 / 277
남악 / 290
남취濫吹 / 70
네 가지 은혜 / 49
『노자老子』 / 255
노자 / 306
노행자 / 51

찾아보기 • 309

『능가경』 / 43
『능엄경』 / 43
능엄회상 / 37
니사단尼師壇 / 79

단하丹霞 / 13
달마 / 36
담언 / 296
담익 / 296
담판한擔板漢 / 197
당 문종唐文宗 / 289
대가섭 / 245
대권마하살타大權摩訶薩埵 / 126
대규戴逵 / 278
대변재大辯才 / 59
대수사 / 166
대의大衣 / 23
대의석大義石 / 178
『대지도론』 / 24
대지 원조 율사 / 23
대지 율사 / 230
대통지승여래 / 129
대혜선사 / 58
대혜 화상 / 214
대홍산 / 287
덕수보살 / 37
도리천 / 244
도솔천 / 237
도안道眼 / 126
도천盜泉 / 107
도첩度牒 / 264

동량棟梁 / 214
동산東山 / 178
동산洞山 스님 / 155, 166
동산 화상 / 207

라훌라 / 129

마상공馬相公 / 50
마야부인 / 240, 241
마조馬祖 / 287, 290
명각 선사 / 11
명감明鑑 / 270
명교 설숭明敎契嵩 선사 / 265
명훈가피 / 151
『모성자茅成子』 / 255, 256
『모자소현전』 / 253
묘의천녀 / 243
무갈無竭 / 128
무생인無生忍 / 59, 240
무여열반 / 89
무염족왕 / 37
무진거사 / 270
문사수聞思修 / 58
『문수경文殊經』 / 224
문수보살 / 36, 225, 288
문정공文正公 단旦 / 265

바라나국 / 243
바수반두 / 305
『반야경』/ 31, 246
발다라鉢多羅 / 24
방거사 / 215
방외方外 / 292
배구裴矩 / 125
『백련경白蓮經』/ 296
백록白鹿 / 255
백마사 / 255
백비百非 / 305
백우白牛 / 298
백운 수단 / 120
백장 대지百丈大智 / 120
백장 열반 / 178
백태보白太保 / 104
범선 / 240
범왕范汪 / 278
범천왕 / 241
범촉공 / 16
범태范泰 / 277
『법본내전』/ 253
법상法相 / 218
법시法施 / 63
법신法身 / 239
법심 / 278
『법화경』/ 30, 31, 150, 244, 296
법회法晦 / 264, 266
변란卞蘭 / 104
변재 원정 법사 / 102
보공도량寶公道場 / 266
보령 인용 선사 / 21, 174

보리달마 / 291
보명보살普明菩薩 / 240
보신報身 / 239
보은報恩 / 287, 289
복전의 / 30
본지풍광 / 42
부의傅毅 / 253
북주의 무제武帝 / 124
분양汾陽 / 119
불감 혜근 화상 / 115
불과 극근 화상 / 115
불광 법조 법사 / 218
불사불 / 247
불사여래弗沙如來 / 240
불안선사 / 155
불이不二 / 270
비숙재費叔才 / 256
비제하인毘提訶人 / 291

사과四果 / 272
사구四句 / 305
사대四大 / 38
사등四等 / 129
사부謝敷 / 278
사부사의四不思議 / 58
사사四邪 / 216
사상謝尙 / 278
사생四生 / 129
사생육도四生六道 / 58
사성제四聖諦 / 244
사영운謝靈運 / 277

사은四恩 / 59
사자구獅子句 / 120
사자협 / 241
사취四趣 / 12
사상四相 / 271
산양山陽 / 270
살타파륜薩陀波崙 / 128
삼계三界 / 38
삼관 / 63
삼교 / 233
삼덕三德 / 66
삼독三毒 / 137
삼마지三摩地 / 58
삼무三武의 난리 / 93
삼문三門 / 290
삼승三乘 / 24
삼시三匙 / 75
삼십이응신三十二應身 / 58
삼업三業 / 21
삼왕三王 / 262
『삼원부록三元符錄』 / 255
삼유三有 / 59
삼의三依 / 167
삼인三因 / 63
삼재三才 / 271
삼통三通 / 53
삼혜三慧 / 183
삼황三皇 / 262
상마수국象馬殊國 / 291
상지上地 / 64
상축사 / 218
상호업相好業 / 240
생반生飯 / 66
『서경』 / 222

서명사 / 239
『석씨요람釋氏要覽』 / 224
석장 / 83
선병禪病 / 57
선신 자인善信慈忍 대사 / 287
선열禪悅 / 92
선월 대사 / 104
선재 / 37, 128
설두雪竇 / 115
설두산 / 11
설봉 의존 선사 / 179, 208
성수性修 / 63
성태聖胎 / 63
세제世諦 / 49
소겁小劫 / 271
소림사少林寺 / 287
소연蕭衍 / 304
손권孫權 / 245
손작孫綽 / 278
송 문제 / 277
송상宋庠 / 255
수랑脩廊 / 270
수아 법사 / 296
수의鉥衣 / 71
수일 법진 선사 / 286
승가리僧伽梨 / 23, 265
승사僧史 / 29
승열바라문 / 37
승의자정勝意慈定 / 243
시방선원 / 287
식당작법 / 67
식심息心 / 283
신업身業 / 21
신조 법진 선사 / 166

신주神呪 / 226
실달다 / 241
심사心師 / 102
십과十科 / 29, 183
십구설법十九說法 / 58
십법계 / 155
십불귀十不歸 / 155
십사무외력十四無畏力 / 58
십수十受 / 127
십전어十轉語 / 163
십현담 / 155

아견我見 / 35
아미산 / 290
아사세왕 / 305
아수가阿輸柯 / 245
아양승啞羊僧 / 205
아육阿育 / 245
악목惡木 / 107
안 시랑 / 35
안연지 / 277
안타회安陀會 / 23
양 고조 무황제 / 304
양광楊廣 / 126, 130
양기楊岐 선사 / 120
양대년楊大年 / 265
양현보羊玄保 / 277
업진鄴鎭 / 178
여혜통呂惠通 / 255, 257
연성連城 / 18
연인緣因종자 / 63

연화색蓮花色 / 70
열반당 / 212
염부제주閻浮提洲 / 291
영가 대사 / 133, 135
『영보진문靈寶眞文』 / 255
영봉사靈峰寺 / 287, 289
영안선원 / 270
영중永中 / 233
영지 원조 율사 / 201
영취산 / 244
오관五觀 / 75
오대五臺 / 255
오대산 / 225, 288
오미선五味禪 / 89
오사五邪 / 216
『오서吳書』 / 257
오욕五欲 / 242
오음五音 / 106
오음五陰 / 137
오전어五轉語 / 163
오제五帝 / 262
오조 선사 / 120
오탁악세五濁惡世 / 148
오호五湖 / 51
왕공王恭 / 278
왕도王導 / 278
왕로王老 / 93
왕몽王濛 / 278
왕밀王謐 / 278
왕원림王元琳 / 278
왕탄王坦 / 278
외대外臺 / 287
요상了常 / 270
요인了因종자 / 63

요종姚宗 / 104
용제산 / 112
우도수 / 278
우두 법융 / 178
우법개 / 278
우법란 / 278
우사雨師 / 176
우운 종무 화상 / 112
운문의 호떡(胡餠) / 94
운봉 문열 화상 / 173
운암 선사 / 179
운행인 / 35
울다라승鬱多羅僧 / 23
울단월인欝單越人 / 291
『원각경』 / 42, 43
원오선사 / 16
원조 종본 선사 / 23
원통 선사 / 87
원통법문圓通法門 / 37
위산潙山 스님 / 166
위산의 물소(水牯牛) / 52
『위서魏書』 / 283
유량庾亮 / 278
『유마경』 / 43
유위법有爲法 / 245
유정념劉正念 / 255
유제선원幽濟禪院 / 289
유준劉峻 / 257
육경 / 277
육도만행 / 127
육물六物 / 23
육입六入 / 137
육진六塵 / 137
육취六趣 / 139

율극봉栗棘蓬 / 120
융화 혜만 / 178
은의殷顗 / 278
음광존자 / 25
응기應器 / 24
의보依報 / 150
의업意業 / 21
의왕醫王 / 299
이덕림李德林 / 125
이수理數 / 127
이수순二隨順 / 58
『이식론離識論』 / 280
이옹李邕 / 104
이원조李元操 / 125
이의二依 / 183
이자伊字 / 63
이주驪珠 / 190
이참사참 / 158
인견人見 / 35
『인과경』 / 225
인욕의 옷(忍衣) / 12
일대사인연一大事因緣 / 30
일월등명불 / 129
일척안一隻眼 / 44

자명慈明 / 120
자비의 방(慈室) / 12
자비희사慈悲喜捨 / 37
자수 선사 / 49
자인 / 290
작소 도림鵲巢道林 선사 / 264

장무릉張武陵 / 288
장석杖錫 / 12
장연張衍 / 256
장열張說 / 104
장현張玄 / 278
재원在原 / 25
저선신褚善信 / 254
전륜왕 / 86, 241
전삼삼前三三 / 273
『절달성론折達性論』 / 277
정관正觀 / 63
정광여래錠光如來 / 239
정두淨頭 / 223
『정명경』 / 66
정반 / 241
정반국왕 / 241
정보正報 / 150
정색正色 / 70
정인淨人 / 89
정인正因 / 30
정인종자正因種子 / 63
정자사 / 286
제호醍醐 / 190
조각皁角 / 225
조계曹溪 / 36
조계 육조 / 178
조단皁團 / 225
조봉祖峯 / 115
조주趙州 / 13
『종경록』 / 43
종병宗炳 / 277
종색 선사 / 86
종지宗旨 / 218
종지種智 / 59, 63

좌계산 / 133
좌구坐具 / 79
주의周顗 / 278
중도中道 / 67
중의中衣 / 23
지각 선사 / 179
지둔支遁 / 278, 280
지랑支郞 / 193
지수보살 / 37
지음知音 / 155
지의智顗 선사 / 124
지초 법사智超法師 / 225
진 시랑 덕수 / 41
진왕晉王 / 126
진정 극문 선사 / 200
진 제형 귀겸 / 41
진종유陳宗愈 / 270
짐독鴆毒 / 190

채음蔡愔 / 253
천목天目 / 255
천이통 / 58
천태 지원 법사 / 142
천태 지자대사 / 62
철륜왕鐵輪王 / 245
철우 종인 선사 / 264
철위산 / 120
청량산 / 290
초득심焦得心 / 255
초명蟭螟 / 273
축도생竺道生 / 280

축도잠 / 278
축법란 / 253
축법숭 / 278
축법호 / 278
『치림보훈緇林寶訓』 / 233
칠난이구七難二求 / 58

타심통他心通 / 126
탕임금 / 89
『태상옥결太上玉訣』 / 255
태소太素 / 256
태재太宰 비힐 / 262
투자 대통 화상 / 119

파수밀녀 / 37
파초 곡천 선사 / 153
팔고八苦 / 212
평등성지平等性智 / 292
풍륜風輪 / 291
풍백風伯 / 176

하상지何尙之 / 277
하의下衣 / 23
학수鶴樹 / 305
행업行業 / 264, 284

행운行雲 / 192
향적香積세계 / 74
『허성자許成子』 / 255
허순許詢 / 278, 280
현랑玄朗 선사 / 13, 133
현칙 / 239
협산 선사 / 115
형계 대사 / 150
형산 / 18
형초荊楚 / 18
혜관 / 280
혜릉 도인 / 41
혜엄 / 280
혜원 법사 / 279
호계虎溪 / 89
호리蒿里 / 210
혹암 사체 선사 / 189
화성化城 / 116
화신化身 / 239
『화엄경』 / 43, 225
환문도桓文度 / 255
환주암 / 233
황매산 / 178
황면노자 / 265
『황자黃子』 / 255
황중黃中 / 278
회통會通 / 264
효순 노사 / 87
『후한서』 / 283

2조 / 36
25유有 / 70
32상相과 80종호種好 / 241

한글본 한국불교전서

조·선·출·간·본

조선1 작법귀감
백파 긍선 | 김두재 옮김 | 신국판 | 336쪽 | 18,000원

조선2 정토보서
백암 성총 | 김종진 옮김 | 4X6판 | 224쪽 | 12,000원

조선3 백암정토찬
백암 성총 | 김종진 옮김 | 4X6판 | 156쪽 | 9,000원

조선4 일본표해록
풍계 현정 | 김상현 옮김 | 4X6판 | 180쪽 | 10,000원

조선5 기암집
기암 법견 | 이상현 옮김 | 신국판 | 320쪽 | 18,000원

조선6 운봉선사심성론
운봉 대지 | 이종수 옮김 | 4X6판 | 200쪽 | 12,000원

조선7 추파집·추파수간
추파 홍유 | 하혜정 옮김 | 신국판 | 340쪽 | 20,000원

조선8 침굉집
침굉 현변 | 이상현 옮김 | 신국판 | 300쪽 | 17,000원

조선9 염불보권문
명연 | 정우영·김종진 옮김 | 신국판 | 224쪽 | 13,000원

조선10 천지명양수륙재의범음산보집
해동사문 지환 | 김두재 옮김 | 신국판 | 636쪽 | 28,000원

조선11 삼봉집
화악 지탁 | 김재희 옮김 | 신국판 | 260쪽 | 15,000원

조선12 선문수경
백파 긍선 | 신규탁 옮김 | 신국판 | 180쪽 | 12,000원

조선13 선문사변만어
초의 의순 | 김영욱 옮김 | 4X6판 | 192쪽 | 11,000원

조선14 부휴당대사집
부휴 선수 | 이상현 옮김 | 신국판 | 376쪽 | 22,000원

조선15 무경집
무경 자수 | 김재희 옮김 | 신국판 | 516쪽 | 26,000원

조선16 무경실중어록
무경 자수 | 성재헌 옮김 | 신국판 | 340쪽 | 20,000원

조선17 불조진심선격초
무경 자수 | 성재헌 옮김 | 신국판 | 168쪽 | 11,000원

조선18 선학입문
김대현 | 성재헌 옮김 | 신국판 | 240쪽 | 14,000원

조선19 사명당대사집
사명 유정 | 이상현 옮김 | 신국판 | 508쪽 | 26,000원

조선20 송운대사분충서난록
신유한 엮음 | 이상현 옮김 | 신국판 | 324쪽 | 20,000원

조선21 의룡집
의룡 체훈 | 김석군 옮김 | 신국판 | 296쪽 | 17,000원

조선22 응운공여대사유망록
응운 공여 | 이대형 옮김 | 신국판 | 350쪽 | 20,000원

조선23 사경지험기
백암 성총 | 성재헌 옮김 | 신국판 | 248쪽 | 15,000원

조선24 무용당유고
무용 수연 | 이상현 옮김 | 신국판 | 292쪽 | 17,000원

조선25 설담집
설담 자우 | 윤찬호 옮김 | 신국판 | 200쪽 | 13,000원

조선26 동사열전
범해 각안 | 김두재 옮김 | 신국판 | 652쪽 | 30,000원

조선27 청허당집
청허 휴정 | 이상현 옮김 | 신국판 | 964쪽 | 47,000원

조선28 대각등계집
백곡 처능 | 임재완 옮김 | 신국판 | 408쪽 | 23,000원

조선29 반야바라밀다심경략소연주기회편
석실 명안 엮음 | 강찬국 옮김 | 신국판 | 296쪽 | 17,000원

조선 30 허정집
허정 법종 | 성재헌 옮김 | 신국판 | 488쪽 | 25,000원

조선 31 호은집
호은 유기 | 김종진 옮김 | 신국판 | 264쪽 | 16,000원

조선 32 월성집
월성 비은 | 이대형 옮김 | 4X6판 | 172쪽 | 11,000원

조선 33 아암유집
아암 혜장 | 김두재 옮김 | 신국판 | 208쪽 | 13,000원

조선 34 경허집
경허 성우 | 이상하 옮김 | 신국판 | 572쪽 | 28,000원

조선 35 송계대선사문집·상월대사시집
송계 나식·상월 새봉 | 김종진·박재금 옮김 | 신국판 | 440쪽 | 24,000원

조선 36 선문오종강요·환성시집
환성 지안 | 성재헌 옮김 | 신국판 | 296쪽 | 17,000원

조선 37 역산집
영허 선영 | 공근식 옮김 | 신국판 | 368쪽 | 22,000원

조선 38 함허당득통화상어록
득통 기화 | 박해당 옮김 | 신국판 | 300쪽 | 18,000원

조선 39 가산고
월하 계오 | 성재헌 옮김 | 신국판 | 446쪽 | 24,000원

조선 40 선원제전집도서과평
설암 추붕 | 이정희 옮김 | 신국판 | 338쪽 | 20,000원

조선 41 함홍당집
함홍 치능 | 성재헌 옮김 | 신국판 | 348쪽 | 21,000원

조선 42 백암집
백암 성총 | 유호선 옮김 | 신국판 | 544쪽 | 27,000원

조선 43 동계집
동계 경일 | 김승호 옮김 | 신국판 | 380쪽 | 22,000원

조선 44 용암당유고·괄허집
용암 체조·괄허 취여 | 김종진 옮김 | 신국판 | 404쪽 | 23,000원

조선 45 운곡집·허백집
운곡 충휘·허백 명조 | 김재희·김두재 옮김 | 신국판 | 514쪽 | 26,000원

조선 46 용담집·극암집
용담 조관·극암 사성 | 성재헌·이대형 옮김 | 신국판 | 520쪽 | 26,000원

조선 47 경암집
경암 응윤 | 김재희 옮김 | 신국판 | 300쪽 | 18,000원

조선 48 석문상의초 외
벽암 각성 외 | 김두재 옮김 | 신국판 | 338쪽 | 20,000원

조선 49 월파집·해붕집
월파 태율·해붕 전령 | 이상현·김두재 옮김 | 신국판 | 562쪽 | 28,000원

조선 50 몽암대사문집
몽암 기영 | 이상현 옮김 | 신국판 | 348쪽 | 21,000원

조선 51 징월대사시집
징월 정훈 | 김재희 옮김 | 신국판 | 272쪽 | 16,000원

조선 52 통록촬요
엮은이 미상 | 성재헌 옮김 | 신국판 | 508쪽 | 26,000원

조선 53 충허대사유집
충허 지책 | 성재헌 옮김 | 신국판 | 296쪽 | 18,000원

조선 54 백열록
금명 보정 | 김종진 옮김 | 신국판 | 364쪽 | 22,000원

조선 55 조계고승전
금명 보정 | 김용태·김호귀 옮김 | 신국판 | 384쪽 | 22,000원

조선 56 범해선사시집
범해 각안 | 김재희 옮김 | 신국판 | 402쪽 | 23,000원

조선 57 범해선사문집
범해 각안 | 김재희 옮김 | 신국판 | 208쪽 | 13,000원

조선 58 연담대사임하록
연담 유일 | 하혜정 옮김 | 신국판 | 772쪽 | 34,000원

조선 59 풍계집
풍계 명찰 | 김두재 옮김 | 신국판 | 438쪽 | 24,000원

조선 60 혼원집·초엄유고
혼원 세환·초엄 복초 | 윤찬호 옮김 | 신국판 | 332쪽 | 20,000원

조선 61 청주집
환공 치조 | 성재헌 옮김 | 신국판 | 416쪽 | 23,000원

| 조선 62 | 대동영선
금명 보정 | 이상하 옮김 | 신국판 | 556쪽 | 28,000원

| 조선 63 | 현정론·유석질의론
득통 기화·지은이 미상 | 박해당 옮김 | 신국판 | 288쪽 | 17,000원

| 조선 64 | 월봉집
월봉 책헌 | 이종수 옮김 | 신국판 | 232쪽 | 14,000원

| 조선 65 | 정토감주
허주 덕진 | 김석군 옮김 | 신국판 | 382쪽 | 22,000원

| 조선 66 | 다송문고
금명 보정 | 이대형 옮김 | 신국판 | 874쪽 | 41,000원

| 조선 67 | 소요당집·취미대사시집
소요 태능·취미 수초 | 이상현 옮김 | 신국판 | 500쪽 | 25,000원

| 조선 68 | 선원소류·선문재정록
설두 유형·진하 축원 | 조영미 옮김 | 신국판 | 284쪽 | 17,000원

신·라·출·간·본

| 신라 1 | 인왕경소
원측 | 백진순 옮김 | 신국판 | 800쪽 | 35,000원

| 신라 2 | 범망경술기
승장 | 한명숙 옮김 | 신국판 | 620쪽 | 28,000원

| 신라 3 | 대승기신론내의약탐기
태현 | 박인석 옮김 | 신국판 | 248쪽 | 15,000원

| 신라 4 | 해심밀경소 제1 서품
원측 | 백진순 옮김 | 신국판 | 448쪽 | 24,000원

| 신라 5 | 해심밀경소 제2 승의제상품
원측 | 백진순 옮김 | 신국판 | 508쪽 | 26,000원

| 신라 6 | 해심밀경소 제3 심의식상품 제4 일체법상품
원측 | 백진순 옮김 | 신국판 | 332쪽 | 20,000원

| 신라 7 | 해심밀경소 제5 무자성상품
원측 | 백진순 옮김 | 신국판 | 536쪽 | 27,000원

| 신라 12 | 무량수경연의술문찬
경흥 | 한명숙 옮김 | 신국판 | 800쪽 | 35,000원

| 신라 13 | 범망경보살계본사기 상권
원효 | 한명숙 옮김 | 신국판 | 272쪽 | 17,000원

| 신라 14 | 화엄일승성불묘의
견등 | 김천학 옮김 | 신국판 | 264쪽 | 15,000원

| 신라 15 | 범망경고적기
태현 | 한명숙 옮김 | 신국판 | 612쪽 | 28,000원

| 신라 16 | 금강삼매경론
원효 | 김호귀 옮김 | 신국판 | 666쪽 | 32,000원

| 신라 17 | 대승기신론소기회본
원효 | 은정희 옮김 | 신국판 | 536쪽 | 27,000원

| 신라 18 | 미륵상생경종요 외
원효 | 성재헌 외 옮김 | 신국판 | 420쪽 | 22,000원

| 신라 19 | 대혜도경종요 외
원효 | 성재헌 외 옮김 | 신국판 | 256쪽 | 15,000원

| 신라 20 | 열반종요
원효 | 이평래 옮김 | 신국판 | 272쪽 | 16,000원

| 신라 21 | 이장의
원효 | 안성두 옮김 | 신국판 | 256쪽 | 15,000원

| 신라 22 | 본업경소 하권 외
원효 | 최원섭·이정희 옮김 | 신국판 | 368쪽 | 22,000원

| 신라 23 | 중변분별론소 제3권 외
원효 | 박인성 외 옮김 | 신국판 | 288쪽 | 17,000원

| 신라 24 | 지범요기조람집
원효·진원 | 한명숙 옮김 | 신국판 | 310쪽 | 19,000원

| 신라 25 | 집일 금광명경소
원효 | 한명숙 옮김 | 신국판 | 636쪽 | 31,000원

| 신라 26 | 복원본 무량수경술의기
의적 | 한명숙 옮김 | 신국판 | 500쪽 | 25,000원

고·려·출·간·본

고려 1 일승법계도원통기
균여 | 최연식 옮김 | 신국판 | 216쪽 | 12,000원

고려 2 원감국사집
충지 | 이상현 옮김 | 신국판 | 480쪽 | 25,000원

고려 3 자비도량참법집해
조구 | 성재헌 옮김 | 신국판 | 696쪽 | 30,000원

고려 4 천태사교의
제관 | 최기표 옮김 | 4X6판 | 168쪽 | 10,000원

고려 5 대각국사집
의천 | 이상현 옮김 | 신국판 | 752쪽 | 32,000원

고려 6 법계도기총수록
저자 미상 | 해주 옮김 | 신국판 | 628쪽 | 30,000원

고려 7 보제존자삼종가
고봉 법장 | 하혜정 옮김 | 4X6판 | 216쪽 | 12,000원

고려 8 석가여래행적송·천태말학운묵화상경책
운묵 무기 | 김성옥·박인석 옮김 | 신국판 | 424쪽 | 24,000원

고려 9 법화영험전
요원 | 오지연 옮김 | 신국판 | 264쪽 | 17,000원

고려 10 남명천화상송증도가사실
□련 | 성재헌 옮김 | 신국판 | 418쪽 | 23,000원

고려 11 백운화상어록
백운 경한 | 조영미 옮김 | 신국판 | 348쪽 | 21,000원

고려 12 선문염송 염송설화 회본 1
혜심·각운 | 김영욱 옮김 | 신국판 | 724쪽 | 33,000원

※ 한글본 한국불교전서는 계속 출간됩니다.

백암 성총栢庵性聰
(1631~1700)

1631년(인조 9)에 전라도 남원에서 태어나 13세에 순창 취암사에서 출가하였고, 16세에 법계를 받았다. 지리산 취미 수초翠微守初에게 9년간 수학하여 법을 전수받고, 30세부터 송광사, 징광사, 쌍계사 등지에서 강석을 펴 후학들을 지도하였다. 백암 성총은 부휴浮休 문파의 제3대 제자로서 부휴 선수浮休善修(1543~1615)→벽암 각성碧巖覺性(1575~1660)→취미 수초(1590~1668)로 이어지는 법맥을 이었다. 1700년(숙종 26)에 세수 70세, 법랍 54세로 입적하였다. 1681년(숙종 7)에 신안 임자도에 좌초한 배에 실려 있던 불서를 수습하여 이후 1695년(숙종 21)까지 약 15년 동안 12종류 197권의 불서를 간행하였다. 성총은 이 과정에서 이력 과목을 간행하여 조선 후기 이력 과정의 확립에 큰 기여를 했으며, 『화엄경수소연의초』를 간행하여 화엄학의 유행에 큰 역할을 하였다. 대표 저술로는 『치문경훈주緇門警訓註』, 『정토보서淨土寶書』, 『백암정토찬栢庵淨土讚』, 『대승기신론소필삭기회편大乘起信論疏筆削記會編』 등이 있으며, 문집으로는 『백암집栢庵集』이 있다.

옮긴이 선암

성균관대학교 법학과를 졸업하고 해인사 약수암으로 출가하였다. 청암사 강원과 봉선사 능엄학림을 거쳐 한국고전번역원 연수부를 수료하고, 봉선사 조실인 월운月雲 강백으로부터 전강받았다. 동국대학교 한문불전번역학과에서 「조선후기 華嚴 私記의 연구와 往復序 회편 역주」로 박사학위를 받았다. 현재 대한불교조계종 교육아사리이며, 동국대학교 불교학술원 전임연구원이다. 조선 후기 사기私記 탈초 작업을 하였으며, 문화재청 중요기록유산 국역사업에 참여하여 『인천안목』, 『불조역대통재』 등을 공동 번역하였다.

증의
대진(동국대학교 불교학술원 일반연구원)